新能源 与
智能汽车技术 丛书

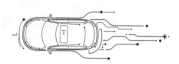

Visual Navigation Technology
For Intelligent Driving

智能驾驶视觉导航技术

王波涛　著

化学工业出版社

·北京·

内容简介

本书根据国内外不断发展的智能驾驶技术的最新成果，主要介绍了智能驾驶视觉导航中的目标检测与跟踪技术、目标测距技术、车道线检测与跟踪技术、车辆自主导航定位技术、车辆视频拼接技术、车牌与交通标志识别技术和驾驶员疲劳检测技术等。

本书适合从事智能驾驶、视觉导航、计算机视觉、图像处理、无人系统等领域的工程技术人员阅读，也适合高等院校理工科相关专业的师生学习参考。

图书在版编目（CIP）数据

智能驾驶视觉导航技术 / 王波涛著. -- 北京：化学工业出版社，2025. 8. --（新能源与智能汽车技术丛书）. -- ISBN 978-7-122-48319-5

Ⅰ. U463. 61；TP242. 6

中国国家版本馆 CIP 数据核字第 2025G3L956 号

责任编辑：周　红　张海丽　　　　　　　　　文字编辑：张　琳
责任校对：田睿涵　　　　　　　　　　　　　装帧设计：王晓宇

出版发行：化学工业出版社（北京市东城区青年湖南街 13 号　邮政编码 100011）
印　　装：北京云浩印刷有限责任公司
787mm×1092mm　1/16　印张 16　字数 417 千字　2025 年 9 月北京第 1 版第 1 次印刷

购书咨询：010-64518888　　　　　　　　　售后服务：010-64518899
网　　址：http://www.cip.com.cn
凡购买本书，如有缺损质量问题，本社销售中心负责调换。

定　　价：128. 00 元

前言

目前，随着智能驾驶技术在国内外的迅猛发展，人类进入了智能驾驶时代。智能汽车、无人驾驶汽车、无人机、无人船、机器狗、机器狼等智能设备或无人系统不断涌现，不断刷新人们的认知。这些智能设备都涉及周围环境感知技术，为了对周围环境进行感知，一般需要采用激光雷达、米波雷达、光学摄像头、声学传感器等传感器技术采集周围环境信息，其中采用光学摄像头的视觉导航技术是非常重要的一项环境感知技术。这项技术在工农业生产、人民日常生活以及国防领域都得到了广泛应用。

本书是著者在带领智能驾驶科研团队十多年的科研实践基础上，将科研成果进行提炼写成的，这些科研成果已经获得知识产权（发明专利或软件著作权）或以论文形式发表，部分科研成果已经在项目或产品上得到了实际应用。

本书主要介绍智能驾驶中视觉导航技术的相关知识。其中第 1 章为智能驾驶中的视觉导航技术概述；第 2 章介绍视觉导航中的目标检测与跟踪技术；第 3 章介绍视觉导航中的目标测距技术；第 4 章介绍视觉导航中的车道线检测与跟踪技术；第 5 章介绍视觉导航中的车辆自主导航定位技术；第 6 章介绍视觉导航中的车辆视频拼接技术；第 7 章介绍视觉导航中的车牌与交通标志识别技术；第 8 章介绍视觉导航中的驾驶员疲劳检测技术。

本书由著者在汇总所带科研团队的科研成果基础上独立完成，在写作过程中参考了著者本人指导的科研团队成员宋彩霞、韩方旭、赵轩、孙营、曹勇、石梦华、韩立明、雷宏彬、宋宝玉、李锡蒙、贺稳定、曹枢洋、胡睿、陈聪实、张帅、涂嘉怡等同学的相关科研文档与资料，在此表示感谢！

本书的写作得到了北京工业大学的大力支持和帮助，深表感谢！

本书也是在著者父母与其他家人的默默支持下完成的，同样深表感谢！

限于著者水平，书中难免存在不当之处，请读者批评指正。

著者

目录

第
1
章

智能驾驶中视觉导航技术概述

1.1 智能驾驶概况

21世纪以来，随着人们生活水平的提高和工业化进程的飞速发展，汽车行业得以快速发展，为人类出行和社会的进步作出了巨大的贡献。根据公安部统计，截至2024年6月底，我国机动车保有量达到4.4亿辆，其中汽车3.45亿辆，驾驶证持有者达5.32亿人。全国乃至全球机动车保有量都在稳步攀升。

汽车的普及给人们的出行带来便利的同时，也随之引发了一系列的交通问题，并且造成了巨大的经济损失。数以亿计的车辆在公路上行驶，交通状况、驾驶员身体及精神状况各异，难免发生事故。2023年，我国汽车发生交通事故25.5万起，导致6万多人死亡，造成直接经济损失高达11.8亿元。图1-1为交通事故的诱因分布，交通事故发生的主要原因来自尾随相撞、侧面相撞、正面相撞、行人剐撞、撞固定物等，可知多数交通事故都是由驾驶员无法及时掌握车身环境变化而导致的。增强汽车在行驶的过程中对于环境的自主感知能力，也即视觉导航能力，有利于提升驾驶汽车的便捷性，提高车辆行驶的安全系数。

图1-1　交通事故的诱因分布

积极发展以预防为主的汽车主动安全技术，车辆智能化成为其中必不可少的一个重要环节。智能车辆是高新技术的综合体，集中运用了计算机视觉、传感器技术、人工智能和通信技术等先进知识，是集环境感知、规划决策、多等级辅助驾驶等功能于一体的综合系统。车辆对于环境的感知能力主要是通过车载传感器，如激光雷达、毫米波雷达、红外线、车载摄像头等进行行驶环境数据的实时提取分析来实现。智能车辆能够根据从外部获得的信息分析当前道路上是否存在对本车的威胁，不断地将各种决策信息反馈给驾驶员，在紧急情况下能够自动完成对车辆的控制，从而提高乘车人员的安全性。

智能驾驶系统是智能车辆中的关键组成部分，集合周围环境感知、路径及驾驶操作规划、执行部件驱动控制等功能，典型设计概念图如图1-2所示。通过摄像头传感器、激光雷达传感器、高精度全球定位系统（GPS）等高精度传感器采集车辆行驶环境信息，由高性能车载计算机综合各项采集数据做出驾驶行为决策规划，控制驱动油气泵组、离合装置、制动转向等机械机构，相互配合实现智能车辆的驾驶操作。

通过对车辆的控制，实现车辆的主动安全技术，是智能驾驶的首要目的。车辆在行驶过程中根据安装于车身周围的感知传感器，对外部环境信息进行及时的收集处理。车辆在行驶过程中环境中的静态物体包括交通标志、红绿灯、车道线、前方路况电子屏、路旁的停车、基础环境设施等；动态物体包括前方的车辆、行人、宠物等。环境中出现的不同障碍物会使车辆面临着不同的任务决策和驾驶规则。智能驾驶的环境感知算法，将收集到的环境信息进行筛选分类，区分出背景中的静态和动态物体，进而对其准确分类以及姿态预测，通过对环境中挖掘出的信息进行综合分析，从而辅助驾驶员做出行驶决策，以及对行驶的路线进行规划，达到降低车辆行驶中的危险程度的目的。在智能驾驶系统中，由驾驶员感觉器官完成的环境感知任务，交给了车载传感器来实现。在实际生活中，驾驶员通过视觉获得的90%以

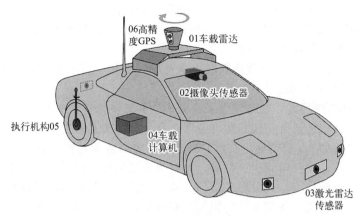

图 1-2　智能驾驶系统

上的环境信息，都能通过摄像头获取。由此可知汽车的环境感知技术是智能驾驶系统的重要组成部分，也是汽车实现安全驾驶的基础。

依据人工介入程度可将智能驾驶系统划分为全自动驾驶系统与辅助驾驶系统。其中辅助驾驶系统是利用各种传感器技术、车规级通信总线技术、高性能嵌入式计算技术、机器视觉与图像处理技术等各种技术深度融合，对驾驶环境信息进行辅助判别，以求降低车辆事故的发生风险。该系统综合采集到的驾驶员状态、车辆行驶状态、周围行车环境信息，送入智能分析判别模块处理，对存在安全隐患的驾驶行为发出声光告警信号，提醒驾驶员注意规避潜在事故，或在技术成熟稳定后直接接入车辆控制系统，控制规避可能的碰撞事故，达到提高车辆行驶安全性的目的。

1.1.1　智能驾驶概念

目前人类社会正在进入人工智能（Artificial Intelligent，AI）时代，各种人工智能大模型不断出现，比如美国 OpenAI 公司 ChatGPT（Chat Generative Pre-training Transformer，聊天生成预训练变换）模型、美国苹果公司的 Siri 语音助手、中国百度公司的文心一言模型、中国杭州深度求索公司的 DeepSeek AI 模型等；与此同时，各种智能设备或无人系统不断涌现，出现了诸如先进驾驶辅助系统（Advanced Driver Assistance Systems，ADAS）汽车、无人驾驶汽车、无人机、无人船、机器狗、智能机器人等诸多先进应用系统，不断刷新人们的认知。

智能驾驶（Intelligent Drive）技术是人工智能时代的一个重要应用领域。智能驾驶技术是指由机器帮助人类驾驶员进行交通工具（比如汽车等）驾驶，以及在特殊情况下完全取代人类驾驶员驾驶的技术。智能驾驶是人类第四次工业革命和信息化相结合的重要应用之一，它的快速发展将改变各种资源要素和产品的流动方式，颠覆性地改变人类生活。

目前世界各国对智能驾驶技术的理解和分类基本一致，结合国内标准，智能驾驶主要可以分成 5 个等级，即等级 1（Level 1，L1）到等级 5（Level 5，L5），分别代表着不同的自动化程度。

L1 级：辅助驾驶功能。可以帮助驾驶员完成一项驾驶功能操作，比如，车道保持或巡航控制。需要驾驶员监控驾驶环境状况，并随时准备手动接管驾驶操作。

L2 级：部分自动驾驶功能。根据驾驶环境状态，驾驶员可以短暂休息。在驾驶时，驾驶员还需要监控驾驶状况,并随时准备手动接管驾驶操作。

L3 级:有条件自动驾驶功能。在一定条件下,智能驾驶系统完成所有驾驶操作,驾驶员根据智能驾驶系统要求提供适应性反应。

L4 级:高度自动驾驶功能。智能驾驶系统可以完成所有驾驶操作,在有条件的道路上行驶时,驾驶员可以完全解放双手。

L5 级:全自动驾驶功能。智能驾驶系统完成所有驾驶操作,实现真正的无人驾驶功能。

目前智能驾驶技术从系统实现的角度分两类产品。一类是将车辆周围环境感知获取的信息通过无线技术(比如 5G 移动通信技术)发送到后台服务器,然后输入到运行在后台服务器的智能驾驶处理算法软件得到决策结果,再将决策结果发送回车辆控制系统进行智能驾驶控制。这类实现系统的优点是后台服务器的计算能力强大,智能驾驶处理算法能够处理比较复杂的场景;缺点是受无线通信系统的影响,对通信延迟比较敏感。另一类是将车辆周围环境感知获取的信息直接在车载嵌入式硬件平台处理,根据处理结果进行决策,再将决策结果发送到车辆控制系统进行智能驾驶控制。这类实现系统的优点是没有通信延迟问题;缺点是由于车载嵌入式硬件平台计算能力受限,智能驾驶处理算法复杂度相对低,对比较复杂的场景处理能力降低。本书侧重于研究并介绍这类系统实现的关键技术。

1.1.2 智能驾驶的发展现状

为了早日使智能车辆更加高效安全地为人类服务,国内外在 20 世纪初就开始进行广泛研究,并通过举办各种有奖挑战赛激励科研院所、行业巨头投身其中。

在国外,美国组织实施智能车辆先导计划(Intelligent Vehicle Initiative,IVI),欧洲提出公路安全行动计划(Road Safety Action Program,RSAP),日本提出超级智能车辆系统。我国科技部则于 2002 年正式启动了"十五"科技攻关计划重大项目,将智能车辆的发展作为我国进行智能交通系统建设的一个重要组成部分。

在智能车辆的各种功能中,进行前方障碍物探测和测距技术是最关键的一项。只有能够有效地探知前方障碍物,及时计算出障碍物与本车间的距离,才能给予驾驶员正确的信息反馈。智能车辆在探测前方障碍物方面,关键技术在于硬件方面的传感器技术和软件方面的各种智能算法。传感器技术主要有雷达系统、机器视觉、高精度 GPS 和磁道钉。智能算法包括数据融合、视觉算法、滤波算法和控制决策算法。其中,数据融合是将多个传感器输出的数据合成有限数据供控制系统决策;视觉算法利用 CCD(电荷耦合器件)成像技术,具有信息量大、成本低的优势,但需要算法具有一定的鲁棒性和实时性;各种滤波算法可以提高数据的抗干扰能力;控制决策算法是实现智能车辆对危险情况做出自主预防的重要工作模式。

2000 年 10 月美国举行的智能车辆会议中就已经关注智能车辆的研究方向,并将其总结为以下几方面。

① 驾驶员行为分析(Driver Behavior Analysis)主要是研究驾驶员的行为方式、精神状态与车辆行驶之间的内在联系。其目的是建立各种辅助驾驶模型,为智能车辆安全辅助驾驶或自动驾驶提供必要的数据,如对驾驶员面部表情的归类分析能够判定驾驶员是否处于困倦瞌睡等疲劳状态。

② 环境感知(Environmental Perception)主要是运用传感器融合等技术,获得车辆行驶环境的有用信息,如车流信息、车道状况信息、周边车辆的速度信息、行车标志信息等。

③ 极端情况下的自主驾驶(Autonomous Driving on Extreme Courses)主要研究在某

些极端情况下，如驾驶员反应极限、车辆失控等情况下的车辆自主驾驶。

④ 车辆运动控制系统（Vehicle Motion Control Systems）研究车辆控制的运动学和动力学建模、车体控制等问题。

⑤ 主动安全系统（Active Safety Systems）主要是以预防为主，如研究各种情况下的避障、防撞安全保障系统等。

⑥ 交通监控、车辆导航及协作（Traffic Monitoring，Vehicle Navigation and Coordination）主要研究交通流诱导等问题。

⑦ 车辆交互通信（Inter-Vehicle Communication）研究车辆之间有效的信息交流，主要是各种车辆间的无线通信问题。

⑧ 军事应用（Military Applications）研究智能车辆系统在军事上的应用。

⑨ 系统结构（System Architectures）研究智能车辆系统的结构组织问题。

⑩ 先进的安全车辆（Advanced Safety Vehicles）研究更安全、具有更高智能化特征的车辆系统。

近些年，计算机视觉在智能车辆系统中的应用越来越广泛，其研究范围可以分为以下几个方面。

① 计算机视觉-初期智能车辆导航。

② 计算机视觉导航系统。计算机视觉导航系统是通过视觉传感器收集道路上的各类信息，包括交通信号、交通标志和道路标识等，这些信息通常存储在图像中。通过图像处理和智能算法分析后，该系统能够完成行车道路检测、车辆前方障碍物检测和障碍物测距等工作，从而为车辆行驶提供合理的行为规划和决策。

③ 计算机视觉应具备的特性。计算机视觉系统应具备实时性、鲁棒性和稳定性等特性。系统实时性是指系统处理图像数据和进行决策分析的耗时少，能够在车辆高速行驶过程中在预先设计的时间内完成每一帧的算法处理。鲁棒性是指计算机视觉系统能够适应不同的道路环境，如高速公路、市内环路和普通公路等，并适应不同的路面环境，如路上车流的疏密、不同的车道线颜色、路面的文字字符、道路上可能出现的路障和道路两旁的树木等，同时还要对不断变化的天气条件做出不同的调整，从而能在各种环境下保证算法的有效运行。系统的稳定性是指要求系统能够长时间稳定运行，从而保证在长途驾驶时能够发挥系统作用。

④ 传感器数据融合。智能车辆系统是通过传感器获得外界信息后对各种信息做出的决策，所以传感器是智能车辆系统的关键组成部分。现在常用的传感器有雷达、激光和视觉传感器等，单一的传感器获得的信息通常不能使系统做出控制决策。因此，当前智能车辆的发展方向是采用多传感器进行信息融合。

国内在近几年加大了对智能车辆的研究，其中清华大学、西安交通大学、吉林大学、南京理工大学、重庆大学、西北工业大学、北京工业大学等起步较早，已经取得一定的研究成果。

目前国外已开发出诸如 AutoVue、EyeQ1～3 系统等车辆辅助驾驶系统，以及 Alphabet 公司的 Waymo、特斯拉的 FSD 等无人驾驶汽车系统。

国内学者与汽车制造企业虽然起步较晚，但取得了长足进步，比如比亚迪公司、百度公司、小米公司、华为公司等厂商已推出自己的智能驾驶产品或解决方案。

利用各类传感器可以获取行车环境数据并构建行车模型，最终实现车辆辅助驾驶的数据采集。目前，各大汽车生产厂商可根据用户所选车型选装红外、雷达等主动安全传感器，此类专用传感器虽然可在特殊硬件支持下实现车辆检测，但实际使用中仍然具有抗干扰能力差、探测距离近、子系统整体价格昂贵等缺陷。相比之下，视觉传感器具有分辨率高、采集信息丰富直观、信息存储便利、价格相对较低等优势。

基于计算机视觉的先进驾驶辅助技术可以减少交通事故的发生，使用计算机视觉技术可以感知行车环境，包含驾驶员状态、道路和路况、车辆实时定位等信息。其中驾驶员状态信息包括驾驶员的异常驾驶行为和疲劳状态等，该类信息为车内信息；道路信息包括车道线、交通标志、交通指示灯等，路况信息包括车辆、行人、前方障碍物等，这两类信息被称为车外动态信息；行车环境的感知还应该包括车辆的实时定位，基于视觉的实时定位精度高于GPS，通过采集车辆运行环境的视觉信息解决车辆自身定位问题。

激光雷达环境感知传感器由于价格相对较高而不容易普及；毫米波雷达环境感知传感器由于波长原因，探测距离非常有限，对目标的探测精度较低且无法识别目标类型；超声波雷达环境感知传感器响应速度慢、精度低、探测距离小而无法达到车辆环境感知的要求；车载摄像头传感器进行环境感知具有获取信息丰富、价格低廉且便于量产等优点，在车辆环境感知方面发挥着重要的作用。

1.1.3 智能驾驶的关键技术

智能驾驶的关键技术涉及：环境感知传感器技术、环境智能感知算法、高性能的软硬件平台、路径规划技术、车辆控制技术。

① 环境感知传感器技术。涉及激光雷达、毫米波雷达、超声波传感器、可见光摄像头、红外摄像头等先进的传感器技术。

② 环境智能感知算法。先进高效的车辆周围环境智能感知算法，可以完成对各种环境感知数据的分析和处理。

③ 高性能的软硬件平台。高性能的软硬件平台可以高速完成对智能驾驶算法的实现与运行。

④ 路径规划技术。根据环境感知信息，设计如何进行行车路径规划。

⑤ 车辆控制技术。根据路径规划对行驶车辆进行运行控制。

1.1.4 智能驾驶的未来发展

① 无人化。通过更可靠的新型传感器、高效的运行平台和先进的人工智能算法和软件，实现无人化驾驶。

② 安全可靠。由于要与人打交道，所以必须保证智能驾驶是安全可靠的。

③ 降低成本。目前智能驾驶的相对成本还比较高，未来需要降低成本才能走进千家万户。

1.2 视觉导航技术

所谓视觉导航是指利用可见光或红外镜头获取的环境感知视频图像，在硬件平台上通过运行相关图像识别与处理算法软件，获得需要的障碍物（车辆、行人、物体）的位置和速度等信息，从而完成车辆前进方向的导航决策。

视觉导航技术包括视觉导航中的目标检测与跟踪技术、目标测距技术、车道线检测与跟踪技术、车辆自主导航定位技术、车辆视频拼接技术、车牌与交通标志识别技术和驾驶员疲劳检测技术等。

第
2
章

视觉导航中的目标
检测与跟踪技术

2.1 概述

用于智能驾驶的视觉导航技术在目标检测与跟踪方面涉及以下几个技术。

① 车辆检测与跟踪技术，包含白天车辆检测与跟踪技术、夜间车辆检测与跟踪技术、盲区车辆检测与跟踪技术；

② 行人检测与跟踪技术；

③ 障碍物检测与跟踪技术；

④ 停车位检测与跟踪技术。

由于视觉传感器采集的行车环境信息复杂多变，在不同工况场景下，对目标检测与跟踪算法鲁棒性提出较高要求。正常行驶中车辆位移和路况、光照变化导致车辆外观发生尺度缩放与形变，也不利于目标检测与跟踪算法设计。车载嵌入式设备运算能力有限，对目标检测与跟踪算法的运算复杂度提出了严苛要求。

综上所述，研发具有完全自主知识产权、准确、实时的基于单目视觉的目标检测与跟踪算法，进而实现基于视觉传感器的视觉导航意义深远，具有巨大的商业价值、社会效益和学术价值。

2.1.1 研究现状

随着单目视觉传感器的制造水平和车载嵌入式设备的处理能力不断提高，基于机器视觉、数字图像处理技术的视觉导航算法成为先进驾驶辅助系统中的研究热点，其中基于单目视觉传感器的车辆碰撞预警子系统可有效降低追尾事故的发生率。车辆主动安全系统的严苛准确率与实时性设计指标，要求车辆检测、跟踪算法必须兼具准确、连续与实时的特性，其中准确、连续的车辆检测、跟踪结果将保证后续距离预测和碰撞预警的有效性；由于需要为驾驶员处理险情预留充裕时间，因此上述算法的处理时间要达到或接近实时处理效果。

目前广泛采用的视觉车辆检测方法首先根据视频信息进行车辆疑似区域生成，对上述区域进行遍历并使用分类算法进行确认，实现车辆目标检测；之后使用实时鲁棒的多车辆目标跟踪算法进行后续跟踪处理，使得整体算法达到连续实时处理的效果。对上述检测、跟踪目标使用基于视觉的测距算法进行距离估计并判断前方车辆目标是否对本车行驶造成威胁，预警可能发生的碰撞事故。基于上述算法框架，国内外学者积极投身于开发高精度、实时性的车辆检测、跟踪算法和车辆测距算法的研究中，并取得了大量的研究成果。

（1）车辆检测算法 目前基于单目视觉传感器的车辆检测算法主要分为：基于车辆先验知识的车辆检测方法、基于运动信息的车辆检测方法和基于车辆特征与机器学习的车辆检测方法。

① 基于车辆先验知识的车辆检测方法。基于车辆先验知识的车辆检测方法是指利用车底阴影区域、车辆尾灯、车辆尾部边缘、四周角点及车辆整体对称性信息等车辆图像典型特征，实现对车辆假设区域进行验证，从而检测前方车辆目标。文献 [5]～[11] 通过车道线检测实现疑似区域生成，通过判断路面中车底阴影面积、质心特征，结合车辆对称垂直边缘实现车辆检测。文献 [12]～[22]、[24] 利用车底阴影区域先验知识，使用不同分割方法实现疑似区域生成，结合车辆区域纹理、垂直边缘形状特性、尾灯信息等提取特征，通过设定

阈值实现真实车辆筛选。文献［23］、［24］使用相同思路，融合车辆尾部纹理、对称性、轮廓信息，使用机器学习方法进行分类判决。文献［2］对比了主成分分量特征、小波特征、截短小波特征、Gabor滤波器特征和融合小波与Gabor特征，对比了使用神经网络和支持向量机分类器的车辆检测算法，在结构化高速公路和简单城市环境取得了不错效果。

② 基于运动信息的车辆检测方法。基于运动信息的车辆检测方法主要是利用视频中的车辆的运动光流变化获得相对运动信息，进而确定车辆状态。文献［25］使用在固定摄像机下拍摄的视频数据，对比了各种光流算法的性能，为基于光流算法的车辆检测方法提供了重要理论依据。文献［26］利用Lucas-Kanade光流算法进行运动车辆检测，使用幅度平方函数分割车辆区域，结合形态学Blob算法统计区域特征实现车辆检测。文献［27］、［28］讨论了各种光流算法原理并对比试验，得出使用Lucas-Kanade算法的环境适应性和效果更好的结论。但是由于基于光流的车辆检测算法计算量较大，不适用于现阶段车载嵌入式平台实时计算。

③ 基于车辆特征与机器学习的车辆检测方法。基于车辆特征与机器学习的车辆检测方法利用车辆外观显著特性，提取区域特征描述向量，使用基于机器学习的方法对真正车辆正类和工况背景负类库进行训练，将训练出的分类器应用于车辆检测领域。文献［29］、［30］从单目视觉车辆辅助驾驶系统中的常见目标入手，对比各类经典及改进特征，分析了性能、速度、内存需求等重要指标，对特征选取有重要指导性作用。文献［31］～［35］以类Haar特征（Haar-like Feature）结合级联分类器为基础，结合各种创新改进实现车辆检测。文献［36］～［41］以梯度方向直方图（Histogram of Oriented Gradients，HOG）结合支持向量机（Support Vector Machine，SVM）为基础，实现车辆识别及车型统计任务。文献［42］在训练阶段使用SURF（加速稳健特征）算法对训练库提取特征，结合K-means（K均值）聚类算法实现视觉词汇表聚类；在识别阶段使用相同方法提取特征，结合支持向量机实现车辆检测。文献［43］、［44］则分别对梯度方向直方图和类Haar特征的级联分类器进行级联，获得更高检测准确率。文献［45］～［48］则在级联分类器基础上改进并提出融合特征描述和训练算法，在行人检测、车辆检测领域取得较好效果。文献［49］使用最大稳定极值区域提取车辆结构化信息，通过构建子节点图结合支持向量机实现车辆识别。文献［50］、［51］通过逆透视投影变换结合车道线检测、车辆宽度估计等不同方法排除非车辆区域，使用HOG结合支持向量机实现不同尺度车辆检测任务。总的来说，基于机器学习的车辆检测方法是近年车辆检测领域的研究重心，相比传统方法取得了令人振奋的检测效果。

(2) 车辆跟踪算法　车辆跟踪算法的引入可连续预测多个目标车辆在后续连续帧图像中的位置，避免耗时的全局搜索过程，为前向车辆碰撞预警系统的主要瓶颈——车辆检测算法节约宝贵的计算时间，是实现准确、实时的前向车辆碰撞预警系统的关键模块。目前，国内外学者对于移动平台下前方多目标跟踪问题进行了大量的研究与实践，在车辆跟踪领域主要的算法有：基于均值漂移的车辆跟踪方法、基于压缩感知的车辆跟踪方法等。

① 基于均值漂移的车辆跟踪方法。基于均值漂移（MeanShift）的车辆跟踪方法，根据均值漂移原理，结合不同的尺度缩放规则，实现移动平台下多目标的可变尺寸实时跟踪任务。文献［56］针对粒子滤波的目标跟踪方法缺点，通过MeanShift算法自适应优化粒子，改善了跟踪算法性能。文献［60］从目标运动方向信息和目标模型更新策略入手，提出了一种改进的背景加权直方图均值漂移目标跟踪算法，获得了更为精确的跟踪效果。文献［58］～［62］则利用Kalman滤波器预测并使用MeanShift算法寻找最佳匹配，能够在目标发生短时遮挡情况下准确跟踪目标。文献［63］、［64］利用跟踪目标角点信息，使用不同预测方式实现MeanShift搜索范围的缩小化，解决由目标遮挡引起的跟踪丢失问题。

② 基于压缩感知的车辆跟踪方法。基于压缩感知的车辆跟踪方法使用压缩感知技术对目标进行稀疏表示，能够完成实时鲁棒性的多目标跟踪任务。文献［67］～［69］讨论了使用不同稀疏压缩矩阵提取并融合特征，改进原始跟踪算法，实现尺度缩放目标跟踪，提高了算法跟踪精度。文献［70］使用压缩感知结合蒙特卡罗取样实现粒子采样，从而实现跟踪算法，在保证实时性的同时保证准确跟踪。文献［71］则将压缩感知模型的相关核滤波方法与SURF关键点特征进行融合并修正学习率与更新机制，实现了对遮挡目标的跟踪。

2.1.2　测试数据集及测试指标

本节采用的数据集为车辆上安装的单目摄像头拍摄的分辨率为 720×480 的视频片段，视频帧率为 25 帧/s，场景包括典型高速公路行车环境、城市干路及辅路（统称城市道路）行车环境，天气情况主要包含晴天、阴天场景，行车环境景物及光照变化丰富，符合实际工况应用条件。使用 FFmpeg 软件截取行车视频并进行人工筛查，建立典型工况场景训练、测试图片集，评测车辆检测算法与车辆跟踪算法性能。典型视频详细情况（测试数据集）见表 2-1。

表 2-1　测试数据集

视频集标号	分辨率	帧率	视频长度	场景分类	光照条件
1	720×480	25 帧/s	2min35s×7	城市干路	阴天
2	720×480	25 帧/s	2min30s×7	高速公路	晴天、阴天
3	720×480	25 帧/s	4min×2	城市道路	晴天
4	720×480	25 帧/s	4min×5	高速公路	晴天、阴天

典型工况场景视频截图如图 2-1 所示。

图 2-1　测试数据视频截图

可以使用如下三个指标评测车辆检测算法性能，主要包括目标正确检测率（True Positive Rate，TPR）、目标错误检测率（False Positive Rate，FPR）及算法单帧处理时间，其中 TPR 和 FPR 的计算公式如下：

$$TPR = \frac{检测车辆数}{真实车辆总数} \tag{2-1}$$

$$FPR = \frac{误检数}{检测目标总数} \tag{2-2}$$

可以使用如下三个指标评测车辆跟踪算法性能，主要包括多目标跟踪准确率（Multi-Object Tracking Accuracy Rate，MOTAR）R_a、多目标跟踪精度（Multi-Object Tracking Precision，MOTP）R_p 及算法单帧处理时间，其中 R_a 和 R_p 的计算公式如下：

$$R_a = 1 - \frac{\sum\limits_{n}(m_n + fp_n)}{\sum\limits_{n} r_n} \qquad (2\text{-}3)$$

$$R_p = \frac{\sum\limits_{n} t_n}{\sum\limits_{n} r_n} \qquad (2\text{-}4)$$

其中，n 为第 n 个样本或观测值；r_n 为 t 时刻视频图像中威胁行车安全的真实目标区块数；m_n 为漏检数；fp_n 为误检数；t_n 为正确跟踪区块数。

2.2 基于主动学习框架的 Haar-like 特征与级联分类器的车辆检测算法

结合文献 ［29］～［31］ 在车辆检测领域的应用，研究并实现了基于主动学习框架的 Haar-like 特征与级联分类器的车辆检测算法。根据文献讨论及实验验证，选取指定参数下类 Haar（Haar-like）矩形特征提取，使用级联分类器算法训练初始化分类器，通过引入主动学习（Active Learning）框架，以及设计交互式程序并实现对未标记数据集使用上一阶段分类器判决并人工标注，迭代扩充训练样本库以提升分类器性能；对于实际测试中遇到的典型误检情况，引入后处理融合模块实现精确检测，为后续车辆跟踪及车辆测距提供重要算法保证。

由于同向车辆尾部及对向来车前部存在明显外观信息，国内外学者对使用 Haar-like 特征描述车辆特征进行了广泛的研究。相比复杂背景信息，使用上述特征描述的正负样本在特征空间呈现不同模式，配合机器学习分类器可实现快速准确的判决。图 2-2 表示 Haar-like 特征应用于车辆特征提取示意图。

自适应增强（Adaptive Boosting，AdaBoost）算法作为统计机器学习算法的重要组成部分，因其实时性较好、分类精度较高等优点，广泛应用于机器视觉模式识别领域。AdaBoost 算法通过在学习阶段迭代学习基分类器，调整被前级基分类器错误分类的样本数据的权值，降低被正确分类的样本的权值；给予分类误差率较小的基分类器较大权值，给予分类误差率大的基分类器较小权值，最后通过线性组合为强分类器进行分类判决。分类器整体结构需综合考虑检测精度、计算时间、样本容量权衡设计。多数分类器采用有监督学习模式，而随着硬件水平的提升，大量数据的获取

图 2-2　Haar-like 特征应用于
车辆特征提取示意图

已并非难事，但关系分类性能优劣的标注问题成为制约分类器学习效果及训练时间的瓶颈。我们通过引入主动学习框架，实现基于主动学习框架的基于 Haar-like 特征的级联分类器，通过随机选取初始典型工况特征库进行标定并完成原始分类器训练，对后续未参与训练的视频帧图像使用上述框架进行判决询问，融合新增样本后迭代训练以提升最终分类器性能。

（1）类 Haar（Haar-like）矩形特征　类 Haar（Haar-like）矩形特征是一种区域信息描述性特征，利用联通矩形区域像素值运算实现特征提取，能够描述目标的边缘特性、线性特

性、中心特性和对角线特性。典型特征模板如图 2-3 所示。

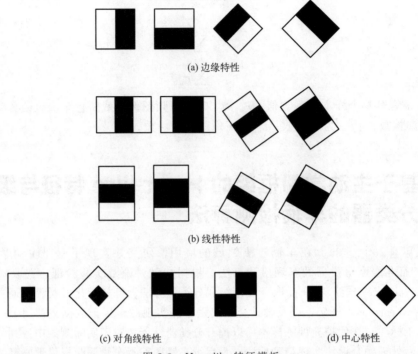

(a) 边缘特性

(b) 线性特性

(c) 对角线特性　　　　　　　　　　　　　　(d) 中心特性

图 2-3　Haar-like 特征模板

通过计算图中黑色区域与白色区域像素加权值完成 Haar-like 特征提取，通过滑动、伸缩特征模板尺寸，从而完成对目标检测窗口的提取。本节用于训练车辆检测的级联分类器尺寸归一化为 $W \times H = 30 \times 24$，以 w 和 h 分别表示矩形特征模板的宽和高，令 $X = [W/w]$，$Y = [H/h]$，则以该矩形模板特征从样本范围内派生计算得到的样本数为：

$$XY\left(W + 1 - w\,\frac{X+1}{2}\right) \times \left(H + 1 - h\,\frac{Y+1}{2}\right) \tag{2-5}$$

通过应用上述模板计算特征进行弱分类器训练。

由于模板尺寸，旋转缩放导致计算出的类 Haar 特征数量十分庞大，存在大量的重复计算，不能达到实时性要求。通过引入积分图算法，只需要对图像进行一次遍历计算即可得出任意位置不同大小模板类型的矩形特征，从而有效地解决上述问题。

（2）基于 Haar-like 特征的级联分类器算法　级联分类器算法（即 AdaBoost 算法）通过在学习过程中自适应调整训练样本权重分布，初始化时赋予所有训练样本相同权值，在迭代学习过程中提升错分样本权值，降低正确分类样本权值，最后通过将基分类器提升为强分类器实现分类。相应的训练算法参考文献 [31]～[35]。

① 样本库建立。由于基于 Haar-like 特征的级联分类器对目标尺度缩放不敏感，旋转不变性较差，应分别标注目标典型结构分别训练，或单独标注对方位旋转鲁棒性较好的部分。训练级联分类器的学习需要有监督地标记样本以建立正负训练样本库，为降低级联分类器对车辆目标的漏检率，车辆正类样本库应包括工况下出现的各类车型的同向行驶尾部及对向来车前部区域，主要标注车辆具有对称性的区域。非车辆负类样本库应包含工况下非车辆典型背景区域。常用的训练环境有基于 OpenCV 开源软件和基于 MATLAB 机器视觉工具箱的环境。常用的标注软件有 opencv_annotation 应用程序和 MATLAB Training Image Labeler

应用程序，两款软件均可实现对训练数据集样本的标注，输出文件绝对路径信息和标注目标位置信息。由于后者增删数据文件方便，人机交互可视化效果较好，使用其标注生成正训练样本库。使用上述软件标注典型工况场景图片 1000 张，共建立规模为 1564 个的车辆正类样本库。Training Image Labeler 软件标注界面如图 2-4 所示，人工绘制矩形框体标记车辆尾部对称性区域。

级联分类器同样需要非车辆负类样本（背景样本）库，且背景样本应与车辆目标在实际工况下伴随出现，使用场景种类丰富的背景样本训练获得的级联分类器误检率更低。且由于随着级联分类器学习过程中基分类器层数的深入，产生误检的背景样本将会变得更少，不利于基分类器的后续学习。综上所述，非车辆负类样本的数目应为车辆正类样本的数倍。我们首先根据截取视频流人工筛选不包含车辆的视频帧加入非车辆负类样本

图 2-4　Training Image Labeler 软件界面截图

库，之后对包含车辆的视频帧使用随机生成算法结合后续人工筛查，提取背景样本，生成非车辆负类样本库。此处我们设置随机截取图片尺寸为 120×80，单帧抽取 10 张疑似背景图像区域并进行人工筛查确认，共生成 10343 张非车辆负类样本，记录文件绝对路径信息并转化为文本文档备用。典型的非车辆负类样本库示例图片如图 2-5 所示。

图 2-5　非车辆负类样本库示例

依照检测算法设定的目标最大尺寸、最小尺寸、缩放因子相关参数，使用滑动框体分层

遍历高斯金字塔并使用上述级联分类器进行目标检测。滑动框体尺寸计算公式如下：

$$W_{\text{SlideWin}} = \text{round}(W_{\text{TrainWin}} \times \alpha^N) \tag{2-6}$$

$$H_{\text{SlideWin}} = \text{round}(H_{\text{TrainWin}} \times \alpha^N) \tag{2-7}$$

其中，W_{SlideWin}、H_{SlideWin} 表示滑动框体尺寸；round 为取整函数；W_{TrainWin}、H_{TrainWin} 为训练集归一化尺寸；α 为缩放因子；N 为缩放次数。通过合理设置检测目标的最大尺寸参数、最小尺寸参数可减小滑动框体缩放遍历次数，加速算法执行。多尺度滑动窗口（框体）遍历搜索示意图如图 2-6(a) 所示。将不同缩放参数下检测结果乘以相应缩放参数，融合至同一图像中。由于使用多尺度滑动框体检测，需要融合尺度缩放图像输出结果，可根据具体应用场景设置融合阈值参数以控制融合策略，输出合理目标位置信息。不同融合阈值策略示意图如图 2-6(b) 所示。

(a) 多尺度滑动窗口遍历搜索示意图

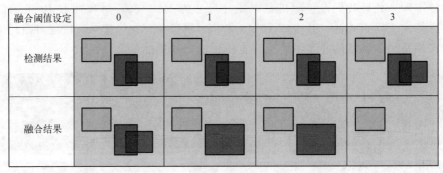

(b) 融合阈值策略示意图

图 2-6　基于机器视觉的级联分类器检测原理说明

通过如图 2-7 所示的流程实现基于机器视觉的级联分类器车辆检测算法，首先对输入图像进行多尺度滑动窗口遍历并输入级联分类器，由于算法将分类能力相对较强的基分类器置于前级，滑动窗口取样区域若不能通过则被快速排除，降低后续计算负载；若通过则进行后

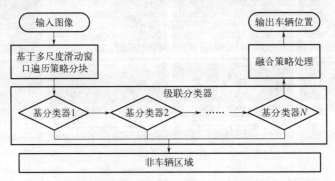

图 2-7　基于机器视觉的级联分类器车辆检测算法流程图

续更为复杂的基分类器级联判别;若滑动窗口取样区域通过全部级联分类器筛查,则进行融合策略处理并输出。利用上述流程,级联分类器能够在保证检测精度及误检率的条件下完成机器视觉的实时目标检测任务。

假设级联分类器由 N 个基分类器顺序级联而成,则整体分类器精确率 P 及误警(误检)率 F 由下式计算:

$$P = \prod_{i=1}^{N} p_i \tag{2-8}$$

$$F = \prod_{i=1}^{N} f_i \tag{2-9}$$

其中,$p_i \in (0,1]$ 为第 i 级基分类器精确率,学习过程中若设置较高精确率将会提高基分类器复杂度,在获得更高准确性的同时会导致训练和检测时间的延长;$f_i \in (0,1]$ 为第 i 级基分类器误警率,若设置较低误警率将会提高基分类器复杂度,在获得更低误警率的同时会导致训练和检测时间的延长,若设置较高误警率则需要更大规模级联分类器才能达到相同准确率。训练过程中要综合考虑样本规模、精确率指标、误警率指标及检测时间。

② 训练参数设置。经过实验,选用基于 OpenCV 环境的级联分类器程序进行训练。首先编写批处理脚本实现正样本库文件格式转化,使用 opencv_createsamples 应用程序完成指定参数正样本向量描述文件生成,此处我们将正样本区域图形归一化为宽度 30、高度 24 像素大小。在获得正样本向量描述文件和背景图片路径文件后,使用 opencv_traincascade 应用程序进行级联分类器训练,输出分类器信息 XML(可扩展标记语言)类型文件,用于后续车辆检测算法。使用服务器训练初始化级联分类器所使用的参数为"opencv_traincascade. exe-data xmlResult-vec pos. vec-bg neg_image. txt-numPos 1500-numNeg 10000-numStages 20-precalcValBufSize 2000-precalcIdxBufSize 4000-num-featureType Haar-w 30-h 24-bt GAB-minHitRate 0. 995-maxFalseAlarmRate 0. 5-weightTrimRate 0. 95-mode ALL"。

其中,级联分类器参数设定及意义如表 2-2 所示。

表 2-2　级联分类器参数设定及意义

参数	参数意义
-data<xmlResult>	指定级联分类器存储位置
-vec<pos. vec>	指定车辆正样本向量描述文件
-bg<neg_image. txt>	指定背景负样本描述文件
-numPos<1500>	指定训练级联分类器基分类器的正样本数目
-numNeg<10000>	指定训练级联分类器基分类器的负样本数目
-numStages<20>	指定级联分类器基分类器级数
-precalcValBufSize<2000>	指定预计算特征内存,与训练平台相关
-precalcIdxBufSize<4000>	指定预计算特征下标内存,与训练平台相关
-featureType<Haar>	指定特征类型
-w<30>	指定取样宽度
-h<24>	指定取样高度
-bt<GAB>	指定 Boosted 分类器类型,选择 Gentle AdaBoost 算法
-minHitRate<0. 995>	指定基分类器最小准确率
-maxFalseAlarmRate<0. 5>	指定基分类器最大误检率
-weightTrimRate<0. 95>	指定分类器剪枝权重
-mode<ALL>	指定 Haar 特征类型,选择所有类型模板

当训练分类器性能达到设置准确率及误检率，或达到指定级联长度时，停止训练过程，输出分类器信息用于车辆检测任务。

③ 初始化基于 Haar-like 特征的级联分类器性能测试。使用 500 张典型工况测试集图片进行初始化级联分类器测试，分析检测结果发现：使用初始化级联分类器对于部分应用场景中近距离下前方车辆能够实现准确检测，准确检测效果示例如图 2-8(a) 所示。但是由于路面有标线杂物，以及距离缩放导致车辆目标较小，使用初始化级联分类器不能准确检测目标车辆。分析原因可知：由于训练数据集过小，在特征空间中分类超平面中分类错误区域较大，导致对于部分场景出现误检及漏检现象，相应效果示例如图 2-8(b) 所示。在留样测试集中测试统计，初始化级联分类器整体精确率为 73.6%，误检率为 25.4%，不能满足车辆辅助驾驶安全性要求，需要进一步提高分类器性能。利用下面讨论的基于主动学习框架的级联分类器迭代学习方法可提升分类器性能，进而应用于实际工况环境。

④ 基于主动学习框架的级联分类器训练。近些年主动学习被广泛应用于机器视觉中的目标识别领域，研究及实践表明其可有效创建鲁棒性较强的识别系统。主动学习框架应用于机器视觉领域可对训练数据量需求相对更少，减少人工标记消耗时间，更加充分地利用数据，获得更高的系统分类精确性和更低的误检率，在行人检测、车辆检测、人脸检测中得到广泛关注。由于车辆识别系统对安全性指标、场景适应性、处理实时性的严苛要求，对鲁棒性较强的车辆检测算法提出了新的挑战。文献 [78] 讨论了在车辆检测任务中使用不同主动学习策略下的主流机器学习算法在数据准备、分类器性能改善方面的差异。文献 [79] 讨论了将主动学习应用于未标记数据对目标检测效果的提升。常用的主动学习策略包括基于置信度的质疑标定方法和基于误分类的质疑标定方法。基于置信度的质疑标定方法利用初始化分类器对未标记数据分类输出，对于靠近分类边界及含糊不清的疑似输出，提请人工标记确认分类。这种方法对初始化分类器依赖较大，需要精心设计初始化分类器

(a) 初始化级联分类器准确检测示例

(b) 初始化级联分类器误检及漏检示例

图 2-8　初始化级联分类器分类效果

样本库和训练参数，且评价标准依赖于标注人员定义，标注结果个体差异性较大。基于误分类的质疑标定方法利用初始化分类器对未标记数据分类输出，提供交互式人机界面提请人工标记修正漏检样本和误检样本，与原始训练集融合后进行分类器迭代训练，提升分类器性能。根据上述文献研究结合实际采用的分类器特性，我们使用基于误分类的质疑标定方法完成主动学习任务。

对于车辆检测算法，首先使用典型工况数据集训练获得初始化分类器，但由于随机筛选建立的初始化样本库规模限制，样本特征分类空间存在错误决策区域。对此使用基于主动学习框架对未标记数据处理，不断更新分类器决策边界，提升初始化分类器分类性能，从而获得相比随机采样标记分类器更高的分类精度和更低的误警率。基于主动学习框架的分类器训练流程图如图 2-9 所示。

基于主动学习框架继续提升上面训练出的初始化级联分类器性能。经过实验发现 MAT-LAB 2015 版本内部基于 OpenCV 2.4.9 版本类库，使用 OpenCV 环境训练出的级联分类器 XML 文件可通用于 MATLAB 环境，在 MATLAB 环境下利用 MATLAB GUI（图形用户界面）工具实现交互式软件的编写，使用初始化级联分类器完成对未标记数据的分类结果输出；编写人工交互界面实现基于误分类的质疑标定方法人工筛选，记录漏检车辆的文件名称及目标位置；将误检区域保存进入新增背景库。基于误分类的质疑标定方法的主动学习样本标注软件如图 2-10 所示。

使用上述基于主动学习框架的方法标记未参与训练的工况样本，共迭代训练 3 次，共计输入未标记数据 20000 张，使用上述方法新增丢失正样本 1234 张，新增背景样本 18254 张。基于主动学习框架的级联分类器新增正负样本示例如图 2-11 所示。

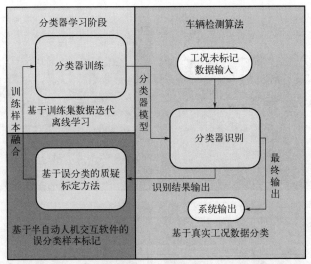

图 2-9　基于主动学习框架的分类器训练流程图

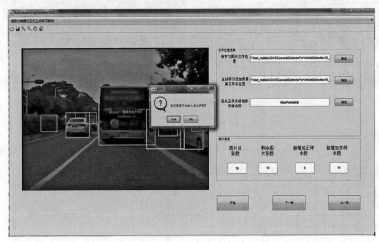

图 2-10　基于误分类的质疑标定方法的主动学习样本标注软件工作界面

　　使用上述基于主动学习框架的级联分类器新增正负样本图片，融合基础训练数据集组成最新训练集，使用级联分类器训练参数重新训练级联分类器，由于训练集规模的增加，离线训练时间相应增长，输出分类器结果用于后续基于级联分类器的车辆检测。上述流程可随着训练数据的增加而迭代进行，充分利用先前标记数据和新增数据，逐步提高分类器性能以达到设计要求。

　　（3）级联分类器对车辆检测结果的后处理融合　　在测试级联分类器检测效果时发现，对于路标指示牌、高楼等背景可能出现误检现象，对于具有对称性或复杂的背景容易出现检测区域过大或过小的误检现象，也可能出现一车多框等重复检测现象，典型示例图片如图 2-12（a）所示。以上出现的误检现象降低车辆检测算法准确性，不利于后续车辆跟踪模块及距离测定模块应用，需要进行级联分类器后处理以消除上述现象。

　　本节提出如下规则进行后处理，提升级联分类器输出精度。

　　① 对于过大或过小疑似框体，根据实验设置检测目标尺寸最小阈值参数 $minSize = [35, 28]$，设置检测目标尺寸最大阈值参数 $maxSize = [360, 240]$ 进行输出目标尺寸限制，排除过小或过大疑似区域。

(a) 标注新增丢失正样本图片

(b) 标注新增误检背景图片

图 2-11　新增正负样本示例

② 分析典型行驶场景，对于出现在图像上部非感兴趣区域的误检框体，设置过顶阈值，当疑似矩形位置纵坐标超过上述阈值后认定为非车辆目标区域。本节根据图像规格及实验测试，设定过顶阈值 T_{topcut} 为纵向 1/3 处。

③ 对于出现的一车多框等重复检测现象，计算最小框体重叠率见式(2-10)，重叠率示

(a) 典型误检现象示例

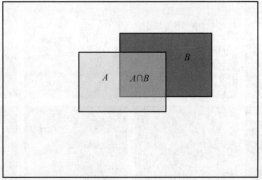

(b) 矩形框体重叠率示意图

(c) 应用后处理效果示例

图 2-12　级联分类器后处理前后对比

意图如图 2-12（b）所示。

$$R_i = \frac{\text{area}(A \bigcap B)}{\min[\text{area}(A), \text{area}(B)]} \qquad (2\text{-}10)$$

其中，R_i 表示最小框体重叠率；area($A \bigcap B$) 表示两矩形框体相交部分的面积，单位为像素；min [area(A)，area(B)] 表示寻找 A、B 两矩形框体中面积较小的矩形面积。根据视觉成像规律及安全预警重要性原理，一般情况下距离本车较近的前方车辆在视频帧图像中区域像素值更大。以图像左下角为坐标原点，水平向右为 x 轴，垂直向上为 y 轴，通过实验设定最小框体重叠率阈值，若计算出的框体重叠率超过上述阈值，则输出 y 坐标较小且面积较大的矩形区域为车辆检测区域。使用上述规则可排除部分误检情况，提升分类精度。使用级联分类器后处理结果如图 2-12（c）所示，可见加入后处理模块后提升了分类精度，改善了最终输出效果。

（4）基于主动学习框架的 Haar-like 特征与级联分类器的车辆检测算法性能测试　使用未训练视频截取图像测试基于主动学习框架的级联分类器车辆检测算法，检测算法参数根据采集设备规格（720×480 像素），设置缩放因子 $\alpha = 1.1$，设置最小邻域数 minNeighbors=8，设置检测目标尺寸最小阈值参数 minSize=[35,28]，设置检测目标尺寸最大阈值参数 maxSize=[360,240]，设置过顶阈值参数 $T_{\text{topcut}} = 1/3$，设置最小重叠率阈值为 $R_i = 0.45$。算法处理后输出车辆位置用白色填充矩形框体标识，测试结果示例图片如图 2-13 所示。

图 2-13　基于主动学习框架的 Haar-like 特征与级联分类器的车辆检测算法性能测试效果

通过实验分析可以发现：基于主动学习框架的 Haar-like 特征与级联分类器车辆检测算法在留样测试集上准确率达到 92.7%，误检率为 6.3%，算法仿真平均处理时间为 167.4ms。相比传统方法，由于引入主动学习方法，丰富了样本库信息，可以更加充分地利用采集数据，精确分类边界以减小误判。对实际测试中常见的误检情形，使用提出的后处理融合方法，减少了由背景复杂导致的误检情况的发生。对于前向中近距离车辆可精确检测，满足系统设计准确率90%以上的设计指标。

（5）小结　本节研究了基于主动学习框架的 Haar-like 特征与级联分类器车辆检测算法，通过引入主动学习框架，更加高效地利用采集数据进行分类器学习，通过编写的交互式标记程序方便后续样本库扩容，提高了样本标记工作效率，在典型工况场景下获得了较好的检测效果。

2.3　基于 DPM 改进模型的夜间车辆检测算法

本节先介绍 Gamma 校正算法、PCA（主成分分析）降维、常见的可变形部件模型（Deformable Parts Model，DPM）优化策略、常见的特征描述子以及分类器，为运用 DPM 进行夜间车辆的检测奠定基础。

2.3.1　Gamma 校正

在计算机系统中，受显示器等因素的影响，显示器显示的图像与摄像设备捕捉的实际图像不一致，而 Gamma 校正可以消除存在的偏差。它一方面可以降低光照带来的干扰，另一方面还可以消除来自噪声的影响。

Gamma 校正是对输入图像的灰度值进行指数运算。一般而言，当 Gamma 校正的值小于1时，图像的高亮部分得到扩大，较暗部分得到缩小；反之同理。一般情况下，Gamma 校正通过式(2-11) 来定义：

$$V_{out} = AV_{in}^{r} \tag{2-11}$$

其中，V_{in} 是输入图像的像素值；V_{out} 是输出图像的像素值；A 为常数。当 $r<1$ 时，低灰度值区域被扩大，进而图像对比度增强，高灰度值区域被缩小，进而图像对比度降低，从而图像整体灰度值变大；当 $r>1$ 时，低灰度值区域被缩小，进而图像对比度得以降低，高灰度值区域被扩大，进而图像对比度增加，从而图像整体灰度值变小；当 $r=1$ 时，为直线变换。

2.3.2　PCA 降维

主成分分析（Principal Component Analysis，PCA）降维又称为特征降维，它通过对数据进行变换，能够有效地获取数据的主要特征，实现对数据的"降噪"和"去冗余"。"降噪"降低了留下来的数据维度间的相关性，"去冗余"使得留下来数据的维度的方差最大化。通过对 PCA 的原理剖析可知，其主要任务是通过变换得到一组不相关的向量，并且这些向量能够代表原始的特征向量。

设有 m 条 n 维数据，具体的 PCA 实现步骤如下。

① 将原始数据按列组成 $n\times m$ 的矩阵 $\boldsymbol{X}$；

② 将矩阵 $\boldsymbol{X}$ 的所有行减去相应行的平均值，实现零均值化；

③ 计算协方差矩阵，求取矩阵的特征值和对应的特征向量；

④ 以特征值的大小为标准，将相应的特征向量排列组合为矩阵后，选择矩阵的前 z 行组成矩阵 $\boldsymbol{P}$；

⑤ $\boldsymbol{Y}=\boldsymbol{P}\times\boldsymbol{X}$ 即为降维到 k 维后的结果。

2.3.3　常见的 DPM 优化策略

针对 DPM 算法进行优化的算法种类繁多，行之有效的主要有三类：基于级联思想的 Cascade DPM、基于快速傅里叶变换的 FFT DPM 以及兼具多方优点的 The Fastest DPM。下面对三种 DPM 优化算法进行描述。

（1）Cascade DPM　2010 年，Felzenszwalb 等人提出了基于级联思想的 Cascade DPM，是对原始版本的 DPM 算法速度方面的改进。提出者认为图像中仅有少数的区域响应得分特别高，大部分的区域其实得分是比较低的，如图 2-14 所示。对于这些得分低的区域进行模板卷积是非常消耗时间的。如果在检测的过程中，能够对图像可能会出现目标的区域进行可能性估计，将可能性比较小的位置直接剔除掉，这样便会极大提升检测的速度。

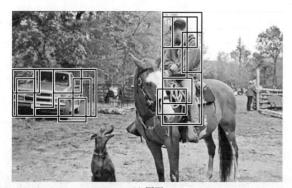

(a) 原图

(b) 车辆模型的响应

(c) 人体模型的响应

图 2-14　DPM 算法检测响应图

原始 DPM 算法中，金字塔某个区域的分值为根滤波器与所有部件滤波器的检测分值的和。于是提出者首先基于根滤波器的检测得分筛选掉一部分候选区域，则后面部件滤波器进行检测时，便可以省去对滤除掉的区域进行卷积的操作。同样利用根滤波器和第一个部件滤波器的得分和，也可以筛选掉一部分候选区域。重复上述操作，逐渐滤除掉金字塔中的候选区域，策略与级联思想相似，因此称之为 Cascade DPM。筛选区域过程中的阈值为相应滤波器（或者滤波器之和）与训练集中包含目标的正样本卷积得分的最小值，因为这样可以保证正样本均被保留下来。级联加速方法在速度上取得了一个数量级的提升，为后面的加速奠定了基础。

（2）FFT DPM　2012 年，Dubout 等人提出了基于快速傅里叶变换（FFT）的 FFT DPM，其较好地利用了离散傅里叶变换的相关性质，极大降低了计算的复杂度。将滤波器和图像特征图在时域中的卷积变为了频域中的点乘运算，大大降低了运算量。结合文献 [86]，本节对运算量进行了相应的分析。假设图像尺寸为 $M \times N$，滤波器尺寸为 $P \times Q$，共有 K 个特征层和 L 个滤波器，每幅图在时域上卷积运算需要的操作数为 $C_{std} = 2K \times L \times M \times N \times P \times Q$。如果使用 FFT 转换为频域进行计算，则需要执行的操作数目变为 $C_{Fourier} = 2.5(K+L) \times M \times N \times \log_2(M \times N) + 4K \times L \times M \times N$。当 $K+L \ll K \times L$，那么使用 FFT 将大幅度降低计算量。

考虑到梯度方向直方图（Histogram of Oriented Gradient，HOG）和滤波器的尺寸并不相同，并且滤波器尺寸相对较小，不能直接进行 FFT，于是采用对滤波器进行零值补充的方法。为了降低计算复杂度，采用将 HOG 特征层连接的方法。假设有根滤波器 F 和三个 HOG 特征层 H_0、H_1、H_2。假设 H_0 尺寸最大，首先将 F 填充至 H_0 尺寸，然后将 H_1、H_2 进行无交叉拼接，填充至最大尺寸 H_0。最后经过快速傅里叶变换（FFT），将 HOG 特征同滤波器在频域中进行乘积运算，对结果进行 IFFT（逆快速傅里叶变换），便得到滤波器的得分，如图 2-15 所示。

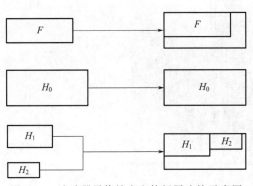

图 2-15　滤波器零值补充和特征层连接示意图

（3）The Fastest DPM　2014 年，Yan 等人提出了 The Fastest DPM。其对 DPM 提取特征的过程、根滤波器卷积的过程以及部件滤波器卷积的过程均进行了相应的改进，可以说是目前 DPM 优化方法中效果最好的方法。

① 特征提取。The Fastest DPM 的主要思想是利用查找表（Look Up Table，LUT）来加速特征提取。提出者认为梯度的计算结果为 $-255 \sim 255$，可以通过预先计算三个 511×511 的查找表 T_1、T_2 和 T_3 加速计算梯度，其中 T_1、T_2 和 T_3 分别存储了对比敏感、对比不敏感方向的部分和坐标轴方向上的梯度组合，通过三个查找表可以在 LUT 中找到对应的梯度。经过实验，发现采用查找表方法，DPM 算法提取特征的过程可以加快 6 倍。

② 根滤波器卷积。采用低秩（Low Rank，LR）加速卷积运算。假设二维特征平面 $K \subseteq \mathbb{R}^{m_1 \times n_1}$，根滤波器 $F \subseteq \mathbb{R}^{m_2 \times n_2}$ 的秩为 $r[r \leqslant \min(m_2, n_2)]$，依据 SVD（奇异值分解）可得：

$$F = \sum_{i=1}^{r} \sigma_i \boldsymbol{u}_i \boldsymbol{v}_i^{\mathrm{T}} \tag{2-12}$$

其中，$\sigma_i \subseteq \mathbb{R}$ 为奇异值；$\boldsymbol{u}_i \subseteq \mathbb{R}^{m_2 \times 1}$，为左奇异向量；$\boldsymbol{v}_i \subseteq \mathbb{R}^{1 \times m_2}$，为右奇异向量。根据上面的分解公式，可得根滤波器和特征的卷积公式如式（2-13）所示，$\otimes$ 代表相关运算。

$$\boldsymbol{K} \otimes \boldsymbol{F} = \boldsymbol{K} \otimes \sum_{i=1}^{r} \sigma_i \boldsymbol{u}_i \boldsymbol{v}_i^{\mathrm{T}} = \sum_{i=1}^{r} \sigma_i [(\boldsymbol{F} \otimes \boldsymbol{u}_i) \otimes \boldsymbol{v}_i^{\mathrm{T}}] \tag{2-13}$$

原始算法中根滤波器和特征的卷积需要的乘法运算量多达 $m_1 \times n_1 \times m_2 \times n_2$ 个，低秩分解后的乘法运算量变为 $m_1 \times n_1 \times (m_2 + n_2) \times r$ 个。当 r 足够小的时候，运算量可以大大减小，速度获得明显提升。

③ 部件滤波器卷积。思想同 Cascade DPM，也是通过分步滤除掉候选区域，减少部件滤波器的计算量。除此之外，The Fastest DPM 引入了邻域抑制，即如果在某个邻域内有一点得分大于一定的阈值，则该点外（不包含该点）的其他领域都将被滤除。邻域结合级联思想，使得 The Fastest DPM 比 Cascade DPM 更早滤除大部分候选区域，进而提升检测速度。

The Fastest DPM 与 Cascade DPM 滤除效果对比图如图 2-16 所示。在开始的几个阶段，The Fastest DPM 便已经滤除了大量的候选点，同时加上卷积过程的优化，使得 The Fastest DPM 的检测速度比原始算法获得 $40 \sim 50$ 倍的提升，可以说其是所有优化算法中最快的算法。

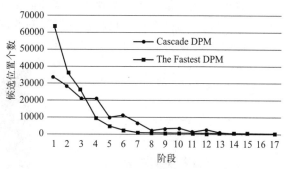

图 2-16　The Fastest DPM 与 Cascade DPM
每阶段滤除特征金字塔候选位置个数

2.3.4　常见的特征描述子

在图像分析理论中，对图像进行特征分析是常用的技术。对于图像特征分析而言，如何检测以及提取关键点至关重要。特征信息一般划分为两类，即全局特征和局部特征。一般而言，全局特征由于是从图像整体提取的特征，因此其对图像深层次信息的挖掘不够；局部特征则是对图像部分区域的描述，这些特征具有不变性和可分性，能体现出目标的细节信息，有效地对噪声进行抑制，具有较强的适应能力。常见的局部特征描述子有 HOG 特征和 Haar-like 特征描述子。

（1）HOG 特征　2005 年，Dalal 等人首次提出梯度方向直方图（HOG），它是对图像局部区域的梯度幅值和方向特征的描述。对于一幅图像 $f(x,y)$，它在 (x,y) 处的梯度幅值 $|\nabla f(x,y)|$ 如式（2-14）所示，方向角 θ 如式（2-15）所示：

$$|\nabla f(x,y)| = \mathrm{mag}[\nabla f(x,y)] = \sqrt{G_x^2 + G_y^2} \tag{2-14}$$

$$\theta = \arctan(G_y/G_x) \tag{2-15}$$

其中，G_x 和 G_y 分别代表 x 和 y 方向的梯度。HOG 特征在描述特征时，将梯度方向在 $\left[-\dfrac{\pi}{2}, \dfrac{\pi}{2}\right]$ 区间划分为 N 个均匀的空间 S_k，则像素点 (x,y) 在 k 个梯度方向上的梯度投影如式（2-16）所示：

$$L_k(x,y) = \begin{cases} |\nabla f(x,y)|, \theta \in S_k \\ 0, \theta \notin S_k \end{cases} \tag{2-16}$$

HOG 特征提取的流程如下：

① 归一化处理。在真实场景中，图像往往会受到场景变化、局部曝光过多以及纹理失真的影响，归一化处理可以增强描述子的描述能力，以及在场景变化下的适应性，抑制噪声的干扰。归一化灰度处理原图后，再进行 Gamma 校正。

② 梯度值计算。其目的是用来捕获物体的轮廓信息，通过对每个像素的梯度进行计算，

可以进一步弱化环境的干扰。最常用的方法是使用行向量 $[-1,0,1]$ 以及列向量 $[-1,0,1]^T$ 分别同图像进行卷积，便可以获得相应方向上的梯度分量。

③ 梯度方向统计。将图像分解为 8×8 像素的方格单元，2×2 个单元组成一个块，计算每个方块单元的梯度特征，采用线性插值的方法计算每个像素点的梯度方向，然后组合每个单元的梯度信息。

④ HOG 描述向量生成。对块内的特征向量进行归一化处理，如图 2-17 所示，使得最后的特征向量包含每一个单元格特征计算得到的不同结果。然后组合每个块的特征信息，从而得到图像的 HOG 特征，如图 2-18 所示。

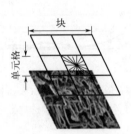

图 2-17　HOG 描述向量

图 2-18　目标的 HOG 特征

（2）Haar-like 特征　2001 年，Viola 和 Jones 发明了一种检测人脸的算法，命名为 Viola-Jones 检测器，该算法继承了 AdaBoost 算法，实现了很好的人脸检测效果。随后，Lienhart 等人对其进行了扩展，提出了扩展的 Haar-like 特征，该算法不仅使用了水平和垂直方向的矩形区域作为特征，还将矩形旋转 45°角，形成新的特征。

Haar-like 特征分为四类，通过四类特征之间的互相组合形成特征模板，能够较好地描述目标的边缘特性（特征）、线性特性、中心特性和对角线特性。特征模板包含黑、白两种颜色，特征的计算可以理解为白色矩形所有像素之和与黑色矩形所有像素之和的差值。

矩形特征（即 Haar-like 特征）的位置和尺寸可以随意进行调整，可见矩形位置、矩形尺寸以及矩形模板类别三个因子共同决定了矩形特征值。这三个因子的作用会导致很小的检测窗口含有很多不同的特征，导致计算量庞大。积分图的引进，使得只需对图像遍历一次便可计算出任意位置任意大小的矩形特征，其思路为将图像起点和各个终点组成的矩形区域所有像素的和，保存至数组中，下次计算时便可以直接搜索数组中的元素，避免了反复计算，从而提升了运算速度，如图 2-19 所示。

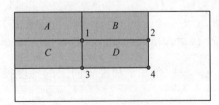

图 2-19　积分图计算矩形特征值

图 2-19 中最大的矩形框代表一幅图像，将图像的原点至 (i,j) 点之间所有像素的和赋值给 (i,j) 点，记为 $ii(i,j)$，对每个像素均进行这样的处理，便得到了图像的积分图。图 2-19 中 1、2、3、4 处的积分图的值分别记为 ii_1、ii_2、ii_3、ii_4，那么可以得到式(2-17)、式(2-18)：

$$\begin{cases} ii_1 = \text{Sum}(A) \\ ii_2 = \text{Sum}(A) + \text{Sum}(B) \\ ii_3 = \text{Sum}(A) + \text{Sum}(C) \\ ii_4 = \text{Sum}(A) + \text{Sum}(B) + \text{Sum}(C) + \text{Sum}(D) \end{cases} \tag{2-17}$$

$$\text{Sum}(D)=ii_1+ii_4-(ii_2+ii_3) \tag{2-18}$$

由以上公式可以看出，积分图中任意一点的值，均可以通过一次运算得到，大大减少了时间的消耗。

2.3.5 常见的分类器

(1) SVM 分类器 SVM（Support Vector Machine）又称支持向量机，主要思想是最小结构化风险准则，即通过有限训练样本得到最小误差分类器，使得经验风险达到最小化，提升分类器的泛化能力。SVM 是基于传统统计学发展起来的机器学习方法，它可以应用于物体检测、文本分类、图像去模糊和图像分割等。SVM 包括线性可分和线性不可分两种类型。处于线性可分时的情形如图 2-20 所示；线性不可分时的情形如图 2-21 所示，此时需要核函数进行映射才能变得线性可分。常用的几种核函数有：多项式核函数、高斯核函数（径向基核）、Sigmoid 核函数。

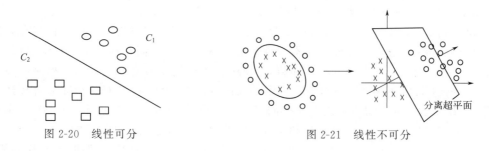

图 2-20 线性可分   图 2-21 线性不可分

SVM 的本质可以为三步：
① 最大化几何间隔（在大量样本中只使用到了特征向量）；
② 引进核函数，解决非线性问题以及样本偏移等问题；
③ 按照不同策略使用二分类 SVM 解决多分类问题。

(2) AdaBoost 算法分类器 AdaBoost 是由 Yoav Freund 等人提出的一种算法，开创了目标检测的先河。它是一种迭代算法，可以自动地调整样本的权重分布，提高区分错误样本的权重，降低区分正确样本的权重，其核心思想是将弱分类器融合组成更强的分类器。它的优点在于可以自适应地调整权重，实现快速收敛。AdaBoost 算法的流程如下。

① 训练样本的权重初始化。假设样本数目为 N 个，则每个训练样本的权重初值为 $1/N$。

② 训练弱分类器。如果在训练过程中，某个样本在训练过程中分类没有错误，则在建立下一个训练集中，降低它的权重；相反，如果某个样本在训练过程中分类错误，那么提高它的权重。然后，对样本集更新权重，用来训练接下来的分类器，并依次迭代训练下去。

级联上述步骤得到的分类器，如图 2-22 所示。

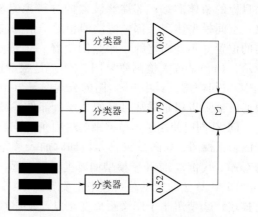

图 2-22 AdaBoost 算法分类器

2.3.6　DPM 目标检测算法

基于单目视觉的夜间前方车辆检测算法是前方车辆防碰撞系统的核心之一，也是实现整个系统最具挑战的一个环节。夜间场景环境较暗，使得车辆的许多细节不能够显现出来，同时在有光照的地方，会受到来自路灯、路边建筑物，以及广告牌和周边其他车辆的干扰，这些因素无一不使得夜间车辆的检测任务变得艰巨。夜间前方车辆包含的信息十分有限，使得大部分应用于白天场景下的车辆检测方法不能够应用于夜间。传统的夜间车辆检测方法大都采用识别车灯的方法，然后进行车灯的配对，该方法应用场景比较局限，在车辆发生互相遮挡而导致车灯被挡住时，很难将车灯进行配对，而且夜间影响因素众多，有很多类似于车灯的干扰存在，比如路灯以及广告牌等。

机器学习领域的不断发展极大地促进了目标检测技术的进步，以分类器为基础的机器学习方法获得了较好的测试结果。此类方法主要是将车辆特征用相应的特征描述子进行表示，然后对正负样本进行训练，从而将目标与背景区别开来。经典的机器学习方法有：Haar＋AdaBoost、HOG＋SVM 以及 Haar-like＋HOG＋AdaBoost 等方法。

HOG 特征可以较好地描述图像的梯度和边缘特征，因为对梯度进行了方向量化，所以HOG 特征在环境变化时具有很好的不变性，适合用于描述夜间车辆特征。Haar 特征是对物体纹理的一种描述，相对于 HOG 而言，Haar 善于检测相似的纹理，不能检测物体的方向特征，这使得 Haar 在目标检测中有一定的局限性。换句话说，HOG 特征适合描述物体的轮廓，Haar 适合描述物体的阴影。夜间车辆的检测本质是二分类问题，而 SVM 本质就是一个二分类模型，它通过寻找最优超平面，实现将两类数据区分开的目的。

2010 年，P. Felzenszwalb 等人提出了以可变形部件模型（DPM）为根基的检测算法，其能够检测多种类型的目标，曾多次在目标检测比赛中获得冠军。DPM 基于部件和空间模型来表示目标，能够有效应对目标形变、姿态变化以及光照变化等挑战，在目标检测领域十分成功，目前被广泛应用于目标检测以及分割等领域。

DPM 采用"弹簧形变模型"有效解决了目标由形变导致的检测问题；采用了若干个组件的思想解决了目标处于不同视角下的检测问题；通过建立多层特征金字塔，有效克服了物体尺度变化带来的检测难题。

（1）DPM 算法介绍　DPM 目标检测算法（简称 DPM 算法）具有较高的精度，主要由三部分组成：一个全局根滤波器、若干个部件滤波器和空间模型。根滤波器可以捕获所要检测目标的整体形态；部件滤波器的分辨率是根滤波器的两倍，可以捕获目标的局部细节信息；空间模型体现了部件滤波器相对于根滤波器的空间位置。其中部件滤波器相对于根滤波器的位置并不是固定的，而是围绕着一个锚点在一定范围内变化。以行人为例，如图 2-23所示，（a）是行人检测效果图，（b）是根滤波器图，（c）是部件滤波器图，（d）是最终的DPM 空间模型。其中（c）图的分辨率是（b）图的 2 倍，所展现出的梯度更加精细，因此根滤波器可以粗略描述目标的外形，部件滤波器可以细致地描述目标的局部。

DPM 同时使用了多模型来解决视角的问题，比如自行车，可从两个角度进行建模，即左视图和正视图，如图 2-24 所示。同时加入了先验知识，定义子模型与主模型之间的空间偏移为 Cost（代价），防止子模型偏离主模型过远，最终的得分为计算出的所有得分与偏移值之差。

DPM 算法的贡献总结起来主要有四个：①通过采用星型结构模型对变化复杂的目标进行描述；②使用基于广义距离变化以及动态规划的方法检测目标；③通过构建图像金字塔，能够检测出不同尺度的目标；④采用基于 Latent SVM（隐变量支持向量机）的参数学习和

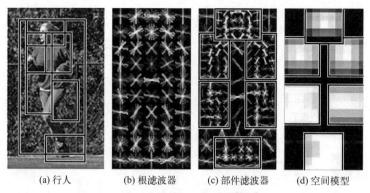

| (a) 行人 | (b) 根滤波器 | (c) 部件滤波器 | (d) 空间模型 |

图 2-23　DPM 目标检测模型

优化求解的方法训练模型。

（2）DPM 算法中的 HOG 特征

HOG 特征是目标检测领域中最流行的特征之一，它可以较好地描述物体的外形。和原始的 HOG 特征提取方式相比，DPM 在 HOG 特征的提取方式上有所改善。

DPM 提取特征时仅保存了 HOG 里的胞元。其从以下两个方面进行梯度的提取：对于有符号的 HOG 特征，将在

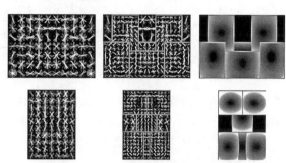

图 2-24　自行车的 DPM 目标检测模型

$0°\sim360°$ 方向生成 18 个梯度向量；对于无符号的 HOG 特征，将在 $0°\sim180°$ 方向生成 9 个特征向量。一个 8×8 的单元生成 $4\times(9+18)=108$ 维特征，由于维数过高，Felzenszwalb 采取了如下措施进行维数优化。首先仅仅提取无符号的 HOG，即产生 $4\times9=36$ 维特征，可以看成 4×9 的矩阵，然后进行主成分分析并降维，实验结果表明，前 11 维特征向量几乎囊括了全部的信息，11 维特征向量之间存在着"其矩阵的每一行或每一列相加，得到的值近似为定值"的规律；根据主成分可视化的结果，发现 PCA 降维后的效果和降维前基本上相同，将 4×9 的矩阵按照上述原理将它的行和列各自作加法，最后生成 $4+9=13$ 维特征向量；然后再添加 18 维有符号的向量，提高了使用有符号梯度的目标检测精度，最后得到的特征向量为 $13+18=31$ 维。图 2-25 显示了 HOG 特征的提取流程。

（3）DPM 模型训练　DPM 采用隐变量支持向量机（Latent SVM，LSVM）进行训练，隐变量顾名思义就是部件的位置没有被指定，被视为潜在的变量。在 Latent SVM 训练过程中的分类函数如式（2-19）所示：

$$f_{\beta}(x) = \max_{z \in Z(x)} [\boldsymbol{\beta} \cdot \boldsymbol{\Phi}(x,z)] \tag{2-19}$$

式中，$\boldsymbol{\beta}$ 表示分类器参数；z 为与样本 x 相关的隐变量；$Z(x)$ 表示关于样本 x 的隐变量的取值空间；$\boldsymbol{\Phi}(x,z)$ 表示样本的一个描述。存在带类标样本集 $\boldsymbol{D}=\{(x_1,y_1),\cdots,(x_n, y_n)\}$，用属性标签 $y_i \in \{-1,+1\}$ 来训练参数 $\boldsymbol{\beta}$，$y_i=1$ 时表示正样本，$y_i=-1$ 时表示负样本，通过式（2-20）实现：

$$L_D(\boldsymbol{\beta}) = \frac{1}{2}\|\boldsymbol{\beta}\|^2 + C\sum_{i=1}^{n}\max[0,1-y_i f_{\beta}(x_i)] \tag{2-20}$$

其中，$\max[0,1-y_i f_{\beta}(x_i)]$ 是标准铰链损失（Hinge Loss）函数，它是关于 $\boldsymbol{\beta}$ 的半凸函数。对于正样本的情形，损失函数是半凸的；对于负样本的情形，损失函数则是凸的。正

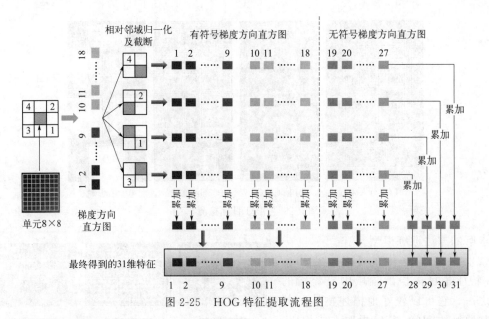

图 2-25　HOG 特征提取流程图

则项的相对权重通过常数 C 控制。如果 $Z(x) \in \{-1, +1\}$，此时 Latent SVM 等同于线性 SVM，可以说线性 SVM 是 Latent SVM 的一种特殊形式。从 Latent SVM 函数表达式可以看出，如果每个正样本的隐变量至多仅有一个，那么 $L_D(\boldsymbol{\beta})$ 为 $\boldsymbol{\beta}$ 的凸函数，训练问题其实就转化为了凸优化的问题。

LSVM 的训练过程大体上可以分为以下四个步骤。

① 根滤波器初始化：对训练集的标注框尺寸进行统计，确定根滤波器的大小。此时得到的初始根滤波器 F_0 使用的是不包含隐变量的 SVM。正样本从无遮挡的包含目标的图片进行标注得到，负样本均不含有目标。

② 根滤波器更新：在原始未进行缩放的样本图像上，找到滤波器最高得分的位置且满足根滤波器和图片的标注框重叠率达到 50% 以上。然后根据上述的结果更新正样本的边界框，迭代两次得到新的正样本集和随机负样本，重新训练 F_0。

③ 部件滤波器初始化：依据训练得到的根滤波器对部件滤波器进行初始化。首先假设单个部件的面积为 s，使得六个部件的面积 $6s$ 所占比例达到根滤波器的 80%。使用贪心算法找出根滤波器中面积为 s 的具有最大能量的区域，能量为计算得到的区域中全部细胞的正权重的范式平方和。然后清零该区域的权重，依次循环，直至找出全部的六个部件。部件滤波器的初始值为根滤波器子窗口的权值，需要进行插值操作将部件转换到较高空间分辨率，对位移进行平方操作得到初始变形代价。

④ 模型更新：建立新的训练数据三元组更新模型，在满足与矩形框重合率达到 50% 的条件下，从预测框中选出得分最高的位置作为矩形框对应的正样本，将正样本更新到缓存区域（缓冲区）中。在不包含目标的图像中，选择高分位置作为负样本，将最大数量的负样本添加到缓冲区，上述样本的部件已知且均已被记。采用上述方法对模型迭代更新 10 次，每次迭代产生的难以被正确分类的样本在下一次迭代开始之前都会被保留到缓冲区，通过训练获得所有模型的参数。

（4）DPM 目标检测流程　DPM 算法采用滑动窗口的方式对图像的 HOG 特征金字塔依次进行扫描，考虑到每一层的检测过程均相同，在此仅分析针对一层的检测流程。

假设检测过程中根滤波器 $\boldsymbol{F}_0$ 的位置为 $\boldsymbol{p}_0$，第 i 个部件滤波器 $\boldsymbol{F}_i$ 的位置为 $\boldsymbol{p}_i$，其中 $i = 1, \cdots, n$，$\boldsymbol{F}_0$ 大小为 $w_0 \times h_0$，可得模型在位置（$\boldsymbol{p}_0, \boldsymbol{p}_1, \cdots, \boldsymbol{p}_n$）的分数如式（2-21）所示：

$$\text{score}(\boldsymbol{p}_0, \boldsymbol{p}_1, \cdots, \boldsymbol{p}_n) = \boldsymbol{F}_0 \cdot \boldsymbol{\varphi}(w_0, h_0, \boldsymbol{p}_0) + \sum_{i=1}^{n} \lfloor \boldsymbol{F}_i \cdot \boldsymbol{\varphi}(w_0, h_0, \boldsymbol{p}_i) - d_i \varphi_d(\mathrm{d}x_i, \mathrm{d}y_i) \rfloor + b$$

$$(2\text{-}21)$$

记金字塔 $\boldsymbol{H}$ 上的一点 $\boldsymbol{p}_i$，$\boldsymbol{\varphi}(w_0, h_0, \boldsymbol{p}_i)$ 为以 $\boldsymbol{p}_i$ 为起点，大小为 $w_0 \times h_0$ 的窗口计算得到的 HOG 特征向量；d_i 代表偏移代价系数，$\varphi_d(\mathrm{d}x_i, \mathrm{d}y_i)$ 代表变形特征，$d_i\varphi_d(\mathrm{d}x_i, \mathrm{d}y_i)$ 代表部件的偏移代价分值；b 代表偏差的实数值。

DPM 目标检测的过程，主要包括以下步骤。

① 计算特征金字塔：假设待检测目标的图像金字塔层数为 L，可以表示为 $\boldsymbol{P}(\boldsymbol{p}_1, \boldsymbol{p}_2, \cdots, \boldsymbol{p}_{L-1}, \boldsymbol{p}_L)$，对应的特征金字塔为 $\boldsymbol{H}(h_1, h_2, \cdots, h_{L-1}, h_L)$，从而可以检测大小各异的目标。

② 卷积计算得分：设 DPM 模型有 K 个子模型 $\boldsymbol{M}(m_1, m_2, \cdots, m_{K-1}, m_K)$，每个子模型拥有 N 个部件滤波器和一个根滤波器，记为 $m_i(\boldsymbol{F}_0, \boldsymbol{F}_1, \boldsymbol{F}_2, \cdots, \boldsymbol{F}_{N-1}, \boldsymbol{F}_N)$。将每个子模型的 $N+1$ 滤波器在特征金字塔上滑窗卷积计算得分，其中子模型的得分是根滤波器和部件滤波器的得分和，然后找出 K 个子模型中得分的最大值，如式(2-22) 所示：

$$\text{score}(m_i) = \max \text{score}(m_1, m_2, \cdots, m_{K-1}, m_K) \qquad (2\text{-}22)$$

③ 得出最终结果：找出子模型中得分最大的模型后，寻找得分大于阈值的点 (m_i, l, x, y)，m_i 为子模型，l 为处于金字塔的多少层，(x, y) 为点的坐标位置。位置信息结合子模型的尺寸便可以得到目标的矩形框。

由于存在多个矩形框框住同一个目标的现象，而我们的目的是单个目标仅保留一个最优的框，于是通过非极大值抑制算法去除重复交叉的框。遍历除得分最高的框之外的其余的框，如果其余的框与得分最高的框重叠面积大于 50%，则将其删掉。最终我们便得到待检测目标的矩形框。

以一个典型的基于 DPM 的行人检测流程图（图 2-26）为例，阐述 DPM 算法的检测流程。首先提取输入图像的 HOG 特征，再将提前训练好的根滤波器和部件滤波器分别与特征卷积，然后将部件滤波器的响应图转换到和根滤波器同一分辨率，将两种响应图进行合并，得到所有位置的响应图，最后结果表明了图像中存在目标的位置。

（5）改进的 DPM 夜间车辆检测算法

① 感兴趣区域设定。由于在实际使用过程中，行车记录仪拍摄的画面里有部分区域目标是不会出现的，比如远方的天空部分，因此进行感兴趣区域（ROI）的设定是十分必要的，可以减少算法的搜索范围，减少算法的计算量。根据前车行驶过程出现的位置，选取图像纵向 2/5 以下的区域为 ROI，如图 2-27 所示，可以排除天空和高楼等复杂背景的影响。

② 基于 RGB 分量的显著性车辆信息的提取。DPM 算法中，检测一幅图像需要搭建多层特征金字塔，并且需要对金字塔的每层进行"滑动窗口式"搜索，无疑增加了算法的复杂度。夜间场景下，汽车与周围环境的差别较大，但是仍然存在广告牌、路灯等诸多因素的干扰。因此为了准确获取车辆的候选区域，对夜间车辆的特征进行分析是很有必要的。

当前的夜间车辆检测算法大都需要对图像进行颜色空间转化，导致了计算量变大。本节提出的区域提取方法，无需颜色空间的转化，直接进行通道作差便可以实现目的，然后用训练好的模型去检测预处理后图像中疑似车辆的区域，极大地提高了检测的效率。

取通道组合 R-G、R-B、R-G-B 进行运算，实验结果表明车尾灯的 R-G 值和背景的像素值区别明显，而 R-B 及 R-G-B 的区分效果很差。图 2-28 中的（b）图是（a）图中的 R 分量和 G 分量作差的结果，（c）图是（a）图的 R 分量和 B 分量作差的结果。于是选择车辆图像的 R-G 色差特征分割图像，将疑似车辆的区域筛选出来，从而缩小检测的区域，然后再对疑似车辆的区域进行检测。

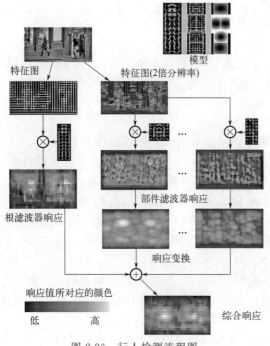

特征图　　特征图(2倍分辨率)　　模型

响应值所对应的颜色

低　　　　高

根滤波器响应　　部件滤波器响应　　响应变换　　综合响应

图 2-26　行人检测流程图

(a) 原始图像示例

(b) ROI选取

图 2-27　感兴趣区域设定

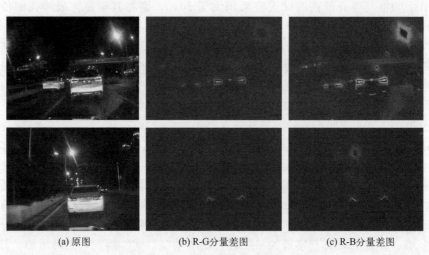

(a) 原图　　　　　　(b) R-G分量差图　　　　　　(c) R-B分量差图

图 2-28　通道分量差示意图

③ 基于自适应权重的参数分配。DPM 可以较好地检测目标，但是模型自身的局限性导致在遮挡的环境下，检测效果不是很好。这是因为 DPM 检测目标时，最终的检测得分是由根滤波器和部件滤波器共同决定的，当目标图像存在部分遮挡时，遮挡部分的特征呈现不完全，DPM 是基于 HOG 特征的，导致正确的部件位置的得分偏低，使得最终的总得分低于阈值，导致目标漏检，降低了检测的鲁棒性。在 DPM 中，有的部件包含了重要的信息，而有的部件包含的信息并不是很重要。比如，人的鼻子、眼睛比人的额头含有的信息就更为重要，当人第一眼看到鼻子或者眼睛时，便会识别出眼前的是人，而人的额头含有的信息就没有那么丰富了。原始的 DPM 将每一个部件同等对待，也即将各个部件的权重视为同样的，

对于目标处于拥堵情况下的检测是不利的。原始算法的模型并不能够对模型进行加权，无法体现部件的有效价值。图 2-29 为车辆图片和对应的 HOG 特征图。

假设 DPM 有滤波器 $\boldsymbol{F}_0$，$\boldsymbol{F}_1$，$\cdots$，$\boldsymbol{F}_n$，每个滤波器的得分为 $\mathrm{score}(\boldsymbol{F}_i)$，当目标图像不存在遮挡时，则得分满足式(2-23) 时，便可以正确检测出目标：

(a) 原图　　　　(b) HOG特征图

图 2-29　测试样本和对应的 HOG 特征图

$$\sum_{i=0}^{n} \mathrm{score}(\boldsymbol{F}_i) > \mathrm{threshold} \tag{2-23}$$

其中，threshold 为阈值。

当目标图像存在遮挡时，会出现某一个部件滤波器的得分 $\mathrm{score}(\boldsymbol{F}_j)'$ 小于其处于无遮挡情况时候的得分 $\mathrm{score}(\boldsymbol{F}_j)$，从而导致整体得分小于 threshold，从而出现漏检，如式(2-24) 所示：

$$\sum_{i=0,i\neq j}^{n} \mathrm{score}(\boldsymbol{F}_i) + \mathrm{score}(\boldsymbol{F}_j)' < \mathrm{threshold} \tag{2-24}$$

为了深入分析 DPM 存在的遮挡问题，本节进行了如下的遮挡测试：分别对夜间前方车辆进行水平方向的遮挡测试以及垂直方向的遮挡测试。由于实际场景不存在对同一辆汽车的不同方位的遮挡，本节采用黑色矩形对汽车的不同部位进行遮挡，共测试了六种情况(图 2-30)：水平方向分为遮挡上方边缘、中间部分、下方边缘；垂直方向分为遮挡左侧边缘、中间部分、右侧边缘。

在上面的遮挡测试中，水平方向仅仅遮挡上方和下方部分检测出了目标。垂直方向仅仅遮挡中间部分检测出了目标。根据检测结果可以分析出，车辆的关键区域比如车尾灯部分被遮挡时，对应的部件滤波器会得到较小的分数，从而无法检测到车辆。对于图 2-30(a)，当上方边缘存在小部分遮挡时，DPM 可以检测出目标；对于图 2-30(b)，当中间部分存在小部分遮挡时，DPM 可以检测出目标。当对中间部分扩大遮挡区域时，DPM 不能检测出目标，如图 2-31 所示，可见 DPM 具备小部分遮挡区域检测目标的能力，对于关键部分的遮挡并不能有效地检测。在夜间行驶环境中，由于道路车辆比较多，车辆之间互相遮挡的情况经常发生，因此针对遮挡问题的改进是很有必要的。

针对上述的分析，提出了自适应变化的权值对部件进行权重分配。改进的自适应权值部件滤波器得分如式(2-25) 所示：

$$\mathrm{score}(\boldsymbol{p}_1,\cdots,\boldsymbol{p}_n) = \sum_{i=1}^{n} w_i \left[\boldsymbol{F}_i \cdot \boldsymbol{\varphi}(\boldsymbol{H},\boldsymbol{p}_i) - \sum_{i=1}^{n} d_i \varphi_d(\mathrm{d}x_i,\mathrm{d}y_i) \right] \tag{2-25}$$

其中，权重 w_i 未知；$\boldsymbol{F}_i$ 代表第 i 个部件滤波器；$\boldsymbol{H}$ 代表 HOG 金字塔。

每一个部件滤波器的得分 $D_{i,l}$ (x,y) 可以通过式(2-26) 计算得到：

$$D_{i,l}(x,y) = \max_{\mathrm{d}x,\mathrm{d}y} [R_{i,l}(x+\mathrm{d}x,y+\mathrm{d}y) - d_i \varphi_d(\mathrm{d}x,\mathrm{d}y)] \tag{2-26}$$

其中，(x,y) 代表训练模型的理论坐标位置；$R_{i,l}(x+\mathrm{d}x,y+\mathrm{d}y)$ 代表部件间匹配得分值。

假设训练后的可变形部件模型存在 m 个星型模型组件，每个组件包括一个根滤波器 $\boldsymbol{F}_0$ 以及 n 个部件滤波器 $\boldsymbol{F}_i(i=1,\cdots,n)$。对每个部件依次计算相应的权值大小，实施方案如下：

a. 对训练后得到的滤波器进行修改，保持第 i 个部件滤波器 $\boldsymbol{F}_i$ 和根滤波器 $\boldsymbol{F}_0$ 不变，其他的部件滤波器向量置为零；

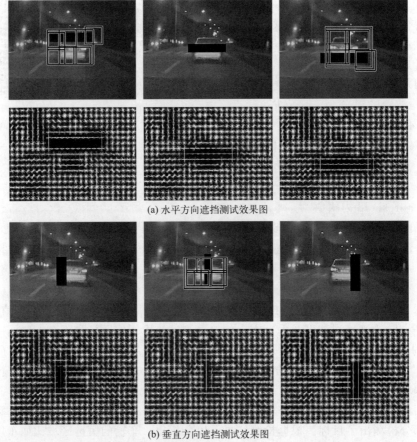

(a) 水平方向遮挡测试效果图

(b) 垂直向遮挡测试效果图

图 2-30　部分遮挡的测试样本和对应的 HOG 特征图 1

图 2-31　部分遮挡的测试样本和对应的 HOG 特征图 2

b. 使用修改后的滤波器对测试样本进行测试，得到 score（$\boldsymbol{F}_0$）+score（$\boldsymbol{F}_i$）；

c. 对剩余的部件滤波器依次重复上述的步骤；

d. 根据上述步骤得到的分数进行相应部件滤波器权重的计算，可得第 i 个部件滤波器的权重如式（2-27）所示：

$$w_i = \frac{\mathrm{score}(\boldsymbol{F}_0) + \mathrm{score}(\boldsymbol{F}_i)}{n \times \mathrm{score}(\boldsymbol{F}_0) + \sum_{i=1}^{n} \mathrm{score}(\boldsymbol{F}_i)} \tag{2-27}$$

该方法通过使用根滤波器和部件滤波器进行检测，以检测结果作为部件滤波器重要性的判断依据，对不同部件滤波器的权重重新调配，也即对重要的部件赋予较大的权重，不重要的部件赋予较小的权重，使得遮挡情况下目标的最终得分大于设置的阈值，从而减少了漏检的情况，提高了目标检测的鲁棒性。

改进后的部件模型目标的响应得分如式（2-28）所示：

$$\mathrm{score}(\boldsymbol{p}_i) = \boldsymbol{F}_0 \cdot \boldsymbol{\varphi}(\boldsymbol{H}, \boldsymbol{p}_0) + \sum_{i=1}^{n} w_i \boldsymbol{F}_i \cdot \boldsymbol{\varphi}(\boldsymbol{H}, \boldsymbol{p}_i) - \sum_{i=1}^{n} w_i d_i \varphi_d(\mathrm{d}x_i, \mathrm{d}y_i) + b$$

$$\tag{2-28}$$

其中，F_0 代表根滤波器；$F_0 \cdot \boldsymbol{\varphi}(\boldsymbol{H}, \boldsymbol{p}_0)$ 代表根滤波器的得分；$F_i \cdot \boldsymbol{\varphi}(\boldsymbol{H}, \boldsymbol{p}_i)$ 代表第 i 个部件滤波器的得分；b 代表偏差的实数值。上式中，通过定义各个部件的权值 w_i，依据部件的重要程度进行权重的分配，从而改善了遮挡环境下的检测效果。

（6）改进的 DPM 目标检测流程图　基于改进的 DPM 的夜间车辆检测流程如图 2-32 所示，具体步骤如下。

① 读取正负样本，然后采用 LSVM 训练相关滤波器，得到 DPM。

② 采用本节改进的算法，对得到的 DPM 进行部件权重的分配。

③ 输入测试车辆图像，进行 R-G 分量求差，得到疑似车辆的显著性区域，并找到显著性区域在原图对应的特征金字塔中的位置，进行 The Fastest DPM 卷积加速。

④ 计算出测试图像的得分，并与模型中的阈值进行对比。

⑤ 采用 NMS（非极大值抑制算法）对④中的结果进行处理，得到最后的检测结果，并在原图中标记。

由于夜间车辆的形状固定，并且形变一般很小，因此训练夜间车辆的模型不需要很

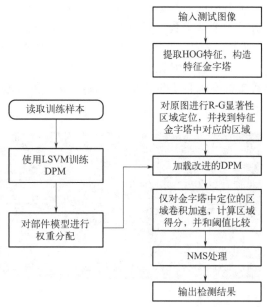

图 2-32　基于改进的 DPM 的夜间车辆检测流程图

多部件，本节采用 6 个部件。经过上述方法训练出的模型如图 2-33 所示。图 2-33(a)、(b)、(c) 分别为夜间车辆的根滤波器、部件滤波器、空间模型。图 2-33 中第一排为右前方夜间车辆模型，第二排为前方夜间车辆模型，第三排为左前方夜间车辆模型。

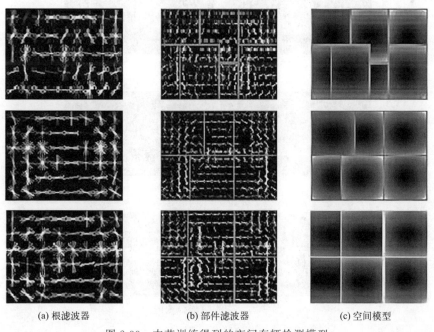

(a) 根滤波器　　　　　　(b) 部件滤波器　　　　　　(c) 空间模型

图 2-33　本节训练得到的夜间车辆检测模型

2.3.7 实验分析和结果分析

本节中的实验数据来自飞利浦行车记录仪拍摄所得，记录仪安装在车辆的前挡风玻璃的后方。本节从采集的视频中筛选出 4800 张包含车辆的训练正样本、9000 张训练负样本、800 张测试样本。训练和测试样本场景均包含夜间的高速路和城市道路场景，也包含部分遮挡、车辆和背景对比度低、背景比较复杂的场景，车辆包括轿车、卡车、货车等不同车型，训练负样本取自不包含车辆的夜间城市和高速道路等图片，大小为 640×360，部分样本如图 2-34 所示。

图 2-34　夜间多场景样本集

（1）检测结果定性分析　为了验证本节提出的改进的 DPM 检测算法的可靠性，进行了如下实验。

① 无遮挡环境下的检测，如图 2-35～图 2-37 所示。

图 2-35　一个目标检测图

图 2-36　两个目标检测图

图 2-37　三个目标检测图

② 遮挡环境下的检测，如图 2-38 所示。

(a) DPM算法检测结果   (b) 改进的算法检测结果

图 2-38 目标检测结果图

由图 2-38 第一行可以看出，进行自适应权重的参数分配前，DPM 仅能检测出 3 个目标，进行改进后的算法则能检测出被部分遮挡的目标；图 2-38 第二行中也存在遮挡严重的物体，改进后的算法也能成功检测出来，而原始算法则会出现漏检；图 2-38 第三行中，存在截断的车辆，原始算法并不能将其检测出来，改进的算法能够成功将车辆检测出来。说明本节提出的算法在存在遮挡的复杂环境中，相对于原始算法效果显著，检测性能有了一定的提升。

（2）检测结果定量分析 评价算法性能通常采用召回率（Recall）和精确度（Precision）来衡量，定义如式(2-29)和式(2-30)所示：

$$Recall = \frac{TP}{TP+FN} \tag{2-29}$$

$$Precision = \frac{TP}{TP+FP} \tag{2-30}$$

其中，TP 代表真阳性（True Positive）结果的数量；FP 代表假阳性（False Positive）结果的数量；FN 代表假阴性（False Negative）结果的数量。上述词汇的解释如图 2-39 所示。

		实际类型	
		真 （车辆）	假 （非车辆）
检测输出 结果	真 （车辆）	真阳性 （正确检测结果）	假阳性 （意外检测结果）
	假 （非车辆）	假阴性 （漏检结果）	真阴性 （正确的不需检测的结果）

图 2-39 词汇解释图

本节采用召回率（Recall）和精确度（Precision）作为评价指标，分别与经典的 HOG＋SVM 算法、Haar＋AdaBoost 算法以及基于 DPM 的夜间前方车辆检测方法（DPM 算法）

在本节测试样本集上进行了对比实验。本节实验条件为 Intel Core i5-4590 处理器，8GB 内存，以及 Windows 7 操作系统，MATLAB R2016b 开发环境。实验结果如表 2-3 所示。从表 2-3 中可以得知，本节改进的算法明显优于传统的目标检测算法，同时与 DPM 算法相比，虽然本节在精确度上有小幅度提升，但是召回率却有大幅度提升，检测速度也有明显的提升，说明本节改进的算法检测出了漏检的车辆，再次证明了算法的可行性。

表 2-3　夜间车辆检测算法性能对比

算法	精确度/%	召回率/%	每帧检测时间/ms
HOG＋SVM	32.43	66.67	145
Haar＋AdaBoost	35.89	90.67	116
DPM 算法	94.83	77.64	86
本节算法	95.64	91.50	48

性能对比图如图 2-40 所示。

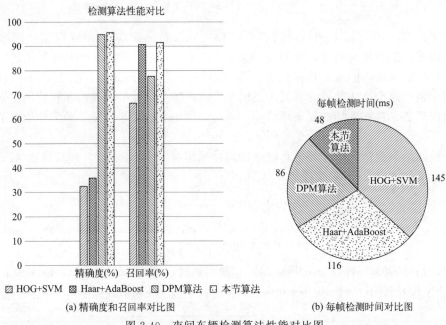

(a) 精确度和召回率对比图　　　　(b) 每帧检测时间对比图

图 2-40　夜间车辆检测算法性能对比图

2.3.8　小结

本节首先介绍了 DPM 算法的基本原理和训练方法，然后考虑到 DPM 检测的原理是基于滑动窗口的方式，导致了效率低下，本节提出了一种通道差的显著性区域筛选的方法，仅对疑似车辆部分的区域进行检测，提高了算法执行的效率。其次针对原始 DPM 检测算法在车辆被遮挡时识别率低下的问题，提出了一种基于自适应权重的参数分配算法，对 DPM 的部件权重按照重要程度进行了合理分配，提升了遮挡环境下的目标检测效果。通过测试，与夜间前方车辆检测的其他算法相比，本节算法具有很高的精确度和召回率，同时本节采取了多种加速策略，有效地提升了算法的效率，具有很好的实时性。

2.4 盲区车辆检测算法

本节研究的盲区车辆检测算法主要是根据安装在车辆左右后视镜下方的单目摄像头捕获到的视频序列进行车辆检测。目前,很多车载的设备计算能力有限,这对盲区车辆检测算法在满足高检测率的条件下进行实时运算提出了严苛的要求。很多车辆检测算法计算量相当大,无法进行实时的车辆检测,比如光流法,但是以机器学习为基础的车辆检测算法不仅计算量小,而且检测精度高,一般用在盲区车辆防撞预警系统中。

近年来,深度学习得到了迅猛发展,并且经常用在车辆检测中。相较于传统的车辆检测算法,深度学习检测精度非常高,而且检测速度非常快,但是深度学习需要使用高性能的 GPU(图形处理单元)设备才能实时检测车辆,成本非常高,并且深度学习方法在嵌入式平台上测试时无法实时检测车辆。传统的机器学习算法不仅对硬件要求不高,而且算法检测精度高。

基于机器学习的车辆检测方法主要是利用特征描述子描述车辆的外部特性,然后使用机器学习的方法对实际训练数据集的正负样本进行训练,最后将训练后的模型用于实际的车辆检测。目前,基于机器学习与车辆特征的经典车辆检测方法有:HOG+SVM、HOG+AdaBoost、HOG+Haar-like+AdaBoost 以及 Haar-like+AdaBoost 等方法。

由于 HOG 特征对于物体的边缘特征可以起到很好的检测效果,故其在计算机视觉和图像领域得到了广泛的应用。但是,当特征向量维数设置过大时,HOG 特征用于车辆检测时检测速度非常慢。Haar-like 特征反映了图像的灰度变化情况,可以很好地描述图像中物体的垂直或水平边缘等特性。为了提高 Haar-like 特征的计算效率,引入了积分图来计算特征。相较于 HOG 特征而言,Haar-like 特征更适合用在车辆检测中,因为车辆本身具有明显的矩形特征。

AdaBoost 算法是一种自适应集成学习算法,由于该算法用于目标检测时检测精度高、速度快,故其经常被用在车辆检测中。多年来,许多学者对该算法进行了改进,Deng 等人使用类 Haar 特征和 AdaBoost 分类器提取假设区域中的车辆特征,并且加入具有 HOG 特征的 SVM 分类器提高准确率。由于 HOG 特征计算相对复杂,算法计算量较原先增加了不少,刘海洋提出了一种并行 AdaBoost(Concurrent Adaptive Boosting,CAdaBoost)算法,不仅使用并行的方式训练多个弱分类器,还引入新的加权参数对弱分类器在最终强分类器中的作用进行了准确描述。该算法不仅缩短了离线训练时间,而且提高了检测率。但是,该算法在 PC(个人计算机)上测试时可以达到实时,移植到嵌入式平台上时速度很慢。本节针对 CAdaBoost 算法移植到嵌入式平台上实时性差的问题,在保证检测精度不变的前提下,对其进行改进。

接下来将详细分析 CAdaBoost 算法的基本原理以及改进的方法步骤,并且使用复杂工况下录制的视频将改进后的算法分别与传统的机器学习算法进行对比测试,以检测精确率(度)、召回率、帧率为指标对算法进行主客观分析和评价。

2.4.1 基本原理

(1)Haar-like 特征 目前,Haar-like 特征具备四种基本结构,即边缘特征、线性特征、中心特征和对角线特征,具体如图 2-3 所示。Haar-like 特征值计算与矩形特征的大小、位置无关，只和矩形特征端点的积分图有关，并且积分图只需计算一次就可以得到所有特征矩形的特征值，减少了 Haar-like 特征的计算时间。

（2）Gamma 校正　在将原图像输入显示设备之前，Gamma 校正不仅可以对原图像进行预补偿处理，消除输出图像失真，而且可以降低光照的影响。

（3）高斯随机测量矩阵　2006 年，Candes 等人证明，独立同分布于正态分布的高斯矩阵，在 $k \leqslant O$（$M \lg N$）的条件下，能够以极大的概率满足约束等距性（Restricted Isometry Property，RIP）条件。因此使用测量矩阵对 k-稀疏信号进行压缩采样后，能够以很高的概率从压缩后的信号中精确重构出原始信号。其中 k 表示信号的非零元素，M、N 分别表示高斯矩阵的行数、列数。测量矩阵的设计方法如下：

对于 $M \times N$ 大小的矩阵，记为 $\boldsymbol{\phi}$，$\boldsymbol{\phi}$ 中每个元素相互独立而且它们的均值为 0，方差为 $\dfrac{1}{M}$，具体如式（2-31）所示：

$$\boldsymbol{\phi}_{i,j} \sim N\left(0, \frac{1}{M}\right) \tag{2-31}$$

（4）Johnson-Lindenstrauss 引理　1984 年，Johnson 等人提出了 Johnson-Lindenstrauss 引理。该引理的主要思想是对于任何高维空间的 n 点，都可以等距嵌入低维的欧氏空间中。该引理的主要公式如下：

对于 d 维空间的 n 点（n 为正整数）构成的集合 V，存在一个映射关系 f：$\mathbb{R}^d \rightarrow \mathbb{R}^k$，并且对于任意的 $\boldsymbol{u}$，$\boldsymbol{v} \in V$，有：

$$(1-\varepsilon)\|\boldsymbol{u}-\boldsymbol{v}\|^2 \leqslant \|f(\boldsymbol{v})-f(\boldsymbol{u})\|^2 \leqslant (1+\varepsilon)\|\boldsymbol{u}-\boldsymbol{v}\|^2 \tag{2-32}$$

式（2-32）等价于：

$$\frac{\|f(\boldsymbol{u})-f(\boldsymbol{v})\|^2-\|\boldsymbol{u}-\boldsymbol{v}\|^2}{\|\boldsymbol{u}-\boldsymbol{v}\|^2} \leqslant \varepsilon \tag{2-33}$$

式中，ε 为常数，且 $0 < \varepsilon < 1$；k 为正整数，且 k 满足：

$$k \geqslant 4 \times \left(\frac{\varepsilon^2}{2}-\frac{\varepsilon^3}{3}\right)^{-1} \times \ln n \tag{2-34}$$

式（2-32）和式（2-34）表明，高维空间中的点数决定了低维空间的最小维数，式（2-33）给出了低维空间的误差上限。

（5）CAdaBoost 算法　该算法以 AdaBoost 算法为基础，使用并行的方式对多个弱分类器进行训练，并且引入新的加权参数对弱分类器在最终强分类器中的作用进行加强。基于 CAda-Boost 算法的盲区车辆检测分为离线训练和在线检测两部分，具体流程图如图 2-41 所示。

① AdaBoost 算法。AdaBoost 算法的基本原理是针对同一个离线训练集，迭代训练多个弱分类器，并且在每次训练过程中串联下级分类器来获得最终决策分类器。上一个弱分类器在分类样本的过程中，有训练样本被错误分类后，该样本权值会增加。相反地，有训练样本被正确分类后，该样本权值会减小，并且得到一个新的权值后，它还会应用在后面一个新的弱分类器中，从而体现出该算法的自适应性，这样可以保证在下次训练中着重训练难分的数据。经典 AdaBoost 训练流程图如图 2-42 所示。

在图 2-42 中，$\boldsymbol{S}$ 为训练数据集，w 为权重（权值），g 为每次训练生成的弱分类器，ε 为每个弱分类器的误差，α 为每个弱分类器的权重，G 为最终的强分类器。实现过程如下：

a. 给定数据集 $\boldsymbol{S} = \{(\boldsymbol{x}_1, y_1), (\boldsymbol{x}_2, y_2), \cdots, (\boldsymbol{x}_N, y_N)\}$，$\boldsymbol{x}_i \in \boldsymbol{\chi} \subseteq \mathbb{R}^n$ 是特征向量，$y_i \in \{+1, -1\}$ 是类别标签，$i = 1, 2, \cdots, N$。

b. 初始化样本（$\boldsymbol{x}_i, y_i$）的权值分布：

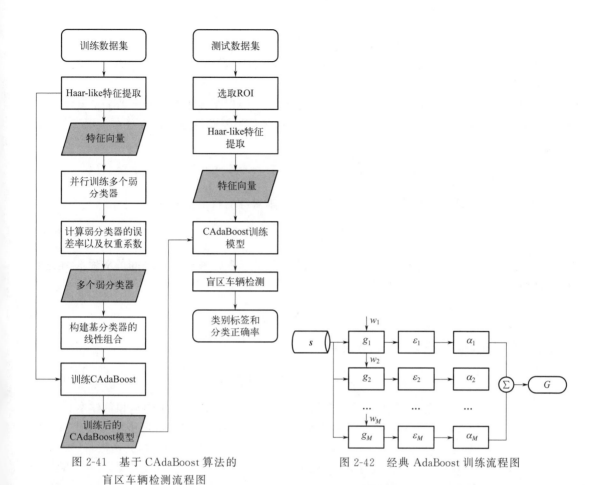

图 2-41 基于 CAdaBoost 算法的
盲区车辆检测流程图

图 2-42 经典 AdaBoost 训练流程图

$$w_{1,i} = \frac{1}{N} \tag{2-35}$$

c. 对于第 m 次迭代，$m=1,2,\cdots,M$，执行以下步骤：

• 对每个样本归一化权重：

$$w_m(i) = \frac{w_m(i)}{\sum\limits_{i=1}^{N} w_m(i)} \tag{2-36}$$

• 训练有权值分布 $w_m(i)$ 的样本，获得弱分类器：

$$g_m(\boldsymbol{x}) = \begin{cases} 1, p_m f_m(\boldsymbol{x}) < p_m \theta_m \\ 0, \text{其他} \end{cases} \tag{2-37}$$

式中，θ_m 表示阈值；p_m 表示不等号的方向，取值为 ± 1；$f_m(\boldsymbol{x})$ 表示特征。

• 计算弱分类器 $g_m(\boldsymbol{x})$ 的误差：

$$\varepsilon_m = \sum_{i=1}^{N} P[g_m(\boldsymbol{x}_i) \neq y_i] = \sum_{i=1}^{N} w_m(i) I[g_m(\boldsymbol{x}_i) \neq y_i] \tag{2-38}$$

其中，$I[g_m(\boldsymbol{x}_i) \neq y_i]$ 是指示函数，该函数表明当 $g_m(\boldsymbol{x}_i)$ 与 y_i 不相等时，函数取值为 1；当 $g_m(\boldsymbol{x}_i)$ 与 y_i 相等时，函数值为 0，其中 $m=1,2,\cdots,M$。

• 计算基分类器 $g_m(\boldsymbol{x})$ 的系数 α_m。α_m 表示 $g_m(\boldsymbol{x})$ 在最终的强分类器中的重要性。

$$\alpha_m = \frac{1}{2}\ln\frac{1-\varepsilon_m}{\varepsilon_m} \tag{2-39}$$

由式(2-39)可知，α_m 随着 ε_m 的减小而增大，说明基分类器分类误差越小，该分类器在最终分类器中的作用越大。

- 得到新的训练样本的权值分布。找出式(2-38)中误差最小的基分类器 $g_m(\boldsymbol{x})$，记为最优分类器，然后将其添加到最终分类器中，用最优分类器获取新的权值分布，用于下一次迭代。

$$w_{m+1}(i) = \frac{1}{Z_m}w_m(i)\mathrm{e}^{-y_i\alpha_m g_m(\boldsymbol{x}_i)} \tag{2-40}$$

式中，Z_m 是归一化因子，作用是使得所有样本对应的权值之和为 1。

$$Z_m = \sum_{i=1}^{N}w_m(i)\mathrm{e}^{-y_i\alpha_m g_m(\boldsymbol{x}_i)} \tag{2-41}$$

d. 经过 M 次迭代后，产生 M 个最优的弱分类器，然后根据它们之间的关系构建它们的线性组合，得到最终的强分类器。

$$f(\boldsymbol{x}) = \sum_{m=1}^{M}\alpha_m g_m \tag{2-42}$$

引入符号函数，构成最终的强分类器。

$$G_M(\boldsymbol{x}) = \mathrm{sign}[f(\boldsymbol{x})] = \mathrm{sign}\left(\sum_{m=1}^{M}\alpha_m g_m\right) \tag{2-43}$$

由式(2-43)可知，强分类器的最终取值为 $+1$ 或 -1，分别对应正样本和负样本。

e. AdaBoost 算法是一个前向分步加性模型，该模型是指从前往后每步学习一个基分类器及其权重，不断迭代得到最终的加性模型。该模型的损失函数是指数损失函数：

$$L[y, f(\boldsymbol{x})] = \mathrm{e}^{-yf(\boldsymbol{x})} \tag{2-44}$$

式中，y 是目标；$f(\boldsymbol{x})$ 是近似模型。

AdaBoost 算法的训练目标是使得基分类器的线性组合 $\sum\limits_{m=1}^{M}\alpha_m g_m$ 的指数损失最小，即：

$$(\alpha_m, g_m) = \underset{\alpha_m, g_m}{\mathrm{argmin}}\sum_{i=1}^{N}w_m(i)\mathrm{e}^{-y_i\alpha_m g_m(\boldsymbol{x}_i)} \tag{2-45}$$

当 $\alpha_m > 0$ 时，有：

$$g_m = \underset{g_m}{\mathrm{argmin}}\sum_{i=1}^{N}w_m(i)\mathrm{sign}[y_i g_m(\boldsymbol{x}_i)] \tag{2-46}$$

② CAdaBoost 算法。虽然经典的 AdaBoost 算法在线检测精度高，但是离线训练的时间长。为了减少时间，提高训练效率，文献［113］采用并行的方式训练，这样的优点是可以同时对多个弱分类器进行训练，大大提高了效率。另外，该文献还引入新的加权参数，以此来对弱分类器在最终强分类器中的作用进行准确描述，提高了算法检测准确率。基于 CAdaBoost 算法的并行训练流程图如图 2-43 所示。

具体步骤如下：

a. 利用具有权值分布 $w_m(i)$ 的训练样本集学习，然后根据式(2-46)并行选择多个弱分类器 g_m^j，其中 $j = 1, 2, \cdots, q$，得到多个弱分类器的并行组合方式：

$$C_m(\boldsymbol{x}_i) = \mathrm{sign}\left[y_i\sum_{j=1}^{q}\psi^j g_m^j(\boldsymbol{x}_i)\right] \tag{2-47}$$

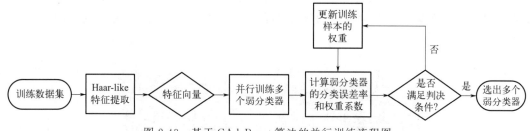

图 2-43　基于 CAdaBoost 算法的并行训练流程图

式中，ψ^j 代表弱分类器训练时的精度；$\sum\limits_{j=1}^{q}\psi^j g_m^j(x_i)$ 代表的是 q 个弱分类器的决策函数，其中 $m=1,2,\cdots,M$。

b. 计算弱分类器的误差：

$$\varepsilon_m=\sum_{i=1}^{N}P[C_m(\boldsymbol{x}_i)\neq y_i]=\sum_{g_m(\boldsymbol{x}_i)\neq y_i}w_m(\boldsymbol{x}_i) \tag{2-48}$$

c. 引入新的加权参数，并且计算基分类器 $g_m(\boldsymbol{x})$ 的权重系数 α_m：

$$\alpha_m=\frac{1}{2}\ln\frac{1-\varepsilon_m}{\varepsilon_m}+K\,\mathrm{e}^{q_m} \tag{2-49}$$

式中，K 是常量；q_m 表示引入的加权参数，用于准确描述弱分类器在最终强分类器中的作用：

$$q_m=\sum_{y_i=1,g_i(\boldsymbol{x}_i)=1}w_m(i) \tag{2-50}$$

2.4.2　改进的 CAdaBoost 盲区车辆检测算法

（1）白天盲区车辆检测　通过分析 CAdaBoost 算法的整个检测流程，发现 CAdaBoost 算法提取的 Haar-like 特征维数很高，严重影响了算法的检测效率，因此，本节采用特征压缩的方式降低 Haar-like 特征的维数，很大程度上减小了算法的计算量。Haar-like 特征压缩流程如图 2-44 所示。

首先，本节对输入的测试视频序列图像进行预处理，接着对预处理后的图像进行感兴趣区域的划分，然后提取图像的 Haar-like 特征，形成特征空间，最后对特征空间进行压缩处理。

① 图像预处理。本节使用安装在汽车左右后视镜下方的单目广角摄像头拍摄盲区车辆视频。由于在使用摄像头拍摄盲区视频过程中，会拍到本车左右侧方部分车身，而这部分车身区域会干扰到盲区车辆检测，故对本车进行了裁切。裁切标记图如图 2-45 中（b）和（c）所示，裁切像素宽度范围为 [650，720]，裁切矩形框大小为 70×480，裁切后图像分辨率为 650×480 像素。

由于本节盲区车辆检测算法没有用到图像的颜色信息，故本节在进行盲区车辆检测前对裁切后的图像进行了灰度处理和下采样处理，这样做可以减小算法的计算量，灰度处理和下采样处理结果如图 2-45 中的（d）和（e）所示。本节采用 2 倍下采样处理，灰度图原先为 650×

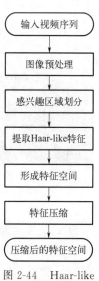

图 2-44　Haar-like
特征压缩流程图

480 大小的分辨率，下采样处理后，变成 325×240 大小的分辨率，从图（e）中可看出下采样后的图像基本保留了原图像的边缘轮廓信息，不影响后续的盲区车辆检测。下采样处理如下。

(a) 盲区车辆原图　　　　　　　　(b) 标记图像

(c) 裁切后图像　　　　(d) 灰度图　　　　(e) 下采样图

图 2-45　图像预处理

对于大小为 $M×N$ 的图像，对其进行 s 倍下采样后，原图像中的 $s×s$ 窗口图像将被替换成一个像素，具体如式（2-51）所示：

$$P_k = \frac{1}{s^2} \sum_{i \in \text{win}(k)} I_i \tag{2-51}$$

式中，P_k 是 $s×s$ 窗口采样后对应的像素点；s 是下采样的倍数，一般是 M 和 N 的公约数；win(k) 表示第 k 个窗口；I_i 是 $s×s$ 窗口中的任意像素。

② 感兴趣区域的划分。改进的 CAdaBoost 算法在提取 Haar-like 特征时，总是先从图像左上角开始从左往右、自上而下遍历整张图像，而这种遍历方式会导致检测框尺度的浪费，给算法增加负担。通过分析盲区车辆事故发现，本车相邻车道为车辆盲区事故高发区域，故本节对下采样后的盲区图像进行了感兴趣区域（ROI）的划分。以本车右侧盲区为例，具体 ROI 划分如图 2-46 所示。

(a) 原盲区图像　　　　　　　(b) ROI划分

图 2-46　感兴趣区域的划分

③ 特征压缩。2006 年，Candes 等人提出了压缩感知理论，该理论指出：若原始信号通过某种变换（如小波变换、傅里叶变换等）后，能够被一系列基向量稀疏表示，则可以设计出与变换基不相关的测量矩阵，对多尺度的图像特征进行有效压缩，然后对含有重构信息的稀疏测量值进行优化求解，精确重构出原始信号。

设 x 是长度为 N、稀疏度为 K 的一维原始信号，$\boldsymbol{\Phi}$ 是 $M×N$ 测量基矩阵（测量矩阵），其中原始信号和测量基矩阵相乘后，可得到长度为 M 的一维测量值 y 信号，$y = \boldsymbol{\Phi}x$。另外，一般的信号不具备稀疏性质，需要在某种稀疏基上稀疏表示，可记为 $x = \boldsymbol{\Psi}s$，其中 $\boldsymbol{\Psi}$ 表示稀疏基矩阵，s 表示稀疏系数，则信号 y 可表示成 $y = \boldsymbol{\Phi}\boldsymbol{\Psi}s = \boldsymbol{\Theta}s$，此方程即压缩感知方程。

如果测量基矩阵 $\boldsymbol{\Phi}$ 满足约束等距性条件，则压缩感知理论可以保证从上述方程中逆向求解出稀疏系数 s，然后将原始信号 x 从测量投影值 y 信号中精确重构出来，即求解以下的最优化问题：

$$\min\|s\|_l \text{ 满足 } \boldsymbol{y}=\boldsymbol{\Phi\Psi s} \tag{2-52}$$

式中，l 表示一阶范数。上式相当于求解 $\boldsymbol{y}=\boldsymbol{\Phi\Psi s}$ 的最稀疏解。

基于压缩感知理论，通过设计稀疏测量矩阵，可以在降低高维信号的同时保证原始信号的损失最小。传统的 CAdaBoost 算法提取的 Haar-like 特征维数巨大，比如一张 24×24 图像，以 2×2 为矩形框模板，矩形特征维数高达 5695354，严重影响盲区车辆检测算法的检测速度，如表 2-4 所示。

表 2-4　不同图像尺度的特征维度

图像尺度	矩形框	特征维度
30×30	2×2	23522935
24×24	2×2	5695354
20×20	2×2	885756

针对 Haar-like 特征维数高的问题，本节采用稀疏高斯随机测量矩阵对高维的 Haar-like 特征空间进行压缩处理。Johnson-Lindenstrauss 引理指出，当使用高斯随机矩阵进行投影时，可以将高维空间中的点投影到低维空间中，同时大致保留点间的距离。基于该引理，本节使用的高斯随机测量矩阵为 $\boldsymbol{R}^{m\times n}$，且高斯随机测量矩阵中元素 $r_{ij}\in N(0,1)$，服从正态分布，r_{ij} 具体取值如式（2-53）所示：

$$r_{ij}=\begin{cases} \sqrt{c}, & p=\dfrac{1}{2c} \\ 0, & p=1-\dfrac{1}{c} \\ -\sqrt{c}, & p=\dfrac{1}{2c} \end{cases} \tag{2-53}$$

式中，p 代表矩阵中随机元素取得当前值的概率；c 表示正整数；r_{ij} 是测量矩阵中独立的随机元素。Zhang 等人指出，当 c 取 2 或 3 时，高斯随机测量矩阵满足约束等距性条件，可作为随机测量矩阵压缩高维信号。在算法复杂度方面，当 c 取 2 时，理论上矩阵的计算量为原来的 $1/2$；c 取 3 时，理论上矩阵的计算量为原来的 $1/3$。在编程方面，只需要一个均匀随机发生器就可以生成一个高斯随机测量矩阵，并且测量矩阵只需生成一次。

假设提取的所有 Haar-like 特征向量组成特征空间 $\boldsymbol{F}=\{\boldsymbol{F}_1,\boldsymbol{F}_2,\cdots,\boldsymbol{F}_n\}$，将高斯随机测量矩阵 $\boldsymbol{R}^{m\times n}$ 与特征向量相乘得到低维特征空间的公式为：

$$\boldsymbol{V}_i=\sum_{j=1}^n R_{ij}\times\boldsymbol{F}_j \tag{2-54}$$

式中，R_{ij} 是高斯随机测量矩阵的非零元素；$\boldsymbol{V}_i=\{\boldsymbol{V}_1,\boldsymbol{V}_2,\cdots,\boldsymbol{V}_m\}$ 是压缩后的特征空间，其中 $m\ll n$，$i=1,2,\cdots,m$。

Haar-like 特征压缩如图 2-47 所示，图中 $\boldsymbol{R}^{m\times n}$ 表示稀疏高斯随机测量矩阵；图中的灰色、黑色、白色方块代表矩阵中的元素，值分别为正数、负数、零；$\boldsymbol{F}_j$ 表示使用 CAda-Boost 算法提取 Haar-like 特征时的特征向量，其中 $j=1,2,\cdots,n$；Haar-like 特征压缩后的低维特征向量记为 $\boldsymbol{V}_i=[\boldsymbol{V}_1,\boldsymbol{V}_2,\cdots,\boldsymbol{V}_m]^{\mathrm{T}}$，其中 $i=1,2,\cdots,m$。

$$V_i = \sum_{j=1}^{n} R_{ij} \times F_i$$

图 2-47　Haar-like 特征压缩图

在进行 Haar-like 特征降维前，CAdaBoost 算法提取的 Haar-like 特征维数在（10^6，10^{10}）区间内，虽然使用积分图减小了提取 Haar-like 特征时的计算量，但是 Haar-like 特征维度没有明显降低。Zhang 等人指出，当 c 的值设置为 $n/4$ 时，矩阵中每行只需计算 $k(k \leqslant 4)$ 个元素，算法的时间复杂度为 $O(km)$，其中 m 为矩阵的行数。本节选取 c 为 $n/4$，这样做不仅降低了 Haar-like 特征维度，而且保留了 Haar-like 特征的大部分信息，将特征信息损失最小化。

④ 盲区车辆检测结果后处理。在测试改进的 CAdaBoost 算法检测效果时发现，对于复杂背景容易出现检测框过大或过小的误检现象，有时还会出现一车多框的重复检测现象。由于上述出现的误检现象会降低算法的检测准确率，故需要对盲区车辆检测结果进行后处理。

a. 对于过大或过小的检测框，多次实验后，设置目标检测框尺寸最小阈值参数 minSize＝[30,24]，设置目标检测框尺寸最大阈值参数 maxSize＝[360,240]，以此来限制输出的目标尺寸，减少误检。

b. 对于出现的一车多框重复检测问题，本节通过计算最小框体重复率来解决该问题，计算公式和操作方法可见 2.2 节。

（2）夜间盲区车辆检测　由于夜间车灯、路灯等的影响，故使用盲区车辆检测算法不能清楚地检测到夜间盲区车辆的边缘和纹理信息，从而不能通过边缘、轮廓等特征检测盲区车辆，因此传统的盲区车辆检测算法并不适用，需要进行改进。针对夜间盲区车辆的边缘、轮廓信息不明显的问题，本节首先对盲区车辆进行了裁切，然后对夜间盲区图像设定了感兴趣区域，接着采用 Gamma 校正对夜间盲区图像进行图像增强处理，减少了夜间光照的干扰。

① 感兴趣区域的划分。为了排除夜间路灯、车辆强灯光等的干扰，本节对夜间盲区图像（图 2-48）进行了感兴趣区域（ROI）的划分，如图 2-49 所示。与白天的感兴趣区域划分一样，先裁切车身区域，然后截取本车相邻车道的梯形区域作为感兴趣区域，这样做不仅减少了夜间强光照的影响，还缩小了算法的特征提取范围，减小了算法计算量。

图 2-48　夜间盲区图像原图

图 2-49　ROI 划分

② 图像增强处理。本节对夜间的盲区裁切图像进行了灰度处理，不仅减小了算法计算量，而且使得图像的黑白像素差异更加明显，有利于后续的夜间盲区车辆检测。裁切后的夜间盲区车辆图像和夜间盲区车辆灰度图如图 2-50 所示。

(a) 裁切后的夜间盲区车辆图像　　　　(b) 夜间盲区车辆灰度图

图 2-50　夜间盲区车辆原图与灰度图

虽然本节对夜间盲区图像进行了灰度处理，但是在某些弱光条件下，盲区车辆的边缘、轮廓信息还是不明显，故需要进行图像增强处理。本节分别对灰度图做了 Retinex 增强、Gamma 校正、Laplace 增强，具体如图 2-51 所示。

(a) Retinex增强　　　　　　(b) Gamma校正　　　　　　(c) Laplace增强

图 2-51　各种图像增强算法比较

分析图 2-51 可知，由于对比度调节过度，Retinex 增强导致盲区车辆信息严重失真，失去较多车辆信息，不利于后续车辆检测；Laplace 增强后整体图像偏暗，噪点偏多；但是经过 Gamma 校正后，增强了图像的对比度，很好地保留了盲区车辆的边缘和轮廓信息。

2.4.3　实验研究与结果分析

本节的测试条件是单目广角摄像头模组，ARM Cortex-A72 处理器、4GB 内存的树莓派 4B 嵌入式硬件平台，基于 Linux 的 Raspberry Pi OS 操作系统。

（1）实验数据集来源　由于采集的图像大部分是侧面图像，对称性差，并且当盲区车辆靠近本车时，盲区车辆的车轮较明显，车头逐渐消失，故本节对车辆的车头和车轮分别进行训练和测试。本节的实验数据均是从实际道路采集的，并且用安装在车辆左右后视镜下方的单目广角摄像头拍摄盲区视频，总共拍摄了 20 段视频，分辨率为 1280×720 像素大小，并将采集的视频分辨率统一为 720×480 像素大小进行训练和测试。本节的测试环境包含白天和夜间，10 段视频用于白天训练和测试，10 段视频用于夜间训练和测试，测试场景包含城市道路、高速公路、桥梁等，车辆正样本包含轿车、面包车、货车、卡车、越野车等多种不同的车型。本节从白天视频中选取了 19750 张样本，并从中筛选出 5200 张车轮正样本、4550 张车头正样本、10000 张负样本，将样本的五分之四作为训练集，五分之一作为测试集。本节从夜间视频中选取了19150张样本，挑选出5400张车轮正样本、3750张车头正样本、10000张负样本。截取了部分正样本和负样本示例，如图2-52所示。

(a) 白天部分车头正样本集　　　　　　　　　(b) 白天部分车轮正样本集

(c) 夜间部分车头正样本集　　　　　　　　　(d) 夜间部分车轮正样本集

(e) 白天部分负样本集　　　　　　　　　　　(f) 夜间部分负样本集

图 2-52　白天与夜间部分正负样本集

（2）盲区车辆检测评价指标　　本节采用召回率（Recall）、精确率（Precision）、帧率（Frame Rate）作为指标来对算法的检测结果进行定量分析，公式见式（2-29）、式（2-30）。召回率越高代表实际盲区车辆测试中漏检的车辆越少，精确率（度）越高表示实际盲区车辆测试中误检的车辆越少。

（3）白天盲区车辆检测结果分析　　针对白天的盲区车辆检测，本节分别针对车头和车轮进行了测试，实验结果如图2-53所示。

(a) 白天盲区车轮检测结果   (b) 白天盲区车头检测结果

图 2-53　白天盲区车辆检测结果

从图 2-53 中可以看出，本节提出的改进 CAdaBoost 算法在典型路段中表现出良好的检测效果，基本检测出了盲区车辆的车头和车轮，检测精度高。另外，本节还以精确率、召回率、帧率为指标详细测试了改进的 CAdaBoost 算法检测性能，检测结果如表 2-5 所示。

表 2-5　基于改进 CAdaBoost 算法的白天盲区车辆检测结果

项目	精确率/%	召回率/%	帧率/(帧/s)
车轮检测	97.34	91.83	34.21
车头检测	95.40	91.17	32.02
平均	96.37	91.50	33.12

从表 2-5 中可以看出，本节提出的改进 CAdaBoost 算法检测盲区车辆时，平均检测精确率达到了 96.37%，同时平均检测帧率为 33.12 帧/s。

为了验证改进 CAdaBoost 算法的有效性和鲁棒性，本节将改进 CAdaBoost 算法分别与 HOG+SVM 算法、Haar-like+AdaBoost 算法、Haar-like+CAdaBoost 算法进行了对比研究，对比结果如表 2-6 所示。

表 2-6　白天盲区车辆检测算法性能对比

算法	精确率/%	召回率/%	帧率/(帧/s)
HOG+SVM	95.24	94.42	6.3
Haar-like+AdaBoost	96.32	87.12	6.89
Haar-like+CAdaBoost	96.51	92.23	9.56
本节算法	96.37	91.50	33.12

从表 2-6 中可知，本节提出的改进 CAdaBoost 算法和 Haar-like+AdaBoost 算法、HOG+SVM 算法相比，不仅算法检测精确率最高，而且算法检测速度最快。和 Haar-like+CAdaBoost 算法相比，由于加入了特征压缩，大大减少了 Haar-like 特征的维度，检测速度有了明显的提升，检测速度约是改进前的 3.5 倍。由于特征压缩损失了一部分信息，故本节算法检测精确率比 Haar-like+CAdaBoost 算法略低。实验结果再次表明了本节算法的有效性和鲁棒性。

（4）夜间盲区车辆检测结果分析　相比于白天的盲区车辆检测，夜间盲区车辆检测的检测环境更加复杂，不仅得考虑弱光照环境，还得考虑强光照环境。针对夜间的特殊环境，本节对测试图像进行了图像增强，减少了夜间光照的干扰。针对本节的夜间测试数据集，将改进的 CAdaBoost 算法分别与 HOG＋SVM 算法、Haar-like＋AdaBoost 算法、Haar-like＋CAdaBoost 算法做了对比，如表 2-7 所示。

表 2-7　夜间盲区车辆检测算法性能对比

算法	精确率/%	召回率/%	帧率/(帧/s)
HOG＋SVM	81.45	76.54	5.4
Haar-like＋AdaBoost	83.53	78.67	6.56
Haar-like＋CAdaBoost	84.65	80.42	9.43
本节算法	83.58	80.12	32.45

　　从表 2-7 中可以看出，所有的机器学习算法在夜间表现都不好，因为夜间有路灯、车灯、反射光等影响，但是 Haar-like＋CAdaBoost 算法和本节提出的改进 CAdaBoost 算法表现突出，并且本节算法检测速度约是 Haar-like＋CAdaBoost 算法的 3.4 倍，检测速度大幅提升，但是算法检测精确率比 Haar-like＋CAdaboost 算法略低。

　　为了可视化夜间盲区车辆检测算法的检测效果，本节分别进行了夜间盲区车轮检测和车头检测，如图 2-54 所示。

(a) 夜间盲区车轮检测图　　　　　　　　　　(b) 夜间盲区车头检测图

图 2-54　夜间盲区车轮和车头检测效果

　　如图 2-54 所示，由于光照的影响，夜间盲区车辆检测明显没有白天的效果好，有时会误检或丢失目标，但是，在某些弱光条件下检测出了车辆目标，说明本节的图像增强有一定的效果。

　　(5) 盲区车辆检测算法在嵌入式平台的测试结果与分析　将盲区车辆检测算法移植到树莓派 4B 嵌入式硬件平台上进行测试，测试场景包括驾驶员在道路上正常行驶、等红绿灯等场景，测试结果如图 2-55～图 2-58 所示。

图 2-55　白天盲区车轮检测效果

图 2-56　白天盲区车头检测效果

图 2-57　夜间盲区车轮检测效果

图 2-58　夜间盲区车头检测效果

从图 2-55、图 2-56 中可以看出，整合后的盲区车辆检测算法表现良好，多次测试后，整合后的算法检测精确率与盲区车辆检测算法单独测试时的效果基本一致。对于图 2-57、图 2-58，可以看出本节提出的基于改进 CAdaBoost 的盲区车辆检测算法在夜间也检测出了车辆，但这是在夜间光照较好的情况下。当夜间光照很强或很弱时，本节的盲区车辆检测算法检测效果不好，通常会误检，甚至漏检，具体如图 2-59、图 2-60 所示。通过分析夜间盲区车辆检测算法检测车辆失败的原因，发现远处车灯、路灯、路面反射光影响了算法的检测。

图 2-59　夜间盲区车辆误检图

图 2-60　夜间盲区车辆漏检图

2.4.4 小结

本节研究了盲区车辆检测方法。针对 CAdaBoost 算法移植到嵌入式平台上实时性差的问题，提出了基于改进 CAdaBoost 的盲区车辆检测算法。针对 CAdaBoost 算法提取的 Haar-like 特征维度高的问题，对 Haar-like 特征进行了特征压缩，在保证算法精度的前提下，提高了算法的检测速度。然后针对夜间场景，首先对测试视频进行了感兴趣区域的设定，然后进行了图像增强处理，增强了盲区图像在弱光条件下的对比度。最后针对白天和夜间两种场景，本节将提出的改进 CAdaBoost 算法分别和传统的机器学习算法进行了对比研究，结果表明，改进 CAdaBoost 算法比传统的机器学习检测精度高，也更适合应用在嵌入式平台中。

2.5 基于深度学习网络的行人检测方法

近年来基于深度学习网络的行人检测方法得到持续的关注。根据模型检测过程的构成不同，可以将深度学习类目标检测方法大致分为两类：一为基于候选区域＋分类的思想，将检测分为两个阶段，早期的卷积神经网络为了实现目标检测任务多数采取该框架，其中最有代表性的为 R-CNN（区域卷积神经网络）系列，生成候选区域的方法有传统的滑动窗口法、选择性搜索法、区域建议网络生成法等等；二是基于回归的检测方法，如 YOLO 和 SSD（单次多框检测器）系列，此类方法追求流程更加一体化、速度更快的检测。Redmon 于 2015 年提出的 YOLO 开创了回归检测的先河，此后又对模型结构不断加以改进，迭代出了 YOLOv2、YOLOv3 以及后续系列版本。YOLOv3 遵循端到端和实时检测的设计理念，是可以一次性预测多个边界框位置及类别的卷积神经网络，能够使模型隐式地实现对目标及背景的区分。YOLOv3 有着较高的检测精度，与两阶段算法不相上下。速度方面，YOLOv3 也有着很强的优势，且速度恰恰是对视频序列中行人进行检测需着重考虑的一个因素。然而，YOLOv3 对小目标及遮挡状况检测表现不佳，相应的漏检和误检情况比较严重。综合以上分析，本节在速度与精度的双重考量下，以 YOLOv3 算法为对象，针对其所存在的不足之处，开展行人检测算法的改进。

2.5.1 YOLOv3 网络模型介绍

YOLOv3 整体网络结构如图 2-61 所示，采用 Darknet-53 对输入图像进行特征提取，生成 3 种不同尺度的网格特征图，实现多尺度检测。

图 2-61 中，DBL 是 YOLOv3 的基本组件，如图（b）所示，由卷积（conv）层＋BN（批归一化）层＋Leaky-ReLU 构成，提高了网络的稳定性。除最后一层卷积外，每一层的卷积层都是 DBL 的结构。BN 层的存在，能够将各隐藏层激活输入值调整为正态分布，有效改善浅层网络梯度消失现象，加快模型收敛速度。res_unit 为残差块，如图（c），其基本组件也是 DBL，具有残差结构。resn 如图（d）所示，表示该下采样块里含有 n 个 res_unit。concat 表示张量拼接，会带来维度的增加。图 2-61 中将 Darknet 中间层和后面的某一层的上采样进行拼接，以实现不同细粒度层面的特征融合。

（1）特征提取网络 Darknet-53　Darknet-53 是 YOLOv3 中的骨干网络，以含有 53 个卷积层（DBL 组件）而得名，具体网络结构如图 2-62 所示。

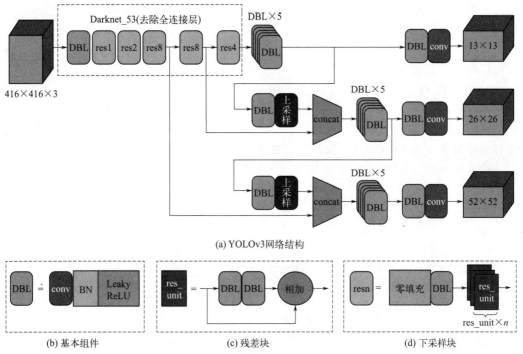

(a) YOLOv3网络结构

(b) 基本组件　　　　(c) 残差块　　　　(d) 下采样块

图 2-61　YOLOv3 整体网络结构图

YOLOv3 中的 Darknet-53 网络借鉴了残差网络（Residual Network，ResNet）的思想，是对 Darknet-49 网络的又一改进版本。Darknet-53 中大量加入了 ResNet 的快捷连接（Shortcut Connections），这种连接已经证实能够有效地应对学习效果会随着网络层数加深而变差这种阻碍深度学习进一步发展的不利状况。残差结构如图 2-63 所示。

	类型	滤波器数量	卷积核尺寸	输出尺寸
	卷积层	32	3×3	256×256
	卷积层	64	3×3/2	128×128
1×	卷积层	32	1×1	
	卷积层	64	3×3	
	残差连接			128×128
	卷积层	128	3×3/2	64×64
2×	卷积层	64	1×1	
	卷积层	128	3×3	
	残差连接			64×64
	卷积层	256	3×3/2	32×32
8×	卷积层	128	1×1	
	卷积层	256	3×3	
	残差连接			32×32
	卷积层	512	3×3/2	16×16
8×	卷积层	256	1×1	
	卷积层	512	3×3	
	残差连接			16×16
	卷积层	1024	3×3/2	8×8
4×	卷积层	512	1×1	
	卷积层	1024	3×3	
	残差连接			8×8
	平均池化		全局	
	全连接层		1000	
	Softmax			

图 2-62　Darknet-53 网络结构图

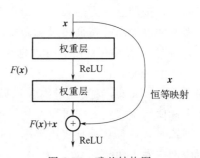

图 2-63　残差结构图

每一个残差结构通常包含两个卷积层，YOLOv3 中采用的是 1×1 和 3×3 的卷积。1×1 卷积的目的是对网络特征图维度进行降维。Darknet-53 中的下采样操作通过采用步长为 2 的卷积实现，而并非卷积神经网络中通常采用的最大池化手段，以此来减少池化过程中可能会带来的信息损失，优化对小尺度目标的检测效果。

（2）多尺度检测　YOLOv3 借鉴了特征金字塔网络（Feature Pyramid Networks，FPN）的方式，通过对原始图像采取不同步长的卷积或池化等此类下采样操作来获得不同尺寸的特征图，对这些特征图加以学习或进一步融合来优化对不同尺度目标的检测效果。为了更加直观地反映 YOLOv3 中的多尺度检测方法，简化模型结构，得到如图 2-64 所示的仅包含网络输入输出的示意图。

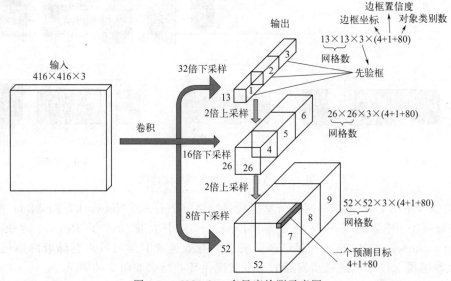

图 2-64　YOLOv3 多尺度检测示意图

对于经过不同下采样倍数得到的特征图，YOLOv3 依然延续 FPN 的基本思路，并未将其作为对应尺度的最终特征，而是采取自上而下的方式，对高层的特征图进行上采样，获得与低层网络同样分辨率的特征图，然后再与低层特征图相融合。这样能有效结合卷积过程中低层网络学习到的细粒度特征和高层网络学习到的语义特征。YOLOv3 采用了 3 尺度的特征图，三种输出特征图的网格数分别是 52×52、26×26、13×13，相较输入图像 416×416，对应的下采样倍数为 8、16、32。特征图的网格数越多，对应的感受野越小，越适合检测小尺寸的对象。多尺度检测的处理使得 YOLOv3 对小目标的检测能力大为提升。

（3）边界框计算　自 YOLOv2 起，为了使预测的目标边界框更加准确，锚框（Anchor Boxes）思想被引入。YOLOv3 对目标框采用 K-means 聚类算法生成 9 个 Anchor Boxes 作为先验框，按照感受野的大小，为每个尺度依次分配 3 个先验框。需要注意的是，先验框的尺寸需要随着输出的特征图尺度做相应的调整。

YOLOv3 中没有直接学习边框坐标值，在网络中真正设置的边界框量是 t_x、t_y、t_w、t_h 这四个偏移量。t_x、t_y 是坐标偏移值，t_w、t_h 是尺度缩放量。优势是能够利用网络已给定的 Anchor Boxes 参数经过线性回归微调（平移加尺度缩放）去逐渐靠近真实的目标框。边框坐标值与偏移量之间可以互相转换，以下分别从训练与测试两个阶段表述转换的过程。

训练时，计算目标真实边界框（映射到对应特征图）中心坐标 (G_x, G_y) 与特征图上的对应网格左上角坐标 (C_x, C_y) 的差值，求得两者的偏移量 (t_x, t_y)，如式（2-55）。根据上述的网格的划分方式，特征图中的每个网格单元的宽和高均为1。

$$\begin{cases} t_x = G_x - C_x \\ t_y = G_x - C_y \end{cases} \tag{2-55}$$

如式(2-56)，P_w、P_h 是预设的锚框映射到特征图中的宽和高，t_w、t_h 为目标边界框的长宽 G_w、G_h 和锚框长宽 P_w、P_h 的比率，即两者的尺度缩放量。将尺度缩放到对数空间的目的是去除可能给训练带来不稳定的梯度。如果直接预测相对形变 t_w，必然要求 $t_w > 0$，这样的不等式条件约束的优化问题，不利于随机梯度下降方法的运用。

$$\begin{cases} t_w = \lg(G_w / P_w) \\ t_h = \lg(G_h / P_h) \end{cases} \tag{2-56}$$

如此就完成了坐标偏移值以及尺度缩放量 (t_x, t_y, t_w, t_h) 的求解，将这些参数作为训练标签的一部分投放到网络中，用以模型的学习。

对训练时的式(2-55)、式(2-56)进行逆变换，即可得到测试时，对于 YOLOv3 的目标边界框尺寸的预测公式：

$$\begin{cases} b_x = \sigma(t_x) + C_x \\ b_y = \sigma(t_y) + C_y \\ b_w = P_w e^{t_w} \\ b_h = P_h e^{t_h} \end{cases} \tag{2-57}$$

其中，b_x、b_y、b_w、b_h 分别为预测框的中心横坐标和纵坐标、宽和高；$\sigma(\cdot)$ 为 Sigmoid 操作。添加该处理是为了将预测出的偏移值限制在 0~1 之间，从而使得目标中心自始至终一定处在执行预测的对应网格单元里面。

如图 2-65，测试阶段，经过网络预测得到边界框参数 t_x、t_y、t_w、t_h，然后根据这四个参数通过式(2-57)计算得到 b_x、b_y、b_w、b_h。

（4）损失函数　损失函数是深度学习中的重要一环，它可以衡量网络输出的预测值与真实值之间的偏差。模型学习的过程就是不断基于损失函数对相关参数优化的过程。YOLOv3 的损失函数如式(2-58)所示，包括目标框中心坐标、宽和高、目标置信度、目标类别四个方面的损失。其中，目标置信度、目标类别采用二分交叉熵来计算损失，熵值越小，表明两个事件越相似。其余通过平方和误差来衡量。最后为各部分设置不同的权重，总损失为四个部分损失的和。

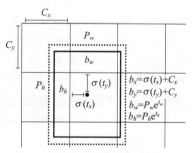

图 2-65　带标注优先项和位置的边界框预测

$$\begin{aligned} \text{Loss} = &\lambda_{\text{coord}} \sum_{i=0}^{S^2} \sum_{j=0}^{B} I_{ij}^{\text{obj}} \left[(x_i - \hat{x_i})^2 + (y_i - \hat{y_i})^2 \right] \\ &+ \lambda_{\text{coord}} \sum_{i=0}^{S^2} \sum_{j=0}^{B} I_{ij}^{\text{obj}} \left[(\sqrt{w_i} - \sqrt{\hat{w_i}})^2 + (\sqrt{h_i} - \sqrt{\hat{h_i}})^2 \right] \\ &- \sum_{i=0}^{S^2} \sum_{j=0}^{B} I_{ij}^{\text{obj}} \left[\hat{C}_i^j \lg C_i^j + (1 - \hat{C}_i^j) \lg(1 - C_i^j) \right] \\ &- \lambda_{\text{noobj}} \sum_{i=0}^{S^2} \sum_{j=0}^{B} I_{ij}^{\text{noobj}} \left[\hat{C}_i^j \lg C_i^j + (1 - \hat{C}_i^j) \lg(1 - C_i^j) \right] \end{aligned}$$

$$-\sum_{i=0}^{S^2}\sum_{j=0}^{B}I_{ij}^{obj}\sum_{c\in\text{classes}}\{\hat{P}_i^j(c)\lg[P_i^j(c)]+[1-\hat{P}_i^j(c)]\lg[1-P_i^j(c)]\} \qquad (2\text{-}58)$$

其中，(x,y,w,h) 是预测边界框的中心坐标及宽、高；$(\hat{x},\hat{y},\hat{w},\hat{h})$ 是从训练数据中得到的实际中心坐标及宽、高；I_{ij}^{obj} 表示是否由第 i 个网格中第 j 个边界框负责该目标，训练时，如果目标的真实框与第 j 个锚框的交并比最大（比较范围为该网格的所有锚框），则 $I_{ij}^{obj}=1$，否则为 0；C_i^j 表示置信度，计算时，I_{ij}^{obj} 与 C_i^j 的值保持一致；P_i^j 为类别概率；λ 为网络预先设定给该部分的一个权重。

公式中的第一项为目标坐标值的损失函数；第二项对边界框的宽和高损失，采用先开方再求平方差损失的方式，目的是平衡大尺寸和小尺寸边界框的误差，提升模型对小目标的检测能力；置信度损失包含预测框有对应的真实框及预测框无对应的真实框两种情况，分别在第三、四项；最后一项是类别损失。

根据式(2-58)，训练阶段，当第 i 个网格的第 j 个锚框负责某一真实目标时，表示锚框产生的该边界框具有很高重要性，需要求取全部四类损失；而除此之外的锚框所产生的边界框，只有置信度损失需要计算。

2.5.2 改进的 RFB-YOLOv3 行人检测算法

（1）先验框设计　YOLOv3 引入了 Faster R-CNN 中的锚框（Anchor Boxes）策略。锚框是一组初始设计好的有着固定宽、高，与待检测目标大小相似的先验框。结合此类先验框设计网络，有助于模型更好地识别相应类别的目标。初始锚框的选择将直接影响网络的检测精度和检测速度。由于本节的研究对象为单类行人，原有 YOLOv3 中所采用的锚框尺寸显然不适宜直接套用在本识别任务中，因此需要重新针对行人目标设计先验框。相比于手动设定锚框的大小，利用聚类算法可以反映每个数据集中样本的分布情况，使得网络更容易获得良好的预测。因此，YOLOv3 在数据集上运行 K-means 算法来自动找到合适的先验框。然而，K-means 算法最终的聚类效果受初始聚类中心的影响较大，为了弥补这一缺陷，本节提出采用 K-means＋＋聚类算法来完成先验框的设计。

在设计分类算法时，我们希望同类样本应尽量相似，不同类别之间的数据差异应更大。因此，在初始聚类中心的设置上，与 K-means 算法中初始就随机选择 K 个聚类中心不同，K-means＋＋则秉持着聚类中心之间的距离应该尽可能大的思想进行迭代，求得 K 个聚类中心。K-means＋＋算法的 K 个初始聚类中心的计算流程为：

步骤一：随机选择样本集中的一个样本作为第一个初始聚类中心；

步骤二：遍历每个样本点计算其与已有聚类中心的距离，将其中最短的距离作为该样本点的距离指标，以 $D(x)$ 表示，然后计算每个样本被选为下一个聚类中心的概率，以"轮盘法"决定出下一个聚类中心；

步骤三：重复步骤二，直到选出 K 个聚类中心。

可以看出，K-means＋＋算法的关键在于步骤二，以一个简单的例子来更加形象地说明该步中概率的计算及"轮盘法"的实施方法。如表 2-8 所示，假设对一个有着 8 个样本的样本集进行分类，③号样本被随机选定为了第一个聚类中心，通过计算，其余各样本与样本③的距离如表中 $D(x)$ 栏所示。依次计算 $D^2(x)$，样本距离平方和 $\sum D^2(x)$，各个样本被选作下一个聚类中心的概率 $P(x)=D(x)/\sum D^2(x)$，累积概率 Sum。

表 2-8 概率计算

样本	①	②	③	④	⑤	⑥	⑦	⑧
$D(x)$	1	$\sqrt{13}$	0	$\sqrt{10}$	$\sqrt{2}$	$\sqrt{5}$	$2\sqrt{2}$	1
$D^2(x)$	1	13	0	10	2	5	8	1
$P(x)$	0.025	0.325	0	0.25	0.05	0.125	0.2	0.025
Sum	0.025	0.35	0.35	0.6	0.65	0.775	0.975	1

至此，根据样本与已存在聚类中心的距离得到了各个样本被选为下个聚类中心的概率区间，分别为 $(0,0.025],(0.025,0.35],\cdots,(0.975,1]$。"轮盘法"的实施方式是：随机产生一个 $(0,1)$ 范围的数，通过其所落入的累积概率区间来决出下一个作为聚类中心的样本。比如该随机数为 0.67，处于 $(0.65,0.775]$ 区间内，则样本⑥作为下一个聚类中心。这一过程的实质是"与现有聚类中心更远的样本会有更大的概率成为下一个聚类中心"。比起直接采用最远距离的样本，这样的统计学方式更能抵抗噪声，具有更强的鲁棒性。

K-means＋＋相对于 K-means 的改进之处在于初始聚类中心的生成方式，得到 K 个初始聚类中心之后的运算步骤与 K-means 算法一致，整体流程为：

① 根据上述步骤选取 K 个初始聚类中心 $C=\{c_1,c_2,\cdots,c_K\}$；

② 遍历计算数据集中的每一个样本 x_i 与 K 个聚类中心的距离，并依据距离最近原则，将此样本划分到聚类中心所代表的类；

③ 对于每个类别，根据步骤②得到的该类中的样本重新求取此类的聚类中心 $c_i = \frac{1}{|c_i|}\sum_{x\in c_i} x$；

④ 重复②、③步，直至聚类中心的位置变化小于一定误差。

距离是聚类算法中的一个重要概念，用以衡量不同样本间的差异程度。对于目标检测任务来说，聚类获得先验框尺寸的目的是使先验框更好地辅助该任务的完成，故期望先验框和实际的目标边界框尽可能地重叠。基于这种分析，YOLOv3 中采用式（2-59）作为距离公式，本节的 K-means＋＋聚类中也采取这种方式：

$$d(\mathrm{box},\mathrm{centriod})=1-\mathrm{IOU}(\mathrm{box},\mathrm{centriod}) \tag{2-59}$$

其中，centriod 表示聚类中心；box 为样本；IOU(box,centriod) 表示聚类中心框和样本框的交并比，区间为 $[0,1]$。IOU(box,centriod) 越大，距离 d(box,centriod) 越小，符合设计的目的。

本节将 VOC 数据集中的行人目标坐标框提取出来，使用 K-means＋＋聚类算法进行尺度的聚类，对行人检测数据集进行聚类分析。为了选定 K 的最优值，将聚类过程可视化，给出如图 2-66 所示的折线图，横坐标表示聚类 K 值，纵坐标表示样本框与聚类中心的平均 IOU 值。

如图 2-66 所示，随着聚类 K 值的不断增加，平均 IOU 值始终呈递增趋势。但是，Anchor Boxes 个数越多，模型复杂度越高，计算越耗时。在 K 到达 9 后，上升逐渐变得平缓，因此选择 9 个聚类中心，得出的 9 个先验框尺度为：（19,42），（27,80），（48,186），（51,109），（81,26），（103,159），（133,287），

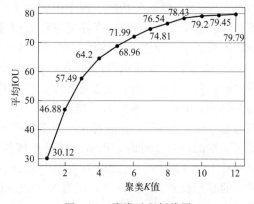

图 2-66 聚类过程折线图

（203,326），（323,381）。实验表明采用更符合行人尺度的 Anchor Boxes 可以显著提高算法的检测精度。

（2）改进模型 RFB-YOLOv3　对于图像中需要检测的行人，常常会出现目标较小与遮挡的状况，因而为了达到良好的检测效果，深度学习模型一者需要高分辨率、感受野较小的特征图，用以获取较小区域的行人信息；二者又需要更全局的信息或者较开阔的感受野，如此才能提取到行人的有效特征。YOLOv3 中的多尺度处理操作能在一定程度上实现对不同尺度目标的检测，但不足之处在于未充分利用骨干网络 Darknet 提取到的多分辨率的特征图，感受野有限，当行人目标较小与相互遮挡时表现不佳。针对这个缺陷，本节结合感受野模块对 YOLOv3 进行改进，提出一种新的 RFB-YOLOv3 模型。

感受野模块（Receptive Field Block，RFB）通过模拟人类视觉感受野的方式来提升网络的特征提取能力。图 2-67 为 RFB 结构，它的设计包含两个关键部分：

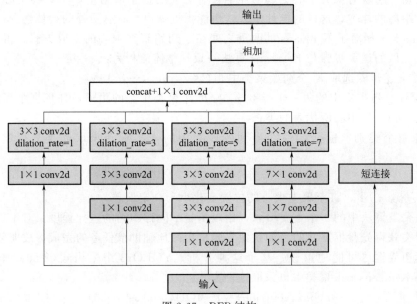

图 2-67　RFB 结构

① 基于卷积神经网络中的 Inception 的思想，采用并行卷积结构，该结构由多个不同大小的卷积核并联分支组成，以获取不同大小的感受野，提高网络的特征提取能力。且在每条分支中，借鉴了 Inception 中由多个小卷积核替代大卷积核的策略，两个串联的 3×3 的卷积可以实现 5×5 卷积的功能，两个串联的 1×7 和 7×1 的卷积可以替代 7×7 卷积，大幅减少参数量。多个 1×1 卷积的存在能够将数据降维，另外，由于卷积后要经过非线性的激活函数，因而能引入更多的非线性，提高网络的泛化能力。

② 结合了空洞卷积（Dilated Convolution），能够在维持特征图分辨率不变的情况下，进一步扩大感受野。与普通卷积相比，空洞卷积增加了一个超参数空洞率。图 2-67 中的 3×3 conv2d dilation_rate＝X 表示空洞率为 X 的卷积核为 3×3 的空洞卷积。图 2-68 为空洞率分别为 1、2、4 的 3×3 空洞卷积，当空洞率为 1 时，空洞卷积与普通卷积效果相同，如图(a)所示；空洞率为 2 时的卷积情况，卷积核仍为 3×3，但相比普通卷积加入了 1 个空洞（空洞率减 1），如图（b），此时只有图中的圆点参与了实质卷积。换句话说，其余的阴影区域对应的卷积权重为 0。可见，同为 3×3 卷积核，但空洞率为 2 的空洞卷积，能达到 7×7 的感受野，有效提升了感受野的大小。

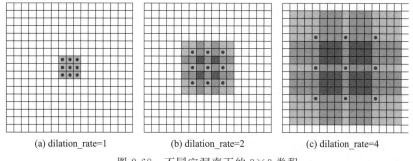

(a) dilation_rate=1　　　　(b) dilation_rate=2　　　　(c) dilation_rate=4

图 2-68　不同空洞率下的 3×3 卷积

在 RFB 结构中最后会将不同卷积核大小和空洞率的卷积层输出进行拼接，达到融合不同特征的目的，RFB 效果示意图如图 2-69 所示。另外，RFB 采用残差结构，通过短连接将输入与卷积后的结果进行相加，得到 RFB 的输出，有利于缓解梯度消失，加深网络深度。

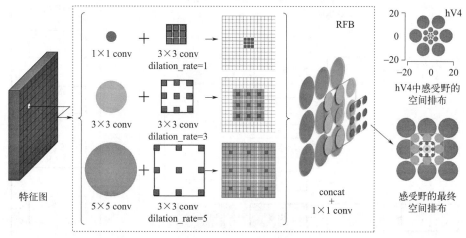

图 2-69　RFB 效果示意图

在原始的 YOLOv3 模型中，骨干网络 Darknet-53 后面是级联的卷积层，形成了一系列特征图，通过修改卷积步长，使得这些特征图的空间分辨率不断降低，而感受野不断加大，形成 13×13、26×26、52×52 三个尺度的特征图。在本节提出的 RFB-YOLOv3 中，我们保留了 YOLOv3 的骨干网络的相同级联结构，但是对于各个尺度分支，在接预测层之前用一个如图 2-67 所示的 RFB 替换原来的卷积层集合（Convolutional Set）。图 2-70 中的 RFB 模块即代替了原 YOLOv3 处于该位置的虚线框所示的 Convolutional Set 模块（卷积块）。原有的 Convolutional Set 结构仅由 1×1 和 3×3 的卷积层堆叠而成，感受野有限，未能充分提取特征。本节采用 RFB，作为有效特征层实行特征提取和融合，接着进行回归预测，以此提升网络的感受野，改善小目标及遮挡情况下行人检测的能力。由于 RFB 中不包含池化或者大步长卷积类的下采样操作，因此输入输出特征图的分辨率不会改变，仍与 YOLOv3 中保持一致。

（3）激活函数　在卷积神经网络中，设计选择一个合适的激活函数是非常重要的，它直接决定了模型完成复杂任务的能力。YOLOv3 使用的激活函数为 Leaky-ReLU，其公式及导函数公式定义如式（2-60）：

$$\text{Leaky-ReLU}(x) = \begin{cases} x & 若\ x > 0 \\ \alpha x & 若\ x \leqslant 0 \end{cases} \qquad (2\text{-}60a)$$

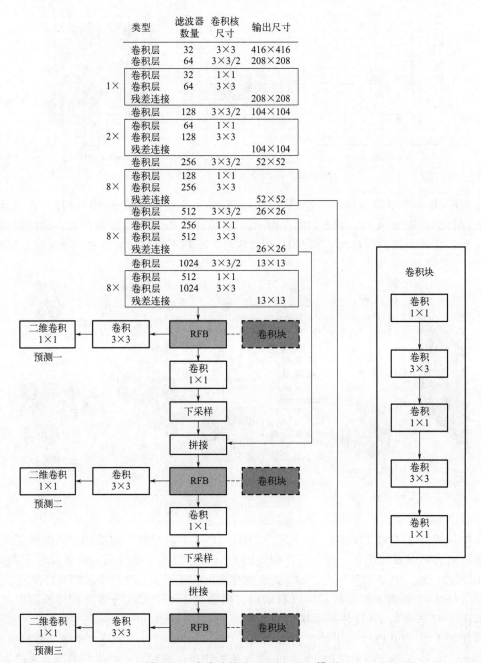

类型	滤波器数量	卷积核尺寸	输出尺寸
卷积层	32	3×3	416×416
卷积层	64	3×3/2	208×208
卷积层	32	1×1	
卷积层	64	3×3	
残差连接			208×208
卷积层	128	3×3/2	104×104
卷积层	64	1×1	
卷积层	128	3×3	
残差连接			104×104
卷积层	256	3×3/2	52×52
卷积层	128	1×1	
卷积层	256	3×3	
残差连接			52×52
卷积层	512	3×3/2	26×26
卷积层	256	1×1	
卷积层	512	3×3	
残差连接			26×26
卷积层	1024	3×3/2	13×13
卷积层	512	1×1	
卷积层	1024	3×3	
残差连接			13×13

（1×，2×，8×，8×，8× 分别标注于对应残差块左侧）

图 2-70 改进后的 RFB-YOLOv3 模型

$$\text{Leaky-ReLU}'(x) = \begin{cases} 1 & \text{若 } x > 0 \\ \alpha & \text{若 } x \leqslant 0 \end{cases} \quad (2\text{-}60\text{b})$$

其中，α 为超参数。

由于 Leaky-ReLU 正负区间均为线性转换关系，实际网络的鲁棒性较差，为了解决这个问题，本节提出将 YOLOv3 网络中各卷积层使用的激活函数改为 ELU（Exponential Linear Units，指数线性单元）。其公式定义见式(2-61)，导函数为式(2-62)：

$$\text{ELU}(x) = \begin{cases} x & \text{若 } x > 0 \\ \alpha(\text{e}^x - 1) & \text{若 } x \leqslant 0 \end{cases} \quad (2\text{-}61)$$

$$\mathrm{ELU}'(x) = \begin{cases} 1 & \text{若 } x > 0 \\ \alpha\,\mathrm{e}^x & \text{若 } x \leqslant 0 \end{cases} \tag{2-62}$$

α 通常取值为 0.1 至 0.3，观察式 (2-61) 与式 (2-62)，可以发现当 x 为正值时，激活函数 ELU 与 Leaky-ReLU 相同，但当 x 为 0 或负值时，ELU 使用了指数函数，随着自变量 x 的减小，函数值逐渐收敛为负值。

图 2-71 和图 2-72 分别为本节采用的 ELU 与深度学习中常用的一些激活函数（Sigmoid、tanh）以及 YOLOv3 中采用的 Leaky-ReLU 的曲线图及导函数曲线图。图中 $\alpha = 0.2$。

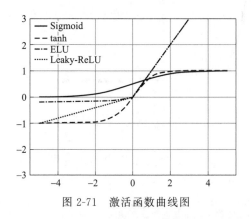

图 2-71　激活函数曲线图　　　　　　　图 2-72　激活函数导函数曲线图

如图 2-72 所示，tanh 和 Sigmoid 激活函数的导数（导函数）几乎在所有地方都是收缩的，在误差反向传播时，易陷入梯度消失，使相应神经元失活。相比之下，ELU 和 Leaky-ReLU 激活函数的正部分是恒等函数，因此它们的导数固定为 1 而不是收缩的，故而梯度消失的现象得到了缓解。ELU 融合了 Sigmoid 和 Leaky-ReLU 两者的优势：$x > 0$ 时的线性部分使得 ELU 能够缓解梯度消失，而左侧的非线性部分能够让 ELU 对输入变化或噪声具有较强的鲁棒性。另外，ELU 的输出近似于零均值，实际训练中能够加快网络的收敛速度。

2.5.3　实验研究与结果分析

本节实验模型训练使用的配置：CPU 型号为 Intel（R）Core i7-8700K；内存 32G；GPU 型号为 NVIDIA GeForce GTX 1080Ti，显存为 11GB GDDR5X；操作系统为 Ubuntu 16.04，基于开源的 Darknet 框架进行算法改进。算法的训练和测试均在 GPU 加速下完成。

（1）数据集构建　在对深度学习的模型训练实践中，人们发现规模越大、多样性越强的数据集能够训练出有越好的检测精度及泛化能力的模型。因此本节在 INRIA、VOC2007 数据集的基础上，增加 VOC2012 数据集中的含行人图片 4087 张，含行人目标 8566 个。本节实验使用的数据集约 7000 张图片，其中训练集 5000 张、验证集 1000 张和测试集 1000 张。统一将样本集转换为 VOC 格式，以便模型训练和测试。

（2）网络训练　在本节改进前后的模型训练过程中，设置最大训练迭代次数为 50000 次，设置 batch-size（批尺寸）为 64、初始学习率为 0.01、衰减率为 0.5，每 10000 次迭代后衰减一次，在训练的过程中每迭代 5000 次即保存一次训练权重，以便在训练后期通过对模型的测试得到性能最佳的模型。本算法模型的训练流程如图 2-73 所示。改进后的模型学习曲线如图 2-74 所示。

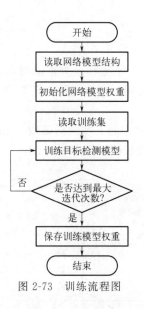

图 2-73　训练流程图

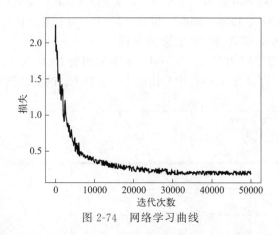

图 2-74　网络学习曲线

（3）检测结果分析　为了直观地对比算法改进前后的效果，将本节提出的改进模型 RFB-YOLOv3 与原始 YOLOv3 分别在 INRIA 测试集上运行测试，得到的部分检测结果如图 2-75 所示。

(a) YOLOv3算法检测结果　　　(b) RFB-YOLOv3算法检测结果

图 2-75　YOLOv3 与本节 RFB-YOLOv3 在实验测试集上的结果比较

如图 2-75 所示，相对于原始 YOLOv3 算法，本节提出的改进算法 RFB-YOLOv3 在行人目标较小和被遮挡时的检测表现更为良好，如第一、二、四组图像中，YOLOv3 模型出现了对远方小目标的漏检情况，而本节的 RFB-YOLOv3 模型则对这些行人进行了有效的识别；第四组出现了人群互相遮挡的现象，YOLOv3 只检出了部分比较完整的行人，而本节的 RFB-YOLOv3 对其中部分被遮挡的行人也实现了有效检测。这在主观上验证了本节利用 K-means＋＋进行行人先验框设计，能够更加贴近目标的真实尺寸，并且采用的 RFB，可以作为有效特征层进行特征提取和融合，以提升网络的感受野，加强网络提取特征的能力。虽然 YOLOv3 和本节的 RFB-YOLOv3 均出现了一定的误检现象，如第二组图，将衣架误识别为行人，但总体而言，本节算法的误检率有所下降。

进一步定量地分析各算法的行人检测效果，表 2-9 为两种算法的精确率、召回率和帧率。从检测精度方面考虑，本节的 RFB-YOLOv3 算法优于原始 YOLOv3 算法，对于类似行人检测拥有庞大数据集的检测任务，通过深度学习更能挖掘到更加本质的特征。检测速度方面，两种算法均在 20 帧/s 以上，能达到基本实时，但 YOLOv3 与 RFB-YOLOv3 需要依赖图形处理单元（Graphics Processing Unit，GPU）。

表 2-9　检测算法性能对比表

算法	精确率/%	召回率/%	帧率/(帧/s)
YOLOv3	89.6	90.8	34(GPU)
RFB-YOLOv3	92.7	94.4	26(GPU)

2.5.4　小结

本节围绕深度学习中的 YOLOv3 网络进行研究与改进，首先分析了 YOLOv3 的优缺点，表明选择其作为基本模型的原因。然后介绍了 YOLOv3 模型的关键部分，包括 YOLO 系列的回归思想、YOLOv3 的模型结构、边界框预测方法及采用的损失函数。接着介绍本节的改进算法 RFB-YOLOv3，针对 YOLOv3 现有的不足，从三个部分对其进行改进，分别是：采用 K-means＋＋算法聚类更为准确的行人先验框，结合感受野模块提升模型的特征融合和提取能力，以及采用 ELU 激活函数提升网络的抗噪性能。最后为本节的实验部分，包含数据集构建、网络训练以及结果分析，实验结果表明本节提出的改进模型 RFB-YOLOv3 在保证高检测效率的同时，也提高了检测的准确性。

2.6　基于 ViBe 的动态障碍物检测算法

当车辆处在停止状态时，车辆周围存在的动态障碍物会阻碍车辆的启动。对于障碍物信息的采集，一般通过各种传感器，例如雷达、红外传感器等。雷达分为多种，其中超声波雷达因为鲁棒性过差已经逐步被淘汰，而毫米波雷达、激光雷达等虽然强力有效，但大多体积庞大或价格昂贵，并容易受天气影响。红外传感器虽然速度较快，但其分辨率极易受物体温度对比度的影响。相反，视觉导航的检测手段则具备检测范围广、采集信息完整、体积小、价格低的优点。

因为出现在静止车辆盲区或前方的动态障碍物的速度不会太快，故使用单目视觉的方式完全可以采集到动态障碍物的信息。这些动态障碍物多为行人、动物与车辆，这便导致障碍物特征多样，很难使用机器学习的方法去分类。同时由于嵌入式平台算力有限，深度学习也很难适用。因此本章针对车辆停止等待的场景，采用前景与背景的分割来完成动态障碍物的检测。

当前的前景检测方法大致有三种：光流法、帧间差分法、背景差法。光流法因为需要构建光流场导致算法复杂度很高，实时性很差，并且光流法的使用条件非常苛刻，很难在现实中使用。帧间差分法虽然简单，运行速度快，但是其对缓慢移动的运动物体检测效果较差，并且容易出现检测目标内部"空洞"的现象，容易漏检目标。背景差法的基本思想为通过当前帧的值与背景模型的值进行比较，将差别较大的像素点判别为前景点。背景差法较光流法运行速度快，较帧间差分法精度高，并适用于静态场景。其中视觉背景抽取（Visual Backgroud Extractor，ViBe）算法作为背景差法中经典的动态物体检测算法，较其他背景差法计算量小、运行速度快、硬件内存消耗小，非常适合在嵌入式平台中应用。

本节使用 ViBe 算法在树莓派平台对动态障碍物进行检测。虽然 ViBe 算法能很好地对运动前景进行分割，但是算法本身依然存在着缺点：其频繁出现的"鬼影"导致算法误检率较高。本节的内容重点在于对 ViBe 算法进行改进，使其能在树莓派嵌入式平台上检测动态障碍物时保证较高的运行速度并降低误检率。

本节的内容有如下四点：①对背景模型的完善与改进；②对前景检测策略的改进；③对模型更新策略的设计；④实验测试与结果分析。

2.6.1 ViBe 算法介绍

ViBe 算法作为一种快速的前景检测算法，由 Olivier Barnich 和 Marc Van Droogenbroeck 于 2011 年提出。其基本原理是为图片中每个像素预先创建一个背景模型，当新帧图像出现时，每个像素点都要与对应像素点的背景模型进行比较判别，从而区分该像素是前景像素还是背景像素，其流程可见图 2-76。

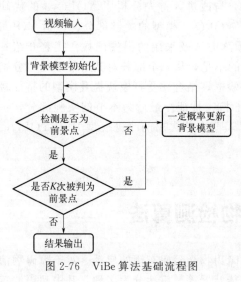

图 2-76　ViBe 算法基础流程图

（1）背景模型初始化　ViBe 算法通过首帧进行背景模型的初始化过程，见图 2-77。对于一个像素点，其相邻像素点的值与该像素点的值基本相等，这被称为像素点的空间分布特性。ViBe 算法便是利用了像素点的空间分布特性，分别为每一个像素点建立了一个包含 N 个像素值的背景模型，而模型中每个值的选取均来自当前像素点八邻域内随机选取的像素值。具体公式如下：

$$M(x,y) = \{p_1(x,y), p_2(x,y), \cdots, p_N(x,y)\}$$

$$(2-63)$$

式中，$M(x,y)$ 代表在 (x,y) 像素点的背景模型；$p_i(x,y)(i=1,2,\cdots,N, N=20)$ 则代表从 (x,y) 点的 8 邻域中随机挑选的像素点的值。

（2）前景检测　通过计算当前帧图像中各个像素点的值同该像素点所在的背景模型样本

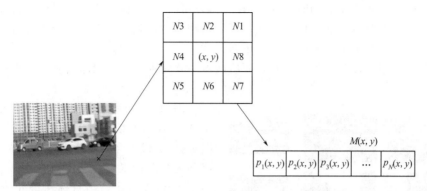

图 2-77　ViBe 背景模型

值间的欧氏距离来判别该点的类型。给定距离阈值 R，统计当前帧像素点的值与该像素点的背景模型中各个样本值的欧氏距离，同时维护一个近似样本数 dist。如果存在小于阈值 R 的样本，则增加该像素点对应的 dist 值，如果 dist 的数值大于最小匹配数 radius，则可将该点的属性判为背景点，反之则判为前景点。图 2-78 为像素分类示意图。

图 2-78 中 $p(r)$ 代表新图像帧中某像素点的值，R 为预先设定的距离阈值半径，p_1、p_2 等代表该像素点对应的背景模型中的样本值，在以 R 为半径所画的圆中存在的背景模型中样本的数量即为近似样本数 dist。

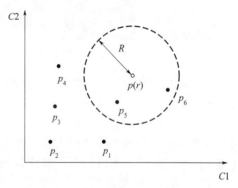

（3）模型更新　保守的更新策略会引起死锁，即在初始化过程中如果某个背景点被误认为是前景点，则在此策略下此点会一直被误认作前景点而不会被改变。前景点计数更新（前景计数策略）是当某点被多次判定为前景点，应将该点更新为背景点。

图 2-78　像素分类示意图

ViBe 算法将保守更新策略与前景点计数更新巧妙地结合起来。具体表现为：当某像素点被判别为背景点时，该点对应的背景模型需要进行更新，更新概率为 $1/\phi$[❶]，更新方式是从当前像素点对应的背景模型中随机选取一个值替换当前像素点的值；巧妙的是，此时该点的邻居点的背景模型也会秉承着相同的更新策略去更新，这在一定程度上模拟了像素点的随机性；同时当某个像素点被连续多次判别为前景点时，则认为是误判，需要将该像素点更新为背景点。

2.6.2　ViBe 算法改进

ViBe 算法最显著的一个问题为，该算法在运行过程中极易产生"鬼影"，这便会导致使用该算法进行动态障碍物检测时误检率较高。有三种情况会导致"鬼影"的产生：第一，当首帧图像中存在运动物体时，背景模型将运动目标（前景）的值误存，便会导致"鬼影"产

---

❶　ϕ 是一个由用户根据具体应用场景和视频序列特点来设定的参数。它主要用于控制背景模型的更新频率，在算法中起到调整模型适应环境变化速度的作用。

生；第二，静止物体将要运动时，这种情况与第一种情况类似，皆是背景模型将该物体所在区域的像素点当作背景点而存储；第三，当运动物体由运动状态转为静止状态时，原本被判别为前景的像素点因为无法及时有效地更新为背景点，便会导致"鬼影"的出现。第一种情况主要是背景模型创建时产生的问题，而后两者主要是前景检测策略与背景模型更新策略的缺陷。

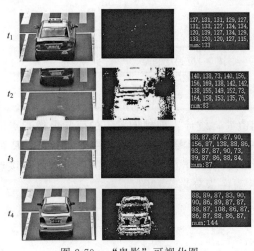

图 2-79 "鬼影"可视化图

因为第一种情况与第二种情况类似，故图 2-79 仅简明地展示了后两种情况的可视图。图中 num 代表当前像素点的值，而 4×5 的数组则为当前像素点背景模型的可视化数组。由图 2-79 可以看出，当目标从静止突然开始运动（$t_1 - t_2$）或者从运动状态突然转变为静止状态（$t_3 - t_4$）时都会产生"鬼影"。

"鬼影"一旦出现，就需要及时地抑制，但在 ViBe 算法原有的模型更新策略中，前景计数策略需要某个点被连续多次判别为前景点时才会认为该点被误判。这意味着在前景计数的时间段内这个误判会一直存在，这便导致"鬼影"无法快速消散；同时这使得背景模型更新不及时，后续检测结果也会受到影响。为了尽可能防止"鬼影"产生以及"鬼影"产生后能快速地抑制，需要对 ViBe 算法的背景模型、前景检测策略与模型更新策略进行改进。

（1）背景模型优化　传统 ViBe 算法背景模型的建立是基于像素值的空间一致性，并且仅选取视频的第一帧作为建模图像。这或许是 ViBe 算法的特色，但仅仅关注某一帧的信息使得模型太过简单，而且背景模型仅仅利用了像素点的空间特性，忽略了时间特性。

① 时间背景模型添加。一个像素点是背景像素点的时间应该是占绝大多数的，而像素点属性的判别时机应该处在当前像素点发生剧烈变化的时刻。换句话说，运动的物体只要一经过某个像素点，这个像素点便会从背景状态中"苏醒"，具体表现形式是该像素值较其历史像素值会存在一个剧烈的跃变，所以合理利用像素点的时间特性对"鬼影"的消除具有非常有效的作用。

为了研究像素点的时间特性，本节对 CDnet 数据集中部分视频中部分有运动目标经过的像素点的像素值进行了统计，结果可见图 2-80。

从图 2-80 中可以看到，像素点的值大部分时间都保持稳定，这意味着此时像素点并没有运动物体经过，而当运动物体经过时，像素值会迎来一个突变，并且持续时间较短。像素点处在背景状态下所占的帧数要远大于像素点处在运动状态下所占的帧数。借助这一规律，本节为每一个像素点添加了一个时间背景模型，便于合理地利用像素点的时间特性，来帮助"鬼影"的消除。

为了合理地利用像素点的历史信息，本节摒弃了传统 ViBe 算法只使用首帧作为背景建模图片的方式，选取了视频序列中前 9 帧作为初始化阶段。在初始化过程中，需要将每一帧图像的像素点对应的样本值依次添加到像素点对应的时间背景模型中，样本值的选取借鉴了传统 ViBe 算法背景模型样本值的选取方法，但不再随机选取像素点 8 邻域的值作为样本值，而选择使用 8 邻域的均值。本节时间背景模型样本值选取方法利用了像素点的空间特性，比仅使用当前像素点的值作为样本值所初始化的模型要更加健壮，具体公式为：

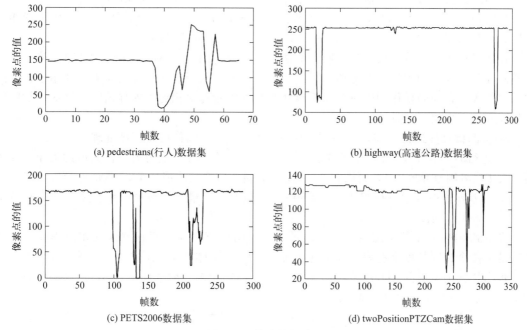

(a) pedestrians(行人)数据集

(b) highway(高速公路)数据集

(c) PETS2006数据集

(d) twoPositionPTZCam数据集

图 2-80   像素值统计图

$$T(x,y)=\{V_1(x,y),V_2(x,y),\cdots,V_i(x,y)\} \tag{2-64}$$

$$V_i(x,y)=\sum_{n=1}^{N}p_{in}(x,y)/N \tag{2-65}$$

式中，$V_i(x,y)(i=1,2,\cdots,9)$ 代表第 i 帧在 (x,y) 处像素点的样本值；$T(x,y)$ 代表在 (x,y) 处像素点所建立的时间背景模型；$p_{in}(x,y)$ 代表在第 i 帧 (x,y) 处像素点的第 n 个邻域的像素值。

② 空间背景模型改进。因为建模图像中出现运动目标时，会出现"鬼影"现象，所以空间建模之前去检测是否存在运动目标十分必要。本节通过使用三帧差法对视频序列的前三帧进行计算，可以通过计算结果来判断运动目标是否存在。

三帧差法常用于运动物体的检测，因其计算量小、实时性好，得到了广泛的应用。其原理并不复杂，即两两计算相邻三帧图像的差分图像，将计算得到的差分图像通过预设阈值分割成二值图像，再将两个二值图像进行"与"运算后再进行形态学处理，即可得到结果。图 2-81 为三帧差法预实验的实验结果图。

图 2-81   三帧差法预实验的实验结果图

由图 2-81 可知，当目标处于运动状态时，三帧差法即可将目标检测出来，这表明如果使用视频序列的前三帧进行三帧差法计算后能够检测出目标，即可证明空间建模图像中存在运动物体。

当确定建模图像中存在运动物体时，目标所在位置的像素点便不应该当作背景点来参与到背景建模中去。本节设计了一种背景替换方法，将运动目标所在像素点尽可能地替换为背景像素点，形成新的建模图像。使用新的建模图像进行背景建模可以有效防止"鬼影"的产生，具体思路为：若三帧差法检测出结果，则确定建模图像 I_1 中运动目标的位置，然后在初始化阶段尽可能寻找到与建模图像差异最大的图像 I_n，并截取 I_n 中与 I_1 目标位置相同的区域来替换建模图像 I_1 中运动目标所在区域，形成新的建模图像 I_m。

在此过程中，本节使用差异值哈希算法（Difference Hash Algorithm，DHA）来寻找与建模图像差异最大的图像。差异值哈希算法能够快速检测图像的差异值，被广泛用于比较图像的相似程度，和同样作用的感知哈希算法与平均哈希算法相比，差异值哈希算法更加敏感并且检测速度更快。其具体步骤如下：

a. 将图像尺寸进行压缩，压缩到 9 像素×8 像素后对图像进行灰度处理。

b. 进行差异值计算，具体计算方式为计算每一行前一像素值与后一像素值的大小，如果前者大于后者则差异值置 1，否则置 0。差异值计算完成后会形成一个 8×8 的差异值矩阵。

c. 将差异值矩阵中每行组成一个 8bit 的 16 进制值，最后拼接成一个长度为 8 的哈希字符串，即 dHash 值。

当得到 dHash 字符串之后，需要通过计算汉明距离来确定两张图片的相似程度。汉明距离是指两个相同长度字符串之间对应位置上不同字符的个数，如式(2-66) 所示，x、y 代表两张图片分别生成的 dHash 值，$\oplus$ 代表异或。汉明距离一般取阈值为 5，当汉明距离大于 5 时，即可认为两张图片差异较大。

$$d_{x,y} = \sum (x[i] \oplus y[i]) \tag{2-66}$$

如果在初始化阶段内存在与初始帧图像差异值较大的图像 I_n，则说明运动目标已经大概率离开其在初始帧时所在的位置，则图像 I_n 中与初始帧运动目标位置相同的位置便会裸露出背景。如图 2-82(b) 中目标位置已经有较为明显的移动，背景已经有明显的裸露。

(a) 初始帧目标位置　　　　　　　(b) 差异帧目标位置

图 2-82　目标位置对比图

本节背景替换方法的具体示意图如图 2-83 所示。由图可以看出，虽然差异帧位置 p 中的信息大部分都为真实的背景信息，但还是不可避免地掺入了部分运动物体的信息，如图中的 a，此时需要对 a 进行后处理操作，尽量地消除运动目标的信息。

本节采用的后处理方法十分简单，因为差异帧运动目标的位置 p 中背景信息占比较高，故求取了其所含像素点的均值 M，并设置 T 作为区分背景像素与运动目标像素的阈值，通过将各像素点的值与均值 M 的距离 d 与 T 进行比较来简单地判定背景像素点与运动目标像素点。一旦确定某点为运动目标的像素点，则使用该像素点所在行的背景像素点（背景点）对其进行替换即可。图 2-83 中的 b 即为后处理后的图像，从中可以看出，运动目标已基本消失，其所在位置已基本被替换为背景点，使用此图像作为建模图像，可以有效防止"鬼影"的产生。后处理相关公式如下所示：

$$d = |p(x,y) - M| \tag{2-67a}$$

$$p(x,y) = \begin{cases} p(x,y), & 若\ d < T \\ p(x_n, y_n), & 其他 \end{cases} \tag{2-67b}$$

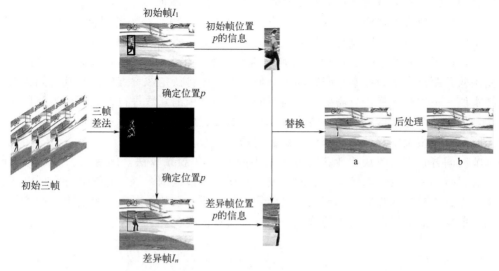

图 2-83　背景替换方法示意图

式中，$p(x,y)$ 代表在（x,y）位置像素点的值；$p(x_n,y_n)$ 代表背景像素点的值。经过实验分析，$T=70$ 时效果较好。该背景替换方法能尽可能地消除初始帧包含运动目标而导致出现"鬼影"的影响，但并不能保证百分百有效，当"鬼影"出现时，如何快速抑制"鬼影"更加重要。

本节主要讨论了如何解决第一种情况产生"鬼影"的问题，但在视频运行过程中，不可避免地会因为后两种情况而产生"鬼影"。其产生的主要原因在于不合理的前景检测策略以及背景更新策略中存在缺陷。

（2）结合自适应阈值的前景检测策略　不合理的前景检测策略首先会产生不必要的噪声。传统 ViBe 算法在进行前景检测时，阈值半径 R 保持不变，这适用于大部分场景，但当背景变复杂时，固定的分割阈值可能会导致噪声的产生。对于图片中各像素点来说，总有部分像素点处在易活跃的位置，为每一个像素点自适应分配分割阈值非常有必要。

本节使用当前像素点的值 $p(x,y)$ 与其空间背景模型值 $p_i(x,y)$ 的标准差作为检测背景复杂度的标准，当背景复杂度较高时，可以适量地扩大阈值半径 R。对于点（x,y），检测背景复杂度的具体公式为：

$$a_{x,y} = \sqrt{\frac{\sum_{i=1}^{N}\left[p(x,y)-p_i(x,y)\right]^2}{N}} \tag{2-68}$$

当 $a_{x,y}$ 大于设定阈值 L 时，则认为当前像素点正处于复杂背景中，则此时的阈值半径 R 需要进行调整，具体可由式（2-69）表示：

$$R_{x,y} = \begin{cases} R+\dfrac{a_{x,y}}{L}, & a_{x,y} \geqslant L \\ R, & a_{x,y} < L \end{cases} \tag{2-69}$$

其中，$R_{x,y}$ 代表在（x,y）点的分割阈值，经过实验验证，L 为 10 时效果最佳。

虽然使用自适应的分割阈值能够对噪声有较好的抑制，但合理的像素点判别机制才是抑制"鬼影"的主要手段。仅使用空间背景模型很难对"鬼影"持续存在的现象进行改善，此时需要时间背景模型的帮助，并需要一种适用于时间背景模型的像素点判别机制。因为时间背景模型的特性，本节将关注点放在了背景点的判别上。由前文可知，像素点只有在运动物体经过时，这个像素点才应该被判为前景点，并且这个过程所经历的时间很短。换句话说，只要某个像素点在一段时间没有发生剧烈的变化，就应该将该点判别为背景点。

对于作用于时间背景模型的像素点判别机制，本节借鉴了传统 ViBe 算法的判别方式，同样使用欧氏距离来作为像素点间距离值。但本节不再将待定像素点的值与其时间背景模型中的样本值一一进行计算，只需要将其与时间背景模型中的众数进行计算即可。使用众数的原因在于，在某个像素点由前景点转换为背景点的过程中，背景点会逐步积累，从某一时刻开始，时间背景模型中背景点的数量一定会占据大多数。

本节时间背景模型中众数计算的方式采用博耶-摩尔投票算法，同时因为背景像素值不可能一直保持不变，故可以接受一定的误差，在误差允许范围内（5 个像素）皆可以认为是背景像素点。当求得众数后，需要判断当前像素值与所求众数的距离，最后根据距离的大小去判别当前像素点的属性。具体的公式可见式（2-70）~式（2-72）：

$$v = V_{majority}(x,y), V_{majority}(x,y) \in T(x,y) \tag{2-70}$$

$$d_{time} = |p_{current}(x,y) - v| \tag{2-71}$$

$$p(x,y) = \begin{cases} 0, & \text{若 } dist \geqslant radius \| d_{time} \leqslant m_{time} \\ 255, & \text{其他} \end{cases} \tag{2-72}$$

式中，$V_{majority}(x,y)$ 代表时间背景模型样本的众数，$p_{current}(x,y)$ 代表当前帧像素点的值；d_{time} 代表当前像素点与众数 v 的距离；m_{time} 为设定阈值。

式（2-72）为本节前景与背景点判别的具体公式，即背景点的判别需要空间背景模型与时间背景模型共同作用。具体的策略如下所示：

首先需要通过空间背景模型判断，即统计当前帧像素点的值与其空间背景模型中各样本值的欧氏距离小于阈值 $R_{x,y}$ 的数量 dist，若数量 dist 大于最小匹配数 radius，则将该点判为背景点；反之，如果通过空间背景模型将当前像素点判别为前景点，则存在出现误判的可能，此时需要通过时间背景模型进行校验，即设定阈值 m_{time} 小于所求距离 d_{time} 时，才认为该像素点为前景点，否则为背景点。其具体流程图如图 2-84 所示。

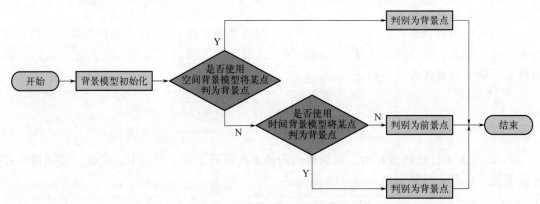

图 2-84　像素点判别流程图

（3）模型更新策略改进　传统 ViBe 算法的背景模型更新策略，是在当前像素点被判别为背景点时，对其背景模型有一定概率进行更新，同时当前像素点的相邻点同样有相应的概率完成背景模型的更新。本节由于引入了时间背景模型，故需要设计一种新的更新策略确保两个背景模型能够合理且快速地更新。

本节将像素点的时间特性与空间特性相结合，采用一种新的更新策略对两个背景模型进行更新。其主要包括两点内容：一为更新的时机与概率；二为更新的方式。

对于更新时机与概率，本节做了自适应调整。当待测像素点被判别为背景点时，空间背景模型便需要更新，但更新的概率需要自适应调整。具体表示为，当使用空间背景模型将某点判别为背景点时，像素点大概率一直处在背景状态，此时本节保留传统 ViBe 算法模型更新方法，即给定 $1/\phi$ 的概率去更新空间背景模型的值，同时给定 $1//\phi$ 的概率去更新当前像素点相邻点的空间背景模型的值。当使用时间背景模型将某点判别为背景点时，意味着像素点刚刚经历过像素值的跃变，此时需要快速更新空间背景模型的值，并更新当前像素点相邻点空间背景模型的值；时间背景模型则相对简单，为了保持时间背景模型的相对独立，时间背景模型每一帧都需要更新。

对于更新方式，本节采用交叉更新方式对两个背景模型进行更新。时间背景模型的更新值来自当前像素点 8 邻域的均值，并且新值需要顶替掉最旧的值；而空间背景模型中的更新值则来自时间背景模型中的众数，并且随机选取空间背景模型中的值进行替换。交叉更新方式结合了像素点的时间与空间特性，同时在一定程度上模拟了像素点的随机性，其抗噪声干扰能力更强。

模型更新策略的相关公式为式(2-73)与式(2-74)：

$$p_i(x,y)=v \quad p_i(x,y)\in M(x,y) \quad i=1,2,\cdots,N \tag{2-73}$$

$$\begin{cases} V_m(x,y)=\sum_{n=1}^{N}p_n(x,y)/N, \quad N=8, V_m(x,y)\in T(x,y) \\ m=\mathrm{count}\%9 \end{cases} \tag{2-74}$$

式中，$p_i(x,y)$ 代表空间背景模型中第 i 个值；$N=20$，即空间背景模型中每个值都有 $1/N$ 的概率进行更新；count 代表当前帧数；m 代表时间背景模型中样本值的索引；$V_m(x,y)$ 代表时间背景模型中需要更新的值。

2.6.3 实验结果与分析

本节实验同样在树莓派嵌入式平台上进行，其配置为 ARM Cortex-A72 1.5GHz（四核），4GB 内存，系统为 Ubuntu Server 20.04，编程语言为 C++。

（1）数据集构建与评价指标 为合理地检测本节算法性能，对于测试数据进行了划分。为了验证本节算法的有效性，选取了首帧图像包含运动物体、运动物体突然静止和静止中的物体突然运动这三类最有可能产生"鬼影"的一段测试视频进行测试；为了验证本节算法的可靠性，从 CDnet 数据集中选取部分有代表性的测试视频进行测试，并与其他算法进行对比；最后为了测试本节算法在树莓派平台进行障碍物检测的效果，使用单目广角摄像头模组拍摄了多组车辆盲区与车辆前方的视频片段进行测试。部分测试数据见图 2-85。

同时本节使用精确率（Precision）、召回率（Recall）与帧率作为评价指标，公式见式(2-29)、式(2-30)。

（2）检测结果分析 图 2-86 即为本节算法与传统 ViBe 算法在同一平台下，对同一视频数据进行测试的结果图，图 2-86 中（a）为输入图像，（b）、（c）分别为 Vibe 算法的结果图与本节算法结果图。从图中可以看出，ViBe 算法在不同的场景下都容易产生"鬼影"，并且消散缓慢。本节算法通过对原有算法进行一系列改进后，能够有效预防"鬼影"的发生并能快速抑制"鬼影"。

为了进一步验证本节算法的可靠性，选择了 CDnet 数据集中部分测试视频进行测试，并将测试视频缩放到 480×320 分辨率，然后分别与传统 Vibe 算法［图 2-87(b)］、GMM

图 2-85　部分测试数据

(a) 原图　　　　　　　　(b) ViBe算法　　　　　　　(c) 本节算法

图 2-86　同一视频算法对比图

［高斯混合模型，图 2-87(c)］、三帧差法［图 2-87(d)］进行实验对比。图 2-87 中（a）、（e）分别为输入图像与本节算法结果图。由图 2-86 可以看到，高斯混合模型（GMM）的方法虽能够完整检测出目标，但是仍然存在拖尾或重影现象，并且对噪声抑制不够好；三帧差法对噪声有较好的抵抗作用，但检测出的目标有明显的空洞，并且目标同样会产生重影；ViBe算法能较好地检测出目标，但其最重要的问题便是会产生"鬼影"，并且包含较多噪声；相比之下，本节算法虽然是由 ViBe 算法改进得到的，但不管是目标的完整性还是抵抗噪声的

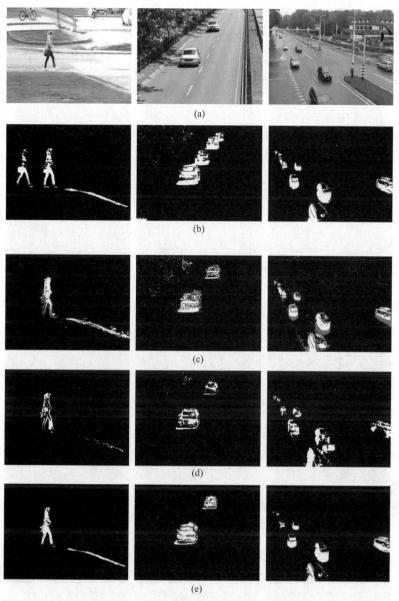

(a)

(b)

(c)

(d)

(e)

图 2-87　不同视频算法对比效果图

能力都有不错的表现。各种算法的性能可见表 2-10，通过表格可对各种算法进行进一步分析。

表 2-10　算法性能对比表

算法名称	精确率/%	召回率/%	帧率/(帧/s)
GMM	71.2	68.9	25
三帧差法	66.2	62.3	37
ViBe	72.6	83.3	50
本节算法	90.3	85.2	34

由表 2-10 可以看出，ViBe 算法较 GMM 算法与三帧差法相比各项数据均表现优异，但 ViBe 算法易产生"鬼影"的缺点导致其精确率较低。本节算法着重对该问题进行解决，结果表明，本节算法比传统 ViBe 算法的精确率提高了近 24％，召回率也有小幅提高。虽然本节算法为此牺牲了部分运算速度，但在树莓派嵌入式硬件平台中依然能够保证实时运行。

最后，本节将改进的算法在树莓派平台中对通过单目摄像头获取的自摄数据进行测试，测试结果如图 2-88 所示。从图中可以看出，本节算法能够有效检测出动态障碍物。同时因为本节算法是对图片中每一个像素点的"监控"，运动物的表现形式为像素值的突变，故障碍物的运动速度不会影响到算法的检测效果。但其无法检测出从运动状态转为静止状态后的障碍物，此时需要借助跟踪算法对障碍物进行跟踪，确保障碍物不会丢失。

图 2-88　自摄数据集测试结果图

2.6.4　小结

本节着重讨论了动态障碍物检测算法，首先对 ViBe 算法进行简单的介绍，然后对 ViBe 算法进行了三部分的改进，主要包括：时间背景模型的添加与空间背景模型建模过程中背景替换算法的设计；对分割阈值进行自适应调整，同时结合自适应阈值与时间背景模型重新设计了一种前景检测策略；对原有模型更新策略进行改进，使两个背景模型能够快速且稳定地更新。最后对算法进行测试，测试结果表明本节算法对"鬼影"的预防与消除起到重要作用，大大降低了误检率；与其他算法比较的结果显示，本节算法更加可靠；在树莓派平台对自摄数据的测试结果则说明，本节算法能在保持较高帧率的情况下较好地检测出动态障碍物。

2.7　停车位检测技术

停车位检测是倒车辅助、自动泊车系统中的关键技术，在实际应用中摄像机拍摄停车位的角度不同会导致停车位呈现的形态有所不同，或者是停车位没有在图像中完整显露、停车位被遮挡等等，复杂的场景增加了停车位检测的难度。若使用目标检测方法，检测结果通常用矩形框表示，无法反映出停车位的实际形态，不利于倒车辅助等功能的实现；若使用直线检测等传统方法，会检测出图像中非直线的噪声信息，仍无法回归出完整的停车位形状。因此本节采用深度学习图像语义分割方法，该方法能够在上述复杂场景中分割出停车位区域，然后再对分割结果进行 Hough 直线检测、层次聚类等后处理操作，回归出停车位各个边缘，从而实现停车位检测功能。

2.7.1　停车位图像分割算法

（1）语义分割网络概述　全卷积网络（Fully Convolutional Networks，FCN）是使用深度学习实现图像语义分割（Semantic Segmentation）的开山之作。与传统 CNN（卷积神经网络）在卷积层后使用全连接层连接得到固定长度的特征向量来进行分类不同，FCN 将传统 CNN 结构中的全连接层也转化为卷积层，网络不再限制输入图像的尺寸大小，在全部的卷积、池化操作后通过上采样的方式将最后一个卷积层的输出特征图恢复到原始输入图像的尺寸大小，保留了原始输入图像中像素的空间信息，获得像素级别的分类结果，从而实现了图像语义分割效果。

（2）DeepLab 语义分割算法

① 网络特点。DeepLab 是在 FCN 之后提出的一种语义分割算法，仍沿用 FCN 的全卷积网络结构，本节所用的 DeepLab 网络结构是在 VGG-16 基础上进行修改的，并具有以下特点：

a. DeepLab 采用空洞卷积（Atrous/Dilated Convolutions）来增加感受野。

b. 将最后两个卷积层的卷积核数量由 4096 减少到 1024，目的是减少内存的消耗，同时使网络前向、反向传播的时间减少。

c. 网络将第 4 池化层（Pooling 4）和第 5 池化层（Pooling 5）的步长（Stride）均由 2

改为1，使得网络对图片的降采样保持在8倍，不再进一步减小输出特征图的尺寸而影响分割效果。

d. DeepLab后端衔接全连接条件随机场（Fully-Connected Conditional Random Fields）对分割边界进行修正。然而在本节停车位检测的应用背景下，由于停车位形状较为简单，前端网络能够获得较好的分割结果，实验中不再进行条件随机场的修正操作。

② 感受野。在卷积神经网络中，感受野（Receptive Field）是指卷积神经网络每一层输出特征图上的像素点在原始图像上映射的区域大小。

感受野的计算包含以下三点规则：

a. 第一层输出特征图的感受野大小等于该层滤波器（卷积层、池化层等）的大小。

b. 网络深层感受野的大小是由当前层与其之前所有层滤波器的大小、步长共同决定的。

c. 对于卷积层，通常不考虑卷积的填充（Padding）操作产生的影响，而只考虑卷积核的大小和步长。

感受野在计算时采用从深层到浅层的传递方式，感受野的初始化值为1，需要分别考虑当前层滤波器的步长和大小。

③ 空洞卷积。在FCN语义分割网络中，经过多次卷积、池化操作后输出特征图的尺寸大幅减小，导致上采样处理后获取的分割结果较为粗糙。为减弱上述影响，使输出特征图更加密集，DeepLab将最后两个池化操作的步长减小，由原先的2设置为1，修改前输出特征图长、宽均变为原始图像的1/4，修改后特征图尺寸保持不变。然而减小池化操作的步长会导致输出特征图的感受野减小，使得深层滤波器所学到的特征发生变化，无法使用训练好的VGG-16等网络模型进行微调（Fine-Tune）训练。DeepLab提出的空洞卷积增加了卷积时的感受野，成功地解决了上述问题。

图2-89（a）为传统的卷积方式，卷积核（Kernel）的大小为3，卷积核计算的点是连续的，此时卷积核在特征图中的覆盖范围是3×3的，即卷积操作在该层的感受野（阴影区域）为3×3；图2-89（b）为空洞卷积，卷积核大小仍为3，但此时卷积核计算的点之间存在空洞，空洞（Dilation）大小为1，使得空洞卷积所在层的感受野为5×5。进行空洞卷积计算时，空洞所对应的元素不进行计算，或者可理解为卷积核在空洞处的权值为0。相较于相同卷积核大小的传统卷积，空洞卷积的感受野加大，在减小池化层步长后使用这种卷积方式保证深层特

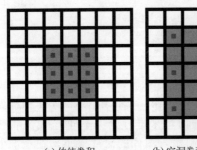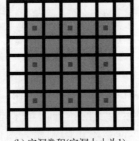

(a) 传统卷积　　(b) 空洞卷积(空洞大小为1)

图2-89　传统卷积与空洞卷积示意图

征图与步长减小前具有相同的感受野大小，使网络能够正常进行微调训练。

④ 网络结构。图2-90为实验所用的DeepLab前端网络结构图，其中包含了网络前向传播和像素分类损失计算的过程。

部分层操作解释如下。

［input image］、［input label］分别为输入的原图像和标注的像素分类图。

［conv-relu］表示卷积层（非线性ReLU），其中的dilation表示空洞卷积的空洞大小，channels表示卷积后输出特征图的通道数，网络中所有卷积层的卷积核大小均为3。

［resize_bilinear］表示上采样操作，使用线性插值法。

［softmax_loss］计算上采样后输出特征图的像素分类损失值，用于反向传播。

本节使用的 DeepLab 语义分割网络中卷积操作的步长均为 1，配合填充操作使输出特征图与卷积前特征图的长、宽相同，因此网络中只有池化操作会减小特征图大小。网络在前向传播过程中共经历了 3 次步长为 2 的池化操作，输出特征图相较于原始输入图像长、宽均变为原来的 1/8，所以在上采样时通过［resize_bilinear］操作将最后一层输出特征图的长、宽均放大 8 倍，还原成原始图像大小。分割预测时通过 Softmax 层，对还原后特征图逐像素求各类别概率，将概率最大的类别作为该像素的分类结果，进而得到语义分割图像。训练时则计算还原后特征图与标注图［input label］的［softmax_loss］损失进行反向传播，迭代训练网络，使其获得更强的语义分割能力。

（3）语义分割标注工具　标注工具使用 Linux 环境下的 labelme，该软件是专用的图像语义分割标注工具。通过框选目标的外部闭合轮廓来表示目标区域，之后会提示输入目标的类名；实验中将停车位类别定义为"in"，标记完全部目标后软件会自动将没有标记的区域定义为背景类"background"，实验中语义分割类别只包含"in"和"background"两类，labelme 标注过程如图 2-91 所示；将结果保存为 json 文件格式，输入命令

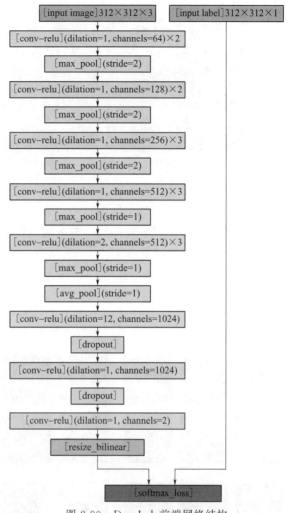

图 2-90　DeepLab 前端网络结构

labelme_json_to_dataset［json 文件名］，程序将生成新的文件夹，其中包含标注结果的可视化图（label_viz.png）、标注的像素分类图（label.png）以及原始图像（img.png），如图 2-92 所示，其中原始图像和分类图作为分割网络的输入，可视化图用于检测标注结果是否正确。实验中总共采集某大学停车场的停车位图像 1100 张，标注为训练集训练语义分割网络。

（a）　　　　　　　　　　　　（b）　　　　　　　　　　　　（c）

图 2-91　labelme 标注过程

| (a) 原始图像 | (b) 可视化图 | (c) 像素分类图 |

图 2-92　标注生成数据

（4）训练过程　训练时将图像归一化为 312×312 的大小；求取样本集 R、G、B 三通道的均值，并在前向传播时对训练样本的各通道像素值进行去均值处理；将位于网络最后位置 Softmax 层的分类个数设置为 2，即停车位和背景两类；批尺寸（batch_size）设置为 4，学习率（learning_rate）为 1×10^{-4}，迭代次数（interations）为 30000，每 1000 次迭代结束保存使用当前网络进行分割的测试结果。图 2-93 中截取了部分能够表现训练过程中网络变化的测试结果，图（a）至（i）的迭代次数由小到大排列，观察可知网络随着训练迭代次数的增加，分割出的目标轮廓愈加精确，侧面反映了网络参数设置正确、训练样本集输入正确。

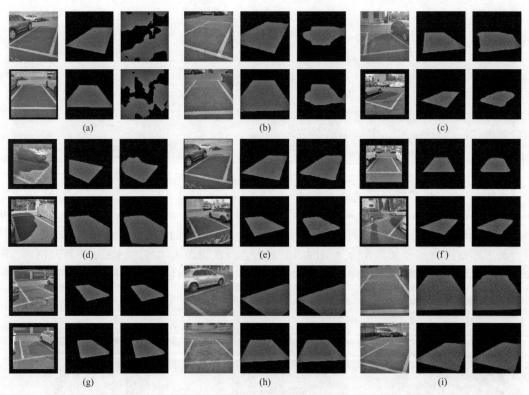

图 2-93　训练过程中的分割结果

（5）语义分割结果测评　在图像语义分割领域，人们已经提出多种用于评价分割准确性的标准，这些标准通常是基于 PA（Pixel Accuracy，像素精度）和 IoU（Intersection over Union，交并比）变化而来的。本节使用 IoU 中的均交并比（Mean Intersection over Union，

MIoU）方法对停车位分割结果进行评价，该方法先计算每个像素类别真实值（Ground Truth）与预测值（Prediction）两集合交集与并集的比值，再求所有类别的均值，以百分数形式作为最终结果。

图 2-94 展示了针对某一具体类别 i，像素样本在真实值与预测值两集合中的分布情况。TP（True Positive）表示真正（也称真阳性）样本，即预测为正样本（类别为 i），实际也为正样本；FP（False Positive）表示假正（也称假阳性）样本，即预测为正样本，实际为负样本（类别不为 i）；FN（False Negative）表示假负（也称假阴性）样本，即预测为负样本，实际为正样本。

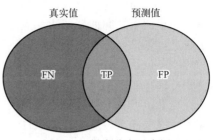

图 2-94　样本分布示意图

在求类别 i 的 IoU 时，用真正数（交集）比上真正数、假正数、假负数之和（并集），再求所有类别 IoU 的平均值，如式（2-75）所示：

$$\mathrm{MIoU} = \frac{1}{n}\sum_{i=1}^{n}\frac{p_{ii}}{\sum\limits_{j=1}^{n}p_{ij} + \sum\limits_{j=1}^{n}p_{ji} - p_{ii}} \tag{2-75}$$

式中，n 表示语义分割的像素类别数；p_{ij} 表示像素样本集合中实际类别为 i、预测类别为 j 的总像素数。

实验中测试集包含样本 209 张，采集场景与训练集相同，统计的 MIoU 结果为 95.3%。MIoU 值较高的主要原因是停车位本身的形状、边缘轮廓等较为简单，易于分割；其次是实验样本集比较单一，只包含某大学停车场场景，多样性一般。但是 MIoU 值仍能体现出实验中训练的语义分割网络针对该场景下的停车位图像具有较好的分割效果。

2.7.2　停车位检测后处理

（1）Canny 边缘检测

① 高斯平滑处理。Canny 算法使用二维高斯函数对图像进行平滑，减小噪声产生的影响，二维高斯函数如下：

$$G(x,y) = \frac{1}{2\pi\delta^2}\exp\left(\frac{x^2+y^2}{2\delta^2}\right) \tag{2-76}$$

其中，参数 δ 控制平滑的程度。

② 梯度幅值和方向的计算。利用一阶导数算子计算平滑处理后的图像 I 中各点灰度梯度的幅值和方向，图像沿 x 和 y 方向的偏导数 $P_x(i,j)$ 和 $P_y(i,j)$ 分别为：

$$\begin{cases} P_x(i,j) = [I(i,j+1)-I(i,j)+I(i+1,j+1)-I(i+1,j)]/2 \\ P_y(i,j) = [I(i,j)-I(i+1,j)+I(i,j+1)-I(i+1,j+1)]/2 \end{cases} \tag{2-77}$$

图像中 (i,j) 位置像素点灰度梯度的幅值 $M(i,j)$ 和方向 $\theta(i,j)$ 的计算如下：

$$M(i,j) = \sqrt{P_x(i,j)^2 + P_y(i,j)^2} \tag{2-78}$$

$$\theta(i,j) = \arctan\frac{P_y(i,j)}{P_x(i,j)} \tag{2-79}$$

③ 非极大值抑制。Canny 算法在以点 (i,j) 为中心的小邻域中，观察该点与该点梯度方向上前后两个像素点的灰度值，若该点不是最大的，即为非极大值点，则该点为非边缘

点，若是最大值则该点为候选边缘点。

④ 双阈值处理检测边缘。利用图像梯度幅值的累计直方图计算两个阈值 T_h 和 T_l，T_h 为高阈值，T_l 为低阈值。遍历图像中的任一像素点 (i,j)，如果点 (i,j) 的梯度幅值大于 T_h，则该点一定为边缘点；如果点 (i,j) 的梯度幅值小于 T_l，则该点一定为非边缘点；而幅值介于两者之间的疑似边缘点需要再通过边缘连通性进一步判断，若该点的邻接点中包含边缘点，则该点也为边缘点，否则该点为非边缘点。

对停车位语义分割图像进行 Canny 边缘检测，结果如图 2-95 所示。

（2）Hough 直线检测　观察 Canny 边缘检测结果发现，停车位边缘上的点没有全部在一条直线上，但基本满足直线的参数方程，因此本节在边缘检测后采用 Hough 变换进行直线检测，提取停车位边缘直线。Hough 变换直线检测的基本原理是利用图像空间与参数空间中点与线的对偶性，将原始图像中的点由直角坐标空间变换为 ρ-θ 参数空间下的曲线，将参数空间划分成不同区间，最后通过统计各区间曲线交点个数的极大值获得直线参数。

① ρ-θ 参数空间。直线用 ρ、θ 参数表示时，ρ 表示直角坐标系下原点到直线的距离，而 θ 表示直线的倾斜角度，$\rho \in (-\infty, +\infty)$，$\theta \in [0, \pi)$。例如求图 2-96 中直线 l_1、l_2、l_3 的参数坐标，过坐标原点作三条直线的垂线，交点分别为 J、K、L，垂线与 x 轴正半轴夹角即为直线的 θ 参数，三条直线 θ 参数分别为 θ_1、θ_2、θ_3，其中 θ_1 与 θ_2 相同；本节中直线的 ρ 参数可正可负，大小为垂线段的长度，当垂线段对应向量（如 $\overrightarrow{OJ}$、$\overrightarrow{OK}$、$\overrightarrow{OL}$）指向 x 轴上方时符号为正，指向 x 轴下方时符号为负，如 l_1 的 ρ 参数符号为正，l_2 的为负。

(a) 停车位图像分割结果　　(b) Canny 边缘检测结果

图 2-95　Canny 边缘检测效果

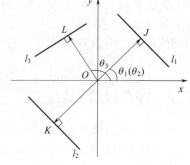

图 2-96　ρ-θ 参数说明示意图

② Hough 变换。在空间直角坐标系中，直线方程如式（2-80）所示，在 ρ-θ 参数空间下一条直线表示为一个点；而直角坐标系下的点变换到参数空间下则变为一条曲线，曲线对应方程如式（2-81）所示。如图 2-97 直角坐标系中的点 A、B、C、D 变换到 ρ-θ 空间下对应 4 条曲线，曲线的交点即为 A、B、C、D 所在直线的 ρ-θ 坐标。

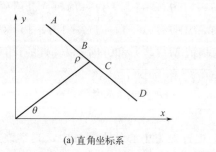

(a) 直角坐标系　　　　　　(b) ρ-θ 参数坐标系

图 2-97　Hough 变换示意图

$$y = kx + b \tag{2-80}$$
$$\rho = x\cos\theta + y\sin\theta \tag{2-81}$$

将直角坐标系下 Canny 算法检测出的边缘点变换到 ρ-θ 空间下，一个点映射为一条曲线，取全部曲线的交点，通过寻找 ρ-θ 所划分区间下交点个数的极大值位置即可获得疑似目标直线的 ρ-θ 坐标。如图 2-98 所示，ρ-θ 空间按照设定间隔大小划分量化区间，统计每个区间中的交点个数，各区间用数组进行累加，如图中 $A(\rho, \theta)$ 所示，若区间交点的个数大于设定阈值，则将该区间参数在直角坐标系下所对应的直线作为一条检测结果。

③ 参数设置。由于 Canny 边缘检测得到的停车位边缘非严谨直线，存在轻微的变形，实验中将 ρ-θ 量化区间的划分间隔设置为较大值，使得停车位边缘能够划分在一个区间内，进而识别为一条直线。实验中区间的划分间隔设置为 ρ 轴 8 个像素、θ 轴 1°，区间交点个数阈值为 90。

Hough 直线检测结果如图 2-99 所示。

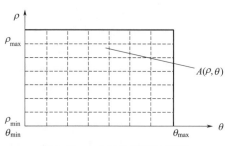

图 2-98　ρ-θ 划分区间示意图

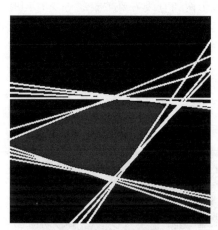

图 2-99　Hough 直线检测结果

（3）直线聚类

① 参数归一化处理。将直线的 ρ、θ 参数以其在所有直线中的最大值为准进行归一化，目的是使 ρ、θ 参数在之后的聚类操作时具有相同的距离评价标准，归一化公式如下：

$$\begin{cases} \rho_i = \dfrac{\rho_i}{\max(\rho)} \\ \theta_i = \dfrac{\theta_i}{\max(\theta)} \end{cases} \tag{2-82}$$

② 凝聚层次聚类。在进行 Hough 直线检测后，每个停车位边缘会被检测为不定数量的直线集合，因此需要进行聚类操作，将属于同一停车位边缘的直线集合聚成一类。由于拍摄角度的不同，停车位在图像中呈现的形态也会不同，或者没有完整显露、存在被遮挡等情况，无法预先设定期望达到的类别数，因此本节采用凝聚层次聚类方法。如图 2-100 所示，Hough 直线检测的 ρ、θ 参数归一化结果通过层次聚类最终聚成 4 类，每类直线用不同颜色和形状进行表示。

③ 求直线参数均值。计算聚类后每类直线的原始 ρ、θ 参数均值，作为每类停车位边缘直线的最终结果，可视化结果如图 2-101 所示。

④ 对垂直于 x 轴的直线聚类的分类讨论。如图 2-102 所示，在本节所用的 ρ-θ 参数空间下，直线 l_1 的 θ 参数 θ_1 接近 0、ρ 参数大于 0，而 l_2 的 θ 参数 θ_2 接近 π、ρ 参数小于 0。

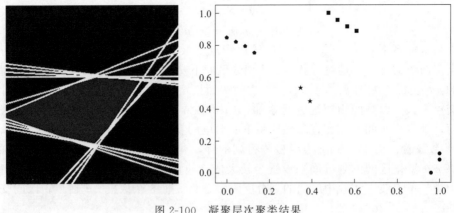

图 2-100　凝聚层次聚类结果

客观上两条直线需要被聚成一类，但是 l_1、l_2 的 θ 参数变化不连续导致这两条直线在层次聚类时被视为两类直线，实际聚类的效果如图 2-103 所示，右侧停车位边缘无法用一条直线正确表示。

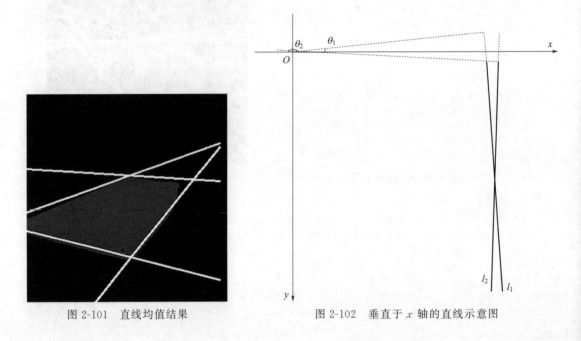

图 2-101　直线均值结果　　　　　图 2-102　垂直于 x 轴的直线示意图

　　上述近似垂直于 x 轴的两类直线具有如下特点：θ 参数分别接近于 0 和 π，ρ 参数绝对值近似相等、符号相反。而两类直线在归一化后，θ' 分别接近 0 和 1，因此在归一化后，查看 θ' 分别接近 0 和 1 的直线的原始 ρ、θ 参数，若满足 θ 参数分别接近于 0 和 π，ρ 参数绝对值近似相等、符号相反的条件，则为上述两类直线，删除聚类结果中样本个数少的直线类，保留样本个数多的直线类，将其重新聚类生成垂直 x 轴的唯一直线类。修正聚类的前后对比如图 2-104 所示。

　　⑤ 停车位区域拟合。为实现停车位的检测，对停车位进行拟合，需要用线段、射线替代上述步骤得到的停车位边缘直线，因此需要求出相邻停车边缘直线的交点以精确定位各个边缘。

　　本节使用 Canny 算法检测停车位边缘点来辅助寻找相邻边缘直线的交点。计算边缘点与各边缘直线的距离，如果距离小于设定阈值则边缘点符合该直线，而交点附近的边缘点与

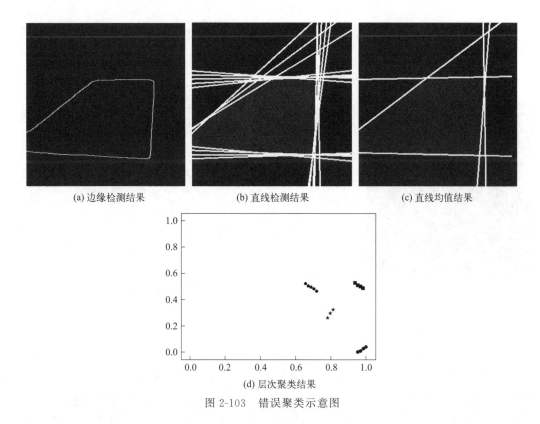

(a) 边缘检测结果   (b) 直线检测结果   (c) 直线均值结果

(d) 层次聚类结果

图 2-103　错误聚类示意图

两相邻直线的距离均较短，此时则记录下两直线需要计算交点。如图 2-105 所示，边缘点的不同颜色表示符合不同的边缘直线方程，而白色边缘点则表示该区域边缘点符合相邻的两条直线，此时记录下该相邻两直线存在交点。

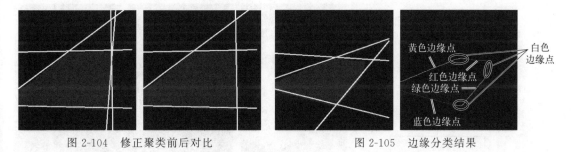

图 2-104　修正聚类前后对比   图 2-105　边缘分类结果

　　进行停车位拟合时，对于在图像中完整显露的停车位边缘直线，如图 2-105 中的红色和绿色边缘，通过上述方法可以获得该边缘的两个交点，进而得到线段；对于只有一个交点显露的边缘，如图 2-105 中的蓝色和黄色边缘则需要用射线进行表示，此时可以通过统计符合该边缘直线的边缘点与记录的唯一交点的横坐标关系，投票决定出射线的朝向；对于交点个数为其他情况的边缘，直接用直线进行表示。使用上述方法拟合停车位的效果如图 2-106(a) 所示，停车位区域拟合过程的流程如图 2-106(b) 所示。

2.7.3　停车位检测流程

　　本节停车位检测流程如下：首先使用图像语义分割网络分割出停车位区域，然后对分割

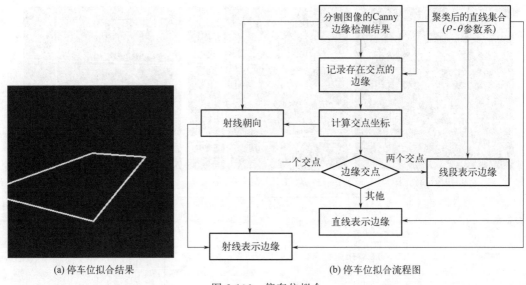

(a) 停车位拟合结果   (b) 停车位拟合流程图

图 2-106　停车位拟合

结果进行后处理操作，最终实现停车位区域拟合的效果。系统软件检测的整体流程如图 2-107 所示。其中停车位分割效果对后处理操作起到至关重要的作用，本节训练的 Deep-Lab 前端分割网络具有较高的 MIoU 值，能够较好分割出完整显露或者存在少量遮挡的停车位区域；后处理操作通过 Canny 边缘检测、Hough 直线检测、直线聚类等步骤，拟合出停车位区域，能够完成对不同形态停车位的检测。系统在测试集中的检测效果如图 2-108，其中左侧为原始图像，中间为分割图像，右侧为停车位拟合结果。

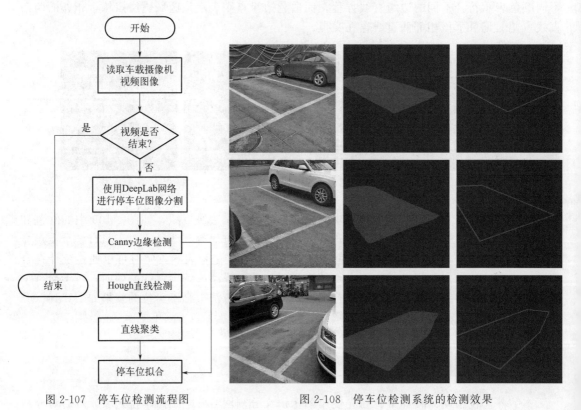

图 2-107　停车位检测流程图   图 2-108　停车位检测系统的检测效果

2.7.4 小结

本节的 DeepLab 深度学习语义分割算法对复杂的停车位场景具有较强的适应性，能够处理光照、阴影、遮挡、拍摄角度等因素的影响；实验中使用 MIoU（平均交并比）评测分割效果，MIoU 数值达到 95.3%，为后处理操作奠定了良好的基础；后处理操作从分割结果中回归出停车位各个边缘直线，对边缘的交点个数分类讨论，使用线段、射线对停车位边缘进行更精确的定位，进而拟合出停车位区域。本节最后介绍了停车位检测流程，并对测试集图片进行测试，实验结果表明本节方法能完成不同形态停车位的检测任务，具有较强的鲁棒性。

2.8 基于均值漂移（MeanShift）的视觉导航跟踪算法

2.8.1 概述

由于车载设备计算能力有限，为实现对采集视频流检测的实时处理，需要引入视觉导航跟踪算法。在文献［5］、［52］～［64］在目标跟踪领域的研究成果基础上，本节研究了基于核函数加权颜色直方图的均值漂移（MeanShift）多目标跟踪算法。首先通过车辆检测模块初始化跟踪的目标区域，引入加权颜色直方图方法，完成为目标模型的描述。在后续的跟踪帧图像的目标候选区域中，使用同样的方法完成候选模型的描述。利用相似函数度量目标模型和候选模型的相似性，通过求取相似函数最大值得到关于目标的均值漂移向量，随着迭代的进行，该向量最终会收敛到真实目标位置，达到车辆跟踪的目的。该跟踪算法能够抵抗光照背景变化，算法实时性较强。

均值漂移（MeanShift）属于快速迭代的非参数概率密度估计算法，迭代搜索特征空间指定半径范围内的样本点，迭代过程中搜索路径就沿样本点密度增加的方向移动，最终收敛至局部密度极值点。通过引入各向同性性核函数加权概念，进一步增强了算法的应用范围。由于该算法不需要特征空间中的样本先验知识，能够快速计算指定半径下的漂移向量，表现出高实时性和稳定性，在图像分割以及目标跟踪等机器视觉领域得到广泛的关注与研究。

2.8.2 MeanShift 算法原理

（1）核函数密度估计　密度估计方法分为有参数密度估计和非参数密度估计。有参数密度估计方法要求建模特征空间内样本点分布服从某种已知类型的概率分布形式，通过最大似然估计完成对分布模型参数的推导，在实际中很难满足应用条件。非参数密度估计方法对样本先验知识要求较少，完全依靠抽样若干训练数据实现对整体分布的参数估计。常用的非参数密度估计方法有：直方图法、最近邻域法与核密度估计法。分析可知，核密度估计法在统计直方图法基础上，通过引入加权数据贡献的核函数概念，在采样充分的情况下能够渐进无偏收敛于真实概率密度分布，是目前较为通用的非参数密度估计方法。

设 $\mathbb{R}^d$ 代表一个 d 维的欧氏空间，x 是该空间中的一个点，用列向量表示，x 的模为 $\|x\|^2 = x^T x$，$\mathbb{R}$ 表示实数域。如果一个函数 $K：\mathbb{R}^d \to \mathbb{R}$ 存在一个剖面函数 $k:[0,\infty] \to \mathbb{R}$，即：

$$K(x) = c_k k(\|x\|^2) \tag{2-83}$$

其中，参数 $c_k > 0$ 表示标准化常数，并且满足如下 3 个条件：

① k 是非负的；

② k 是非增的，即若 $a < b$，则 $k(a) \geqslant k(b)$；

③ k 是分段连续的，且 $\int_0^\infty k(r)dr < \infty$。

那么函数 $k(x)$ 称为核函数，用于对采样区域进行平滑。目前常用的核函数有：

① 单位均匀（Uniform）核函数：

$$K_U(x) = \begin{cases} c, & \|x\| \leqslant 1 \\ 0, & \text{其他} \end{cases} \tag{2-84}$$

② Epanechnikov 核函数：

$$K_E(x) = \begin{cases} c(1-\|x\|^2), & \|x\| \leqslant 1 \\ 0, & \text{其他} \end{cases} \tag{2-85}$$

③ 高斯（Gaussian）核函数：

$$K_N(x) = c e^{-\frac{1}{2}\|x\|^2} \tag{2-86}$$

其中，c 为常数。

我们选择 Epanechnikov 核函数进行无参数密度估计。

对于 d 维空间 $\mathbb{R}^d$ 中 n 个样本点 $x_i (i=1,2,\cdots,n)$，在 x 点处 MeanShift 向量形式如式（2-87）所示：

$$M_h(x) = \frac{1}{k} \sum_{x_i \in S_h} (x_i - x) \tag{2-87}$$

式中，S_h 为半径为 h 的高维球形范围，满足 $S_h = \{y:(y-x)^T(y-x) \leqslant h^2\}$；$k$ 为落在高维超球空间 S_h 内的样本点总数；$(x_i - x)$ 表示样本点与采样超球中心的偏移量；M_h 表示超球空间内样本点偏移量的均值漂移向量。均值漂移向量在二维空间的示意图如图 2-109 所示。

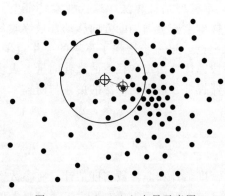

在图 2-109 中，黑色圆环表示超球空间 S_h 半径范围，黑色圆点表示样本分布，箭头表示计算出的均值漂移向量 M_h，指向概率密度梯度提升方向。通过上述方法可自适应调整步长，当搜索位置距离样本概率密度峰值区域较远时，相应的移动步长较大；当搜索位置距离样本概率密度峰值区域较近时，相应的移动步长较小。通过合理设置容许误差及迭代次数，经过不断迭代最终收敛至目标极值点。

图 2-109 MeanShift 向量示意图

（2）目标模板描述 根据检测模块输出车辆位置信息，使用 RGB 颜色模型构建特征空间，假设颜色空间共 c 维通道，对单独颜色通道像素分量均匀量化为 m 份，全颜色通道内所有子特征值构成了完整特征空间，共计 $N = m^c$ 个。使用各向同性核函数 $k\left(\left\|\dfrac{y^* - x_i}{h}\right\|^2\right)$ 进行加权处理，获得核函数加权直方图。对于目标模型的核

函数加权直方图 $q_u = \{\hat{q}_u(\boldsymbol{y}^*)\}_{u=1,\cdots,m}$ 可用式（2-88）定义：

$$\hat{q}_u = C_1 \sum_{i=1}^n k\left(\left\|\frac{\boldsymbol{y}^* - \boldsymbol{x}_i}{h}\right\|^2\right)\delta[b(\boldsymbol{x}_i) - u], u = 1, 2, \cdots, m \tag{2-88}$$

其中，$\boldsymbol{y}^*$ 表示特征空间内目标模型的中心位置；$\{\boldsymbol{x}_i\}_{i=1,\cdots,m}$ 表示目标模型内样本点；$k\left(\left\|\frac{\boldsymbol{y}^* - \boldsymbol{x}_i}{h}\right\|^2\right)$ 表示核函数；$b(\boldsymbol{x}_i)$ 表示 $\boldsymbol{x}_i$ 处像素量化值；h 为核窗口带宽，它决定了候选模板尺寸；$\delta(x)$ 为 Kronecker Delta 函数，作用是判断目标区域中像素 $\boldsymbol{x}_i$ 的颜色值是否属于第 u 个单元的颜色索引值，等于为 1，否则为 0；u 为颜色直方图量化区间颜色索引，范围是 $1 \sim m$；常数 C_1 为归一化系数。

$$C_1 = \frac{1}{\sum_{i=1}^n k\left(\left\|\frac{\boldsymbol{y}^* - \boldsymbol{x}_i}{h}\right\|^2\right)} \tag{2-89}$$

（3）候选区域模板描述　后续帧中可能包含目标的区域称为候选目标区域（候选区域），根据先前目标区域位置中心坐标 $\boldsymbol{y}$，在当前帧中计算候选目标核函数加权直方图。假设候选区域像素为 $\{\boldsymbol{x}_i\}_{i=1,\cdots,s}$，则候选区域模板的核函数加权直方图 $p_u = \{\hat{p}_u(\boldsymbol{y})\}_{u=1,\cdots,m}$ 如式（2-90）定义：

$$\hat{p}_u(\boldsymbol{y}) = C_2 \sum_{i=1}^n k\left(\left\|\frac{\boldsymbol{y} - \boldsymbol{x}_i}{h}\right\|^2\right)\delta[b(\boldsymbol{x}_i) - u], u = 1, 2, \cdots, m \tag{2-90}$$

其中，C_2 为归一化常数：

$$C_2 = \frac{1}{\sum_{i-1}^s k\left(\left\|\frac{\boldsymbol{y}^* - \boldsymbol{x}_i}{h}\right\|^2\right)} \tag{2-91}$$

（4）相似性度量　引入 Bhattacharyya（巴氏）系数来衡量目标区域模板（目标模板）和候选区域模板对应的加权颜色直方图的相似性关系。以加权颜色直方图间的相似性最大为计算准则，反复迭代搜索使得候选区域窗口沿密度梯度增加最大的方向逐步移动到目标真实位置。其中 $\hat{q}_u$ 为目标区域模板，$\hat{p}_u$ 为候选区域模板，$u = 1, \cdots, m$，计算结果在 $0 \sim 1$ 之间，相似性度量 $\rho[\hat{p}_u(\boldsymbol{y}), \hat{q}_u(\boldsymbol{y}^*)]$ 越大，表示两模板描述越相似。相似性度量也存在几何意义：因为 $(\sqrt{q_1}, \cdots, \sqrt{q_m})^{\mathrm{T}}$ 和 $(\sqrt{p_1}, \cdots, \sqrt{p_m})^{\mathrm{T}}$ 都是单位球面向量，故巴氏系数实际表示的是两向量夹角的余弦值，向量间夹角越小，余弦值越大，所以计算出的系数越大。相应的计算公式如式（2-92）：

$$\rho[\hat{p}_u(\boldsymbol{y}), \hat{q}_u(\boldsymbol{y}^*)] = \sum_{u=1}^m \sqrt{\hat{p}_u(\boldsymbol{y}_0)\hat{q}_u(\boldsymbol{y}^*)} \tag{2-92}$$

为极大化上式，设 $\boldsymbol{y}_0$ 为当前帧初始化搜索位置，在 $\hat{p}_u(\boldsymbol{y}_0)$ 处进行泰勒展开，并舍弃高阶项，可得：

$$\rho[\hat{p}_u(\boldsymbol{y}), \hat{q}_u(\boldsymbol{y}^*)] \approx \frac{1}{2}\sum_{u=1}^m \sqrt{\hat{p}_u(\boldsymbol{y}_0)\hat{q}_u(\boldsymbol{y}^*)} + \frac{1}{2}\sum_{u=1}^m \hat{p}_u(\boldsymbol{y})\sqrt{\frac{\hat{q}_u(\boldsymbol{y}^*)}{\hat{p}_u(\boldsymbol{y}_0)}} \tag{2-93}$$

代入可得

$$\rho[\hat{p}_u(\boldsymbol{y}), \hat{q}_u(\boldsymbol{y}^*)] \approx \frac{1}{2}\sum_{u=1}^m \sqrt{\hat{p}_u(\boldsymbol{y}_0)\hat{q}_u(\boldsymbol{y}^*)} + \frac{C_2}{2}\sum_{u=1}^s w_i k\left(\left\|\frac{\boldsymbol{y}^* - \boldsymbol{x}_i}{h}\right\|^2\right) \tag{2-94}$$

其中：

$$w_i = \sum_{u=1}^{m} \sqrt{\frac{\hat{q}_u(\boldsymbol{y}^*)}{\hat{p}_u(\boldsymbol{y}_0)}} \delta[b(\boldsymbol{x}_i) - u] \tag{2-95}$$

式（2-94）第一项与 $\boldsymbol{y}$ 无关，为了使 $\rho[\hat{p}_u(\boldsymbol{y}), \hat{q}_u(\boldsymbol{y}^*)]$ 最大化，仅需要第二项达到最大即可。实际第二项是当前帧位置 $\boldsymbol{y}$ 处利用 w_i 加权的核函数 k 估计获得的概率密度。计算均值漂移向量得到目标匹配的最新位置：

$$\hat{\boldsymbol{y}}_1 = \frac{\sum\limits_{i=1}^{s} \boldsymbol{x}_i w_i k\left(\left\|\dfrac{\boldsymbol{y} - \boldsymbol{x}_i}{h}\right\|^2\right)}{\sum\limits_{i=1}^{s} w_i k\left(\left\|\dfrac{\boldsymbol{y} - \boldsymbol{x}_i}{h}\right\|^2\right)} \tag{2-96}$$

（5）跟踪算法步骤

① 根据目标初始化区域 $\boldsymbol{y}^*$，生成核函数 $k\left(\left\|\dfrac{\boldsymbol{y}^* - \boldsymbol{x}_i}{h}\right\|^2\right)$，根据式（2-88）计算目标区域模板的概率密度 $q_u = \{\hat{q}_u(\boldsymbol{y}^*)\}_{u=1,\cdots,m}$。

② 根据式（2-90）计算候选区域模板的概率密度 $p_u = \{\hat{p}_u(\boldsymbol{y}^*)\}_{u=1,\cdots,m}$。

③ 根据式（2-92）计算巴氏系数 $\rho[\hat{p}_u(\boldsymbol{y}), \hat{q}_u(\boldsymbol{y}^*)]$。

④ 根据式（2-95）进而计算权重 w_i。

⑤ 根据式（2-96）计算新的候选目标跟踪位置 $\hat{\boldsymbol{y}}_1$。

⑥ 更新候选区域模板概率密度 $p_u = \{\hat{p}_u(\boldsymbol{y}_1)\}_{u=1,\cdots,m}$，并估计目标模型相似性 $\rho[\hat{p}_u(\boldsymbol{y}_1), q_u(\boldsymbol{y}^*)]$。

⑦ 若 $\rho[\hat{p}_u(\boldsymbol{y}_1), \hat{q}_u(\boldsymbol{y}^*)] < \rho[\hat{p}_u(\boldsymbol{y}), \hat{q}_u(\boldsymbol{y}^*)]$，则 $\boldsymbol{y}_1 \leftarrow \dfrac{1}{2}(\boldsymbol{y}^* + \boldsymbol{y}_1)$，直到 $\rho[\hat{p}_u(\boldsymbol{y}_1), \hat{q}_u(\boldsymbol{y}^*)] > \rho[\hat{p}_u(\boldsymbol{y}), \hat{q}_u(\boldsymbol{y}^*)]$。

⑧ 如果 $\|\boldsymbol{y}_1 - \boldsymbol{y}^*\| < \varepsilon$，则跟踪过程结束；否则 $\boldsymbol{y}^* \leftarrow \boldsymbol{y}_1$，跳转到②。其中 ε 为迭代阈值上限。

2.8.3　MeanShift 车辆跟踪算法

采用检测-跟踪框架进行视频流帧图像的连续处理，根据跟踪算法稳定性及硬件计算能力设定合理跟踪帧长阈值，可成功处理车辆驶离前方预警区域及由于超车新加入预警区域情况下目标增减的情况。读取车载视频帧图像，并调用车辆检测算法，根据输出进行目标模板描述；当进入跟踪帧间隔内时，计算候选区域模板描述；计算相似性参数并迭代计算 Mean-Shift 向量，完成多目标跟踪任务，循环往复直至处理完毕，处理流程如图 2-110 所示。

2.8.4　参数设置及实验结果

根据车载视频速率及算法性能，选用基于主动学习框架的 Haar-like 特征与级联分类器的车辆检测算法模块，跟踪帧间隔设置为 8，设置 MeanShift 跟踪算法基于 RGB 颜色空间，量化级数 m 设置为 16，核函数为 Epanechnikov 核，迭代阈值上限 ε 设置为 10。

使用录制速率为 25 帧/s 的视频进行测试并记录运行时间，测试硬件环境可见 2.2 节，软件环境为 MATLAB 2015b，目标跟踪结果使用矩形框体表示，如图 2-111 所示。

通过实验分析发现，使用上述参数设置条件下基于核函数加权颜色直方图的 MeanShift

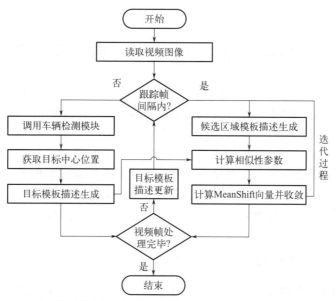

图 2-110　基于核函数加权颜色直方图的 MeanShift 车辆跟踪算法处理流程

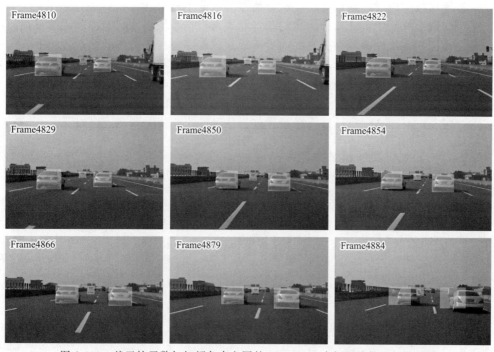

图 2-111　基于核函数加权颜色直方图的 MeanShift 车辆跟踪算法跟踪结果

车辆跟踪算法，在测试视频集中多目标跟踪准确率为 84.7％，多目标跟踪精度为 83.2％，跟踪模块平均处理时间为 35.2ms，算法处理实时性较好，能够完成实时跟踪任务。由于选择了基于核函数加权颜色直方图，对于目标外形的轻微旋转及局部边缘遮挡有一定鲁棒性，但是当目标与背景颜色分布过于接近时，容易出现跟踪漂移现象。在检测模块后使用上述跟踪方法最初都能够准确跟踪目标，但是随着本车及前车行驶距离的变化，不能够自适应调整目标尺度，导致候选区域描述及相似性度量与真实目标差异较大，缺乏必要的模板更新。对于较长跟踪间隔会出现跟踪漂移现象。

2.9 基于实时压缩感知的视觉导航跟踪算法

实时压缩感知跟踪算法由 Kaihua Zhang 最先提出，该算法的架构基于压缩感知理论和随机投影理论，通过运用满足特定条件的稀疏测量矩阵，将图像特征空间中的高维信息压缩至低维子空间，通过对跟踪目标及周围背景区域使用压缩感知方法进行压缩特征提取，在线学习分类器并更新参数，获取响应最大值（即为跟踪目标位置信息）。由于实时压缩感知跟踪算法采用稀疏压缩观测矩阵提取特征且分类器参数更新策略简单有效，所以该算法在目标跟踪领域的计算负载较轻，能够在保证跟踪精度的基础上处理每秒 30~40 帧的实时视频流，与其他算法相比具有较好的鲁棒性与实时性。

2.9.1 压缩感知算法原理

使用稀疏压缩矩阵获取特征（可见 2.4.2 节）之后，需要构建分类器对目标及周围候选区域进行学习分类，搜索出跟踪目标的真实位置。但在分类搜索过程中，随着目标表观特征的变化，需要在线实现对跟踪目标模型和分类器参数的不断更新。

压缩感知跟踪算法中贝叶斯分类器的基本原理是根据系统当前状态提取跟踪目标的压缩特征向量，在已知系统先验概率分布的前提下，通过跟踪过程中可能的候选目标框，求解当前状态的最大后验概率，即贝叶斯最优估计。在实际跟踪过程中使用贝叶斯分类器依据先验概率获得最优预测，同时根据预测的结果进行贝叶斯分类器参数的在线更新，完成对模型描述的更新。已知高维随机向量的随机投影几乎符合高斯分布，故假设提取的压缩特征向量 $\boldsymbol{V}=(v_1,v_2,\cdots,v_m)^{\mathrm{T}}$ 的分量 v_i 符合高斯分布，朴素贝叶斯分类器表达式如下：

$$H(\boldsymbol{V})=\lg\frac{\prod\limits_{i=1}^{m}p(v_i\,|\,y=1)p(y=1)}{\prod\limits_{i=1}^{m}p(v_i\,|\,y=0)p(y=0)}=\sum_{i=1}^{m}\lg\frac{p(v_i\,|\,y=1)}{p(v_i\,|\,y-0)} \tag{2-97}$$

其中，$y\in\{0,1\}$，为 1 时表示真实跟踪目标，为 0 时表示背景区域。由于每个压缩特征分量 v_i 均符合高斯先验分布，则可计算多维特征向量朴素贝叶斯分类器的先验概率分布：

$$p(v_i\,|\,y=1)\sim N(\mu_i^1,\sigma_i^1) \tag{2-98}$$

$$p(v_i\,|\,y=0)\sim N(\mu_i^0,\sigma_i^0) \tag{2-99}$$

使用上述四个参数 μ_i^1、σ_i^1、μ_i^0、σ_i^0 进行在线学习更新：

$$\mu_i^1=\lambda\mu_i^1+(1-\lambda)\mu^1$$
$$\sigma_i^1=\sqrt{\lambda(\sigma_i^1)^2+(1-\lambda)(\sigma_i^1)^2+\lambda(1-\lambda)(\mu_i^1-u^1)^2} \tag{2-100}$$

其中，$\mu^1=\dfrac{1}{z}\sum\limits_{k=1\,|\,y=1}^{z}v_i(k)$；$\sigma^1=\sqrt{\dfrac{1}{z}\sum\limits_{k=1\,|\,y=1}^{z}\left[v_i(k)-\mu^1\right]^2}$；$z$ 为样本个数，由最大似然估计计算。

2.9.2 基于压缩感知的车辆跟踪算法

基于压缩感知的车辆跟踪算法首先根据检测模块输出的车辆位置信息，根据跟踪算法设置的正样本取样搜索范围（分割半径）R_p，背景样本取样搜索范围 R_u，最小、最大取样区块数量$Rect_{MinNum}$、$Rect_{MaxNum}$，进行正负样本库片段的分割；使用 Haar-like 特征提取样本库片段的高维特征，使用稀疏测量矩阵提取压缩后的低维图像特征，使用多变量贝叶斯分类器对上述特征进行分类判决；在跟踪阶段根据前一帧目标位置使用上述流程计算压缩特征并根据学习率 λ 更新分类器参数，实现目标的实时更新任务。目标跟踪过程如图 2-112、图 2-113 所示。

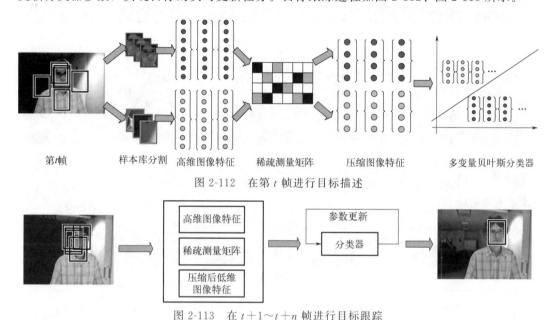

第t帧　　样本库分割　　高维图像特征　　稀疏测量矩阵　　压缩图像特征　　多变量贝叶斯分类器

图 2-112　在第 t 帧进行目标描述

图 2-113　在 $t+1\sim t+n$ 帧进行目标跟踪

基于压缩感知的车辆跟踪算法流程如图 2-114 所示。

2.9.3　参数设置及实验结果

根据车载视频速率及算法性能，选用基于主动学习框架的 Haar-like 特征与级联分类器的车辆检测算法模块，跟踪帧间隔设置为 12，最小取样区块数 $Rect_{MinNum}$ 设置为 2，最大取样区块数 $Rect_{MaxNum}$ 设置为 4，正样本分割半径 R_p 为 4，背景样本分割半径 R_n 为 15，弱分类器个数为 50，学习率 λ 为 0.6。使用录制速率为 25 帧/s 的视频进行测试并记录运行时间，测试硬件环境可见2.2 节，软件环境为 MATLAB 2015，目标跟踪结果使用矩形框体表示，如图 2-115 所示。

通过实验分析发现，使用上述参数设置条件下的基于实时压缩感知的车辆跟踪算法，在测试视频集中多目标跟踪准确率为92.7%，多目标跟踪精度为 92.5%，跟踪

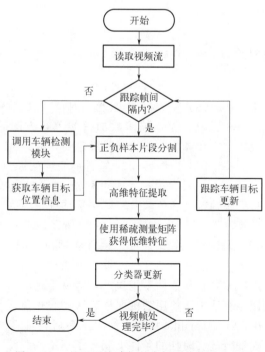

图 2-114　基于压缩感知的车辆跟踪算法流程图

图 2-115　基于实时压缩感知的车辆跟踪算法跟踪效果

模块平均处理时间为 38.5ms，能够准确而实时地完成跟踪前方多车辆目标的任务。使用上述车辆跟踪算法整体鲁棒性较强，能够解决工况下超车及目标远离车辆的跟踪目标更新，但检测模块由于前方距离较远或车辆尾部不能完整出现于视野中，导致后续跟踪模块的丢失，通过综合考虑计算平台性能合理设置跟踪帧间隔，可解决上述问题。

2.9.4　算法对比

将 2.8 节和本节两种跟踪算法性能及执行时间进行对比分析，各算法测试硬件环境为 AMD Althlon Ⅱ X4 645 处理器、内存 4GB、Window7 64 位操作系统，输入图像分辨率为 720×480 规格。基于核函数加权颜色直方图的 MeanShift 车辆跟踪算法原型由 MATLAB 环境搭建，在算法性能改善并稳定后，通过 MATLAB Coder 工具实现嵌入式可移植 C 代码生成；基于实时压缩感知的车辆跟踪算法原型由 MATLAB 环境搭建并测试，通过 MAT-LAB Coder 工具实现嵌入式可移植 C 代码生成。主要的评测指标包括多目标跟踪准确率、多目标跟踪精度和单帧跟踪算法平均处理时间。

算法性能统计结果如表 2-11 所示。基于核函数加权颜色直方图的均值漂移（Mean-Shift）车辆跟踪算法通过量化目标颜色空间，提取基于核函数的加权颜色直方图描述目标与背景，通过相似性度量计算均值漂移向量实现目标跟踪，若目标与背景颜色过于相近，或尺度缩放导致相似性度量误差，容易出现跟踪漂移现象。相比之下，基于实时压缩感知的车辆跟踪算法由于使用随机取样方法构建正负样本片段，使用稀疏测量矩阵压缩上述片段库提取的高维 Haar-like 特征，使用压缩后特征在线更新分类器实现跟踪目标判别与参数调整，在保证较高实时性的条件下获得了不错的跟踪效果，对于高机动性车辆及颜色信息模糊的车辆均能实现准确、实时跟踪。

表 2-11　车辆跟踪算法性能对比

算法	多目标跟踪准确率/% （多目标跟踪精度/%）	平均处理 时间/ms
基于核函数加权颜色直方图的 MeanShift 车辆跟踪算法	84.7(83.2)	35.2
基于实时压缩感知的车辆跟踪算法	92.7(92.5)	38.5

对 2.2 节的基于主动学习框架的 Haar-like 特征与级联分类器的车辆检测算法，结合基于实时压缩感知的车辆跟踪算法，在 VS 环境下进行工程代码批处理测试与优化，对典型工况环境的测试效果如图 2-116 所示。

(a) 高速公路场景测试效果

(b) 市区道路场景测试效果

图 2-116　典型工况环境测试效果

基于主动学习框架的 Haar-like 特征与级联分类器的车辆检测算法对光照条件不敏感，场景适应性更强，检测精度和效果更好。但是对于大型客货车等特殊车型，由于在构建样本库中占比过小，训练的分类器在中远距离下对上述车型检测效果不理想，如图 2-117 中深色框体所示，可通过增加特殊车型样本库占比或分类标记改善上述漏检情况的发生。

(a) 半挂货车出现漏检　　(b) 厢式货车在远距离下出现漏检

图 2-117　检测失败典型情况分析

基于实时压缩感知的车辆跟踪算法相比 2.8 节的跟踪算法，对光照条件不敏感，场景具有较强适应性，跟踪准确率更高，跟踪示例如图 2-118 所示。但是由目标运动导致的尺度缩放，会导致后续跟踪框体出现漂移，影响距离计算精度。通过合理设定跟踪帧间隔参数可缓解上述问题。

图 2-118　跟踪测试效果

对于使用自动代码转换后的上述软件设计方案进行批量测试并统计误差，记录在 MATLAB 环境下与 VS 环境（自动生成代码）下算法模块运行速度，对比如表 2-12 所示。

表 2-12　两种算法方案在不同环境下性能分析

算法方案	检测算法识别率/%（误检率/%）	多目标跟踪准确率/%（多目标跟踪精度/%）	MATLAB 环境检测算法平均运行时间/ms	自动生成代码检测算法平均运行时间/ms	MATLAB 环境跟踪算法平均运行时间/ms	自动生成代码跟踪算法平均运行时间/ms
2.2 节检测算法＋本节跟踪算法	92.5(6.6)	92.7(92.5)	167.4	78.2	67.8	38.5

通过使用自动生成代码技术，保证相关算法可通过此流程自动生成可移植代码，快速部署至项目中，显著加快算法运行速度。基于主动学习框架的 Haar-like 特征与级联分类器的车辆检测算法，结合基于实时压缩感知的车辆跟踪算法实现的前方车辆碰撞预警系统软件设计方案在算法准确度、实时性方面均满足辅助驾驶安全设计要求，能够实时准确检测与跟踪前方多车辆目标，对于可能的碰撞输出告警信号。

2.10 基于核相关滤波的视觉跟踪算法

视觉跟踪算法仍存在着诸多的挑战，例如遮挡问题、丢失问题、目标快速移动问题、实时性问题等。在诸多跟踪算法中，相关滤波类的算法因为其较高的性能持续受到关注，已经成为跟踪领域中重要的方法之一。

从 2011 年 MOSSE（最小化输出平方误差和）跟踪算法将信息处理领域的相关滤波方法引入跟踪领域以来，基于相关滤波的跟踪算法便迅速发展起来，其中核相关滤波（Kernel Correlation Filter，KCF）算法的出现，更是将相关滤波类的跟踪算法引入高潮阶段。KCF 跟踪算法使用循环位移的方法生成样本，并结合了循环傅里叶矩阵对角化的知识，极大地提高了算法的运行速度，同时 FHOG（滤波梯度方向直方图）特征的引入，增强了跟踪器对目标特征的刻画能力，提升了算法的准确率，这使得 KCF 跟踪算法在相关滤波类算法中表现出众。但是 KCF 算法因为采取固定的跟踪框尺寸的策略，不能很好地适应目标尺度的变化，固定的模型更新策略也会导致模型的漂移。

本节以 KCF 跟踪算法为对象，进行基于树莓派嵌入式硬件平台的跟踪算法研究，具体包括以下五点：①对 KCF 算法进行简单介绍；②进行特征的融合；③尺度自适应改进；④模型更新机制的改进与重检测机制的研究；⑤实验结果与分析。

2.10.1 KCF 跟踪算法介绍

KCF 于 2014 年被 Joao F. Henriques 等人提出。它通过对目标周围区域进行循环采样形成正负样本集，并巧妙地运用了循环矩阵对角化的性质，将复杂繁琐的矩阵求逆过程转化成了矩阵元素的点乘，然后通过岭回归训练出滤波器，使得运算速度大幅提升。同时该算法还提供了一种将多通道 HOG 特征融入相关滤波框架的方式，使得特征不再局限于单一的灰度特征。以下对该算法进行简单介绍。

（1）循环样本　相比于判别式跟踪算法，KCF 摒弃了前者随机采样获得训练与检测样本的方式，采用了一种循环移位的方式进行密集采样。即以从原始图像中取得的待跟踪目标为基准，将其周围区域一并划为采样区域，并对采样区域进行循环移位，最终表现出来的结果便是基准图像的上下左右平移。为了方便描述，以一维信号为例进行讲解。假设存在样本 $x = [x_1, x_2, \cdots, x_n]^T$ 为 $n \times 1$ 的向量，那么存在矩阵 P 能够对向量 x 进行循环移位：

$$P = \begin{bmatrix} 0 & 0 & 0 & \cdots & 1 \\ 1 & 0 & 0 & \cdots & 0 \\ 0 & 1 & 0 & \cdots & 0 \\ \vdots & \vdots & \ddots & \ddots & \vdots \\ 0 & 0 & \cdots & 1 & 0 \end{bmatrix} \tag{2-101}$$

式中，P 为变换矩阵。移位后得到 $C(x)$ 为循环矩阵，如式（2-102）。循环矩阵中每一行向量的组合便形成样本集 $\{p(x_i) | i = 0, 1, 2, \cdots, n-1\}$，其中 $p(x_i)$ 代表样本 x 循环移位 i 次所得到的新样本，并对应循环矩阵中第 i 行。图 2-119 即为一维信号循环移位示意图，图中右侧矩阵中首行信号便是左侧的基准信号，其余各行均由基准信号移位得到，最终组成矩阵形式。

$$C(\boldsymbol{x}) = \begin{bmatrix} \boldsymbol{x}_1 & \boldsymbol{x}_2 & \boldsymbol{x}_3 & \cdots & \boldsymbol{x}_n \\ \boldsymbol{x}_n & \boldsymbol{x}_1 & \boldsymbol{x}_2 & \cdots & \boldsymbol{x}_{n-1} \\ \boldsymbol{x}_{n-1} & \boldsymbol{x}_n & \boldsymbol{x}_1 & \cdots & \boldsymbol{x}_{n-2} \\ \vdots & \vdots & \vdots & \ddots & \vdots \\ \boldsymbol{x}_2 & \boldsymbol{x}_3 & \boldsymbol{x}_4 & \cdots & \boldsymbol{x}_1 \end{bmatrix} \tag{2-102}$$

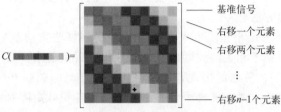

图 2-119　一维信号循环移位示意图

对于二维多通道图像，与一维信号循环移位原理类似，只是需要考虑 x 轴和 y 轴两个方向的循环移位，具体图像如图 2-120 所示。

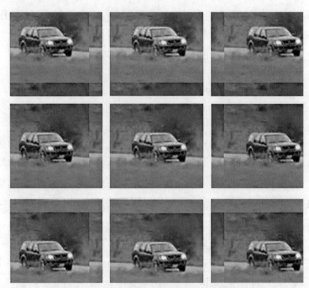

图 2-120　二维图像循环移位示意图

（2）FHOG 特征　梯度方向直方图（Histogram of Oriented Gradient，HOG）特征作为跟踪领域中重要的特征之一，能够很好地利用梯度信息去反映图像局部的外观和形状特征。Felzenszwalb 等人又对 HOG 进行了一些改进，得到了 FHOG，具体原理可见 2.3.6 节中的"DPM 算法中的 HOG 特征"。

（3）线性回归与快速检测　KCF 跟踪算法巧妙地将相关滤波的求解转化成了岭回归问题，其损失函数如式（2-103）：

$$\min_{\boldsymbol{w}} \sum_{i=1}^{m} \left[f(\boldsymbol{x}_i) - y_i \right]^2 + \lambda \| \boldsymbol{w} \|^2 \tag{2-103}$$

其中，$\boldsymbol{x}_i$ 代表在 $\langle (\boldsymbol{x}_i, y_i) | i = 1, 2, \cdots, m \rangle$ 样本集中的第 i 个样本向量；y_i 为与之对应的样本标签；λ 作为一个防止过拟合的惩罚因子，能够提高滤波器泛化能力；$\boldsymbol{w}$ 表示回归器（参数矩阵），用于预测连续数值输出的模型。公式目的在于寻找函数 $f(\boldsymbol{x}) = \boldsymbol{w}^\mathrm{T} \boldsymbol{x}$ 使得

样本与标签间存在最小的平方误差。

KCF 跟踪算法使用了核函数将样本在高维空间中进行映射，把一个非线性问题转换成了一个线性问题，如式(2-104)：

$$w = \sum_i \alpha_i \varphi(\boldsymbol{x}_i) = \varphi^{\mathrm{T}}(\boldsymbol{x})\boldsymbol{\alpha} \tag{2-104}$$

式中，$\boldsymbol{\alpha}$ 为 α_i 所组成的向量；$\varphi(\boldsymbol{x})$ 则代表将样本 $\boldsymbol{x}$ 映射到高维空间，此时便把岭回归中求解 $\boldsymbol{w}$ 的任务转化成了求解 $\boldsymbol{\alpha}$ 的过程。

引入核函数 $k(\boldsymbol{x},\boldsymbol{x}')$ 如式(2-105)，则存在核矩阵 $\boldsymbol{K}_{ij} = k(\boldsymbol{x}_i,\boldsymbol{x}_j)$ 使得 $\boldsymbol{\alpha}$ 满足如式(2-106)形式的解：

$$k(\boldsymbol{x},\boldsymbol{x}') = \varphi^{\mathrm{T}}(\boldsymbol{x})\varphi(\boldsymbol{x}') \tag{2-105}$$

$$\boldsymbol{\alpha} = (\boldsymbol{K}+\lambda\boldsymbol{I})^{-1}\boldsymbol{y} \tag{2-106}$$

式(2-106)虽然很简洁，但还是存在需要矩阵求逆的情况。因为 $\boldsymbol{K}$ 是循环矩阵，此时可以使用循环矩阵傅里叶对角化的性质将式(2-106)进行化简，得到最终结果如式(2-107)：

$$\hat{\boldsymbol{\alpha}} = \frac{\hat{\boldsymbol{y}}}{\hat{\boldsymbol{k}}^{xx}+\lambda} \tag{2-107}$$

其中，$\boldsymbol{k}^{xx}$ 为矩阵 $\boldsymbol{K}$ 的第一行，$\boldsymbol{K}$ 由 $\boldsymbol{k}^{xx}$ 循环位移得到。

在快速检测阶段，算法选取当前帧与前一帧具有相同位置和大小的待测区域，通过循环移位产生待测样本集 $\boldsymbol{z}$，则可以计算所有候选样本的回归函数 $f(\boldsymbol{z})$ 作为其相关响应：

$$f(\boldsymbol{z}) = (\boldsymbol{K}^z)^{\mathrm{T}}\boldsymbol{\alpha} \tag{2-108}$$

其中，$\boldsymbol{K}^z = C(\boldsymbol{k}^{xz})$ 是训练样本集与检测样本集相关的核矩阵，同样为循环矩阵。

将式(2-108)变换到傅里叶域可得式(2-109)，每一个计算结果对应一个测试样本的响应值，最大的响应值即认为是目标的位置。

$$\hat{f}(\boldsymbol{z}) = \boldsymbol{k}^{xz} \otimes \hat{\alpha} \tag{2-109}$$

其中，$\otimes$ 代表卷积；$\hat{f}(\boldsymbol{z})$ 即为响应矩阵。

2.10.2 KCF 跟踪算法改进

（1）特征融合　KCF 跟踪算法仅仅采用了灰度图像的 FHOG 特征作为特征输入，虽然 FHOG 特征对目标局部形状的信息描述能力较强，对光照也有较好的抗性，但是当目标发生形变或被遮挡时，跟踪效果反而较差。颜色特征是对目标颜色的描述，对目标的形变与尺度变换不敏感，但较容易受到光照的影响。二者的结合能够在特征上进行互补从而提升滤波器的性能，进而减少模型漂移现象的发生。

颜色命名（Color Names，CN）特征是一种语言标签，被广泛应用在计算机视觉等领域。因为 CN 特征是基于像素点的表征，所以较其他颜色特征，CN 特征更加注重目标的表面信息，从而有更强的对目标外观的描述能力。Danelljan 等人也证明了 CN 特征较其他颜色特征拥有较强的抗光特性，故本节决定采用 CN 特征与 FHOG 特征进行融合处理。

CN 特征是在概率统计的基础上，通过在谷歌图片搜索（Google-image）的结果中学习到的概率潜在语义分析（Probabilistic Latent Semanyic Analysis，PLSA）模型将 RGB 图片（图 2-121）的三原色细分到蓝、棕、灰、绿、黑、红、粉、紫、白、橙、黄 11 维颜色通道中，形成 11 维的 CN 特征，如图 2-122 所示。

图 2-121　原图

图 2-122　CN 特征可视图

特征融合一般存在两种表达方式。一种为通过不同的特征训练出不同的跟踪模型，然后为不同的响应输出分配不同的权重，采用线性结合的方式进行融合。该方式的优点是可以通过控制各种特征所占的不同的权重来进行模型的调整，来适应不同的场景变化，但该方式需要对不同的特征训练不同的滤波器，算法的复杂度也随之提高。另一种方式为将不同的特征向量整合为一个特征向量来描述目标的外观模型，此时只需要训练一个滤波器即可。第二种方式相较第一种方式计算量较小，同时不同特征的融合同样增强了滤波器的鲁棒性，其结果与第一种方式得到的结果相比差别不大。考虑到树莓派嵌入式平台的算力有限，故本节选择第二种特征融合的方式。

为了保证算法的实时性，本节对 FHOG 特征进行了调整。FHOG 特征在提取时分别进行了无符号与有符号的划分，分别生成了一个 9 维的无符号特征向量与一个 18 维的有符号特征向量。因为两者提取方式相同，而且有符号特征向量会比无符号特征向量对方向更加敏感，故本节不再使用 9 维的无符号特征向量，而仅使用 18 维的有符号特征向量。此时截断归一化之后，便只保留了 4×18 的特征矩阵，再将这个矩阵按照行与列分别相加，形成 $4 + 18 = 22$ 维特征向量，最后再将其与 11 维的 CN 特征向量进行拼接，最终形成 $4 + 18 + 11 = 33$ 维的特征向量。图 2-123 为 FHOG 与 CN 特征融合示意图。

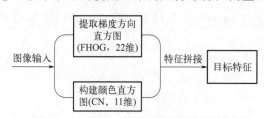

图 2-123　FHOG 与 CN 特征融合示意图

（2）尺度自适应　KCF 算法并没有对跟踪目标框的尺寸进行深入的探讨，而是选择使用固定尺寸。但在实际应用的过程中，目标的尺寸会随时发生变化，目标尺寸的扩大或者缩小将会导致 KCF 算法无法准确地提取到目标的特征信息，从而造成滤波器的污染，最终大大降低追踪效果。为了讨论 KCF 算法跟踪目标框尺寸固定的问题，本节统计了 OTB2015 数据集中部分视频目标尺度大小变化情况，统计结果如表 2-13 所示。

表 2-13　部分视频目标尺度大小变化统计表

视频序列	图片数量	尺度<0.9	0.9≤尺度<1	尺度=1	1<尺度≤1.1	尺度>1.1	尺度在[0.9,1.1]内的比例/%
Couple	139	19	43	5	49	23	69.8
Girl2	1499	0	229	1113	157	0	100
Dog	126	25	44	5	34	18	65.9
CarScale	251	15	84	9	113	30	82
David3	251	2	30	175	44	0	99.2
Human9	119	1	42	71	4	1	98.3
总数	2385	62	472	1378	401	72	94.4

表 2-13 中尺度的大小是由后一帧图像目标尺度的面积与前一帧图像目标尺度面积相比得到的，目的在于模拟目标尺度随每帧变化的情况，当前帧目标尺度的大小是由前一帧所决定的。由表 2-13 可以得出，目标最佳尺度落在 $[0.9,1.1]$ 区间的概率高达 94.4%，这表明目标在相邻两帧之间的尺度变化不大。

① 尺度划分。本节对表 2-13 中尺度在 $[0.9,1.1]$ 内比例较小的三组视频做了进一步的分析，分析结果图如图 2-124 所示。从图中可以看出，超出 $[0.9,1.1]$ 区间的尺度绝大部分不超过原尺度的 1.25 倍，最小尺度则不低于原尺度的 0.75 倍，因此本节提供了四个尺度区间，分别为 $[0.75,0.9)$、$[0.9,1)$、$(1,1.1)$、$(1.1,1.25]$。

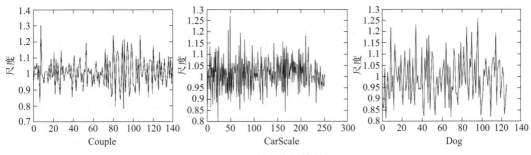

图 2-124　尺度分析结果图

因为尺度落在 $[0.9,1)$、$(1,1.1)$ 这两个区间的概率最大，故本节对这两个区间进行了较为细致的尺度划分，每个区间划分为 4 个尺度；相反，尺度落在另外两区间的概率较小，则只给每个区间划分了 3 个尺度。最终形成 $3+4+1+4+3=15$ 维的尺度池，记为 $S=\{0.75,0.8,0.85,0.9,0.925,0.95,0.975,1,1.025,1.05,1.075,1.1,1.15,1.2,1.25\}$。为了方便后续讲解，尺度池可由式(2-110) 表示，式中 $m=7$。

$$S=\{t_{-m},\cdots,t_{-2},t_{-1},t,t_1,t_2,\cdots,t_m\} \tag{2-110}$$

② 尺度自适应。SA（Scale Adaptive）算法作为一种尺度估计算法，被广泛应用到与核相关滤波器相关的跟踪算法中。该算法同样以尺度池为基础，将尺度池中各尺度的图像输入相关滤波器中，通过比较获得的最大响应来确定对应的最佳尺度，其具体实现为：

假定上一帧图像中目标最佳尺度为 S_t，而目标在当前帧的尺度不能确定，为了获得当前帧目标的最佳尺度，SA 算法定义了一个尺度池 $S_{SA}=\{t_1,t_2,\cdots,t_k\}$。在当前帧，通过获取 k 个不同尺度的目标图像来计算最大响应值，具体公式为：

$$\arg \max f(t_i),t_i \in S_{SA},i=1,\cdots,k \tag{2-111}$$

式中，$f(t_i)$ 代表各个尺度图像与滤波器求取响应的运算；arg max 代表取得最大值响应时自变量的取值。式(2-111) 得到的结果与尺度池中对应的尺度即为最佳尺度。

SA 算法的尺度解决方法确实简单有效，但每次进行尺度尝试时皆需要与跟踪模型进行运算求取响应。本节的尺度划分更为精细，这意味着如果使用 SA 算法的尺度估计方法，则导致本节算法的运算速度大大降低，即使采用相关策略对 SA 尺度估计方法进行优化，效果也不够明显。相比之下，单独训练一个尺度滤波器性价比更高，具体步骤如下：

首先以从原始图像取得的目标为基准，获取尺度池 S 中的 15 个尺度样本；然后通过双线性插值的方式将各个尺度的样本变换到基准样本的尺度大小，得到样本数据；再分别提取各样本的特征进行尺度滤波器的训练，形成一维的尺度滤波器。

尺度滤波器的训练方式与 KCF 跟踪滤波器相似，首先需要一个损失函数：

$$\varepsilon=\left\|\sum_{l=1}^{d}\boldsymbol{h}^l \otimes \boldsymbol{f}^l-\boldsymbol{g}\right\|^2+\lambda \sum_{l=1}^{d}\|\boldsymbol{h}^l\|^2 \tag{2-112}$$

其中，d 为特征向量的维数；h 为滤波器；f 为训练样本；g 为期望的输出；λ 为正则项系数。

然后对 h 进行求解，h 的频域形式（大写）即为所求尺度滤波器，只需对式（2-112）化简便可得到式（2-113）：

$$H^l = \frac{\overline{G}F^l}{\sum\limits_{l=1}^{d} \overline{F^l}F^l + \lambda} \tag{2-113}$$

那么每一帧的尺度样本 Z 对应的滤波器响应 y 可由式（2-114）表示：

$$y = F^{-1}\frac{\sum\limits_{l=1}^{d} \overline{(\overline{G}F^l)}Z^l}{\sum\limits_{l=1}^{d} \overline{F^l}F^l + \lambda} \tag{2-114}$$

当新帧出现时，目标的位置首先被预测出来，此时可以使用上一帧目标的大小为基准，通过尺度滤波器求取合适的尺度。相比于 SA 算法繁重的尺度池搜索策略，使用尺度滤波器预测尺度的方式更加快速，并能够适应尺度突变的情况。尺度预测的示意图如图 2-125。

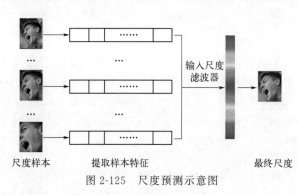

尺度滤波器独立于 KCF 的位置滤波器，其特征可以独立选取，为了保持较高的跟踪速度，尺度滤波器中的特征不再进行特征融合操作，而选取调整的 $4+18=22$ 维的 FHOG 特征。

（3）多决策模型更新与重检测机制 在进行目标跟踪的过程中，不仅仅需要考虑尺度的变化，同时也需要关注模型的更新问题。例如当目标出现遮挡或者部分丢失等复杂情况时，算法的跟踪模型会不可避免地学习到其他的非目标信息，导致模型被污染，后续的检测精度便会受到影响，合理的模型更新策略可以有效避免此类情况。

图 2-125　尺度预测示意图

可以从两个方面去讨论模型的更新策略：更新的时机与更新的方式。对于模型更新时机的问题，一般存在两种解决办法：一种是设定固定的帧数进行模型的更新，这种解决方法非常简单，但是缺点也很明显，无法做到自适应，若目标恰好被遮挡时进行模型的更新，则模型将会被完全污染而导致跟踪的失败；另一种方法是以跟踪置信度为标准去更新模型，例如生成式跟踪算法中的相似性度量函数、KCF 中的跟踪器响应等，这种方式能够做到一定程度的自适应更新，灵活性更强。对于模型的更新方式也存在两种解决方法：一种是使用新模型直接替换掉旧模型，另一种是当前模型与历史模型进行线性加权来获得新模型。KCF 跟踪算法便是使用第二种模型更新方式。

KCF 的模型更新策略采用每一帧皆线性加权的方式，这样既保留了模型的历史信息，又能够对模型进行及时的补充，其具体公式为：

$$\alpha = (1-\eta)\alpha_{t-1} + \eta\alpha_t \tag{2-115}$$

其中，α 代表更新后的模型；α_{t-1} 代表历史模型；α_t 代表当前帧模型；η 为学习因子。学习因子是模型更新过程中最重要的参数，学习因子的值越大，则模型中历史信息越少；相反，学习因子值越小，当前帧模型的参与程度就越小。

令人不解的是，KCF 跟踪算法并没有将响应值作为跟踪置信度纳入模型更新机制，而是选择每帧都进行更新，并且每次更新跟踪模型都会接收新模型的信息，这就使得当新模型的信息受到污染后，跟踪模型同样会被污染。

图 2-126 展示了两种模型会受到污染的情况，图 2-126(a) 中目标处于被遮挡状态，此时目标所在处采集到的特征信息其实是遮挡物的特征信息，倘若真实目标存在连续帧被遮挡的情况，则跟踪模型会被连续污染以导致跟踪器将遮挡物视为跟踪目标，从而出现模型漂移现象。同理，图 2-126(b) 中目标处于即将丢失状态，此时跟踪模型中会被掺入大量的背景干扰信息，最终结果将导致模型将背景视为跟踪目标，造成目标的丢失。

(a) 目标被遮挡

(b) 目标即将丢失

图 2-126　遮挡与丢失场景

为了解决 KCF 跟踪算法易出现模型漂移的问题，本节提出一种多决策模型更新与重检测机制，通过合理的跟踪指标去控制学习因子的变化来自适应地对跟踪模型的更新进行调整，并且在目标即将丢失时使用设计的重检测机制对目标进行重检测，重新确定目标位置。

KCF 作为一种判别式跟踪算法，其目标的最终位置是由响应值的大小决定的，故可将响应值作为跟踪置信度指标。但响应值是相对的而不是绝对的，并且响应值并不能确定目标处于遮挡状态或丢失状态的时间点。文献［164］对响应做了深入的研究发现，当目标被遮挡时，其对应的响应图会出现多峰状态，并且其对应的响应可能不是最大值，但没有提及目标处在丢失状态的情况。为验证上述结论并进一步对响应值的作用进行探究，本节给出了三种跟踪状态与其对应的响应图，如图 2-127。

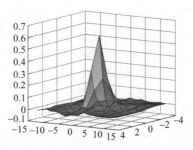

(a)

图 2-127

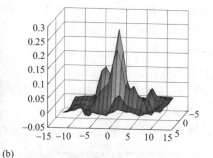

(b)

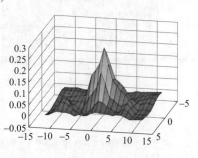

(c)

图 2-127 目标跟踪响应图

图 2-127 中，（a）中目标跟踪状态良好，其对应的响应图呈单峰状态且无明显波动，接近二维高斯分布，并且响应图中的最大值较大；（b）中目标处在被遮挡状态，可见其对应的响应图波动较大，同时出现了明显的双峰，并且最大值与图（a）中响应图的最大值相比有大幅的下降；（c）中目标则处在即将丢失的状态，其对应的响应图同样有明显的波动，并且最大值也有明显的下降，但未出现明显的双峰。可见，单使用峰值（即响应最大值）作为跟踪置信度并不可靠，而响应图的波动情况与之相比则更加准确。为合理利用响应图的波动情况，本节使用平均峰值相关能量（Average Peak-to-Correction Energy，APCE）作为波动状态指标，如式(2-116)：

$$\text{APCF} = \frac{|F_{\max} - F_{\min}|^2}{\text{mean}[\sum(F_{w,h} - F_{\min})^2]} \tag{2-116}$$

式中，$F_{\max}$、$F_{\min}$ 分别代表响应矩阵中的最大值与最小值；$F_{w,h}$ 则代表响应矩阵中 (w,h) 位置对应的响度值。当 APCE 的值较大时，代表响应图的波动较小，表明目标处在正常状态；而当 APCE 的值突然减小时，则代表响应图的波动较大，表明目标可能被遮挡或者即将丢失。

将 APCE 的值纳入跟踪置信度指标，能够避免模型的不合理更新。但是单单使用 APCE 的值却难以区分目标的状态，因为如果目标此时处于即将丢失的状态，仅仅阻止模型的更新并不能解决目标丢失的问题，此时应该进行重检测来重新确定目标的正确位置。

本节通过进行旁瓣峰检测来区分遮挡状态与丢失状态。当目标被遮挡时，响应图会出现双峰甚至多峰状态，并且旁瓣峰与主峰的距离较小。这在响应矩阵中表现为除最大值 $F_{\max}$ 之外，在最大值附近会出现局部最大值 F_{sp}，那么当满足式(2-117)时，可将目标状态判别为遮挡状态。同时为减少计算量，进行 APCE 的计算时可以同时进行旁瓣峰检测，可从主峰附近开始搜索，并且只要发现一个旁瓣峰即可停止搜索。

$$\exists F_{sp} \in \boldsymbol{R} \,\&\&\, F_{sp} \geqslant k \times F_{\max} \tag{2-117}$$

式中，$\boldsymbol{R}$ 代表响应矩阵；k 暂取 0.4。

当判别为丢失状态时，需要进行重检测来重新确定目标位置。当前存在的重检测方法大致分为两类：一是使用分类器训练第一帧目标的模型然后进行全图搜索，重新判断目标的位置；第二类是在丢失的目标框［如图 2-128(a)］的基础上，通过目标框的平移来扩大搜索范围，寻找产生最大响应的位置。这两种方法皆有成效，但缺点是计算量太大。为此，本节设计了一种简单的重检测方法，具体表述为：以丢失的目标框为中心，扩大采样区域［如图 2-128(b) 中最大框的范围］，并通过双线性插值的方式将其尺度变换到初始采样区域［如图 2-128(b) 中中等大小的框的范围］的大小；然后计算其响应值，得到最大响应对应的坐标；最后经过对应比例计算出真实目标所在的位置。相比之下，本节的重检测方法仅需要计算一次响应值，即可重新确定目标位置。因为本节重检测机制使用线性插值，目标可能会缩小，故当某帧触发重检测机制后，不再对通过尺度滤波器进行尺度预测，而使用上一帧保留的尺度。

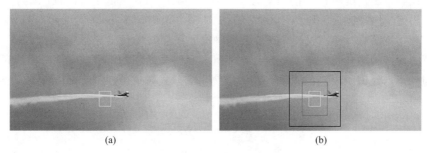

(a)　　　　　　　　　(b)

图 2-128　重检测示意图

本节最终模型更新流程图如图 2-129，具体流程为：当 F_{max} 和 APCE 均大于其历史平均值一定比例 β_1、β_2 时，断定跟踪效果良好，模型正常更新；反之，此时需要再判断是否

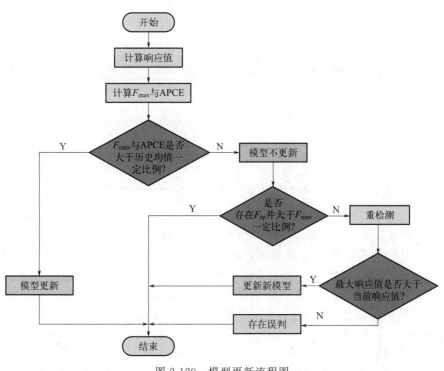

图 2-129　模型更新流程图

存在 F_{sp} 并且该值大于 F_{max} 一定比例 k，若成立，则认为目标被遮挡，模型不更新，若不成立，则认为目标丢失；当判定为丢失状态时，开启重检测模块，计算新的最大响应值 $f(t_{new})$ 并与当前响应值 $f(t)$ 比较，如果 $f(t_{new}) > f(t)$，则代表重检测到目标，此时可以将新模型纳入更新，反之则认为产生误判，模型不予更新。

2.10.3　实验研究与结果分析

（1）评价指标　为了保证实验结果的客观与公正，本节采用帧率、精确度曲线（Presicion Plots）与成功率曲线（Success Rate Plots）作为评价指标，从运行速度与精确程度两方面评价算法的性能。帧率代表每秒处理的图片数量，其为视频图像重要的评价指标之一，帧率越高则代表算法速度越快。精确度曲线为根据预测框与真实框中心位置误差小于一系列阈值的帧数所占总帧数的一系列比值所绘制的图线，其中，中心位置误差（Center Location Error，CLE）可由式(2-118)表示。在绘制精确度曲线时，阈值通常设置为0～50。成功率曲线与精确度曲线的思想一致，是通过统计预测框与真实框之间的重叠比大于一系列阈值的帧数与总帧数的一系列比值所绘制的曲线，其中重叠比的公式如式(2-119)，阈值通常设置为0～1。

$$\mathrm{CLE} = \sqrt{[p_g(x) - p_t(x)]^2 + [p_g(y) - p_t(y)]^2} \qquad (2\text{-}118)$$

$$R = \frac{R_T \bigcap R_G}{R_T \bigcup R_G} \qquad (2\text{-}119)$$

式中，$p_g(\cdot)$ 代表标定的真实框中心点坐标；$p_t(\cdot)$ 代表预测框中心点坐标；R_T 和 R_G 分别代表预测框和真实框。

（2）对比实验　为验证本节算法的有效性，使用 OTB2015 数据集作为主要数据来源，同时添加部分自测数据，并按照 OTB2015 数据集的方式对自测数据进行标定。这些视频数据中包含的主要挑战因素如表 2-14 所示。

表 2-14　测试视频中包含的挑战因素

挑战因素	属性描述	挑战因素	属性描述
IV	光照变化	OV	超出视野
SV	尺度变化	OCC	遮挡
LR	低分辨率	DEF	形变
FM	快速运动	MB	运动模糊
OPR, IPR	平面旋转	BC	杂乱背景

本节将传统的 KCF 跟踪算法、SA 跟踪算法、DSST（判别式尺度空间跟踪器）跟踪算法与本节改进的算法放在相同的 OTB2015 测试视频与自测视频中进行对比实验。为保证实验的客观性，对比实验中各算法基本参数保持一致。其中学习因子 $\eta = 0.012$，采样区域 padding=2.5，正则化参数 $\lambda = 0.0001$，模板大小为96。实验所用的测试视频已基本涵盖了所有的挑战因素，测试视频基本情况可见表 2-15，实验结果可见图 2-130。

表 2-15　实验中所使用测试视频及属性

名称	帧数	主要挑战因素
Girl2	1500	SV,OCC,DEF,MB,OPR

名称	帧数	主要挑战因素
David3	252	OCC,DEF,OPR,BC
CarScale	252	SV,OCC,FM,IPR,OPR
Human9	305	IV,SV,DEF,MB,FM
Plane	591	SV,BC,FM,OV

(a) Gir12

(b) David3

(c) CarScale

(d) Human9

(e) Plane

KCF ⬛ SA ⬛ DSST ⬛ 本节算法 ⬛

图 2-130　跟踪算法对比图

从图 2-130 中可以看出，不管是目标框的尺度问题还是遮挡、丢失问题，本节提出的改进算法较传统 KCF 跟踪算法都有较好的表现，同时相比较传统的 SA 与 DSST 算法，本节算法也具有其优越性。在尺度问题上，虽然 SA 算法同样能够实现尺度的预测，但是当目标出现快速的尺度变化时，其表现效果并不理想，如图 2-130(c)；相反，本节算法因为能快速预测到尺度的变化程度，故在目标尺度发生快速变化时能更合理地预测目标的真实尺度。在遮挡问题中，本节算法的跟踪效果依旧表现良好，如图 2-130(a) 与（b）。在图（a）中，本节算法在目标被遮挡时依然能够紧紧锁定目标，在遮挡结束后也能重新检测到目标，相比之下 DSST 算法反而出现了模型漂移的现象；图（b）中本节算法目标框的位置更接近目标真实位置，其余算法则效果较差，这表明本节的模型更新策略有效可行。在丢失问题中，如图 2-130(d)、（e），当目标出现快速移动或处在复杂背景时，其余三种算法都存在不同程度的丢失情况，而本节算法因为颜色特征的引入与重检测机制的作用，跟踪效果更好，鲁棒性更强。

图 2-131 为本节的改进算法与其他三种算法在相同测试视频下测试结果的精确度与成功率曲线图，表 2-16 为跟踪算法性能对比表。表中精确度取自图 2-131(a) 中 CLE 为 20 时对应的值，成功率则是图 2-131(b) 中重叠比 R 为 0.5 时对应的值。从表中可以看出，本节算法与传统 KCF 算法相比在算法精确度与成功率上均有较大提升，但因为颜色特征的引入，速度（帧率）相比传统 KCF 算法有所下降。SA 算法仅划分了 7 维尺度池，并且范围有限，无法适应尺度突变的情况，这导致该算法的成功率提升不大，并且该算法需要将尺度池中各尺度的图像输入相关滤波器中，这便导致该算法运行速度较慢。虽然 DSST 算法在运行速度上要比本节算法高，但因为 DSST 算法的尺度过于敏感（33 个尺度），反而更容易出现目标丢失的状况，这便导致其精确度与成功率并不高。本节算法反而在尺度上表现更为优秀，并且模型更新的改进、颜色特征与重检测机制的引入也能更好地解决遮挡与丢失的问题，保证了精确度与成功率。

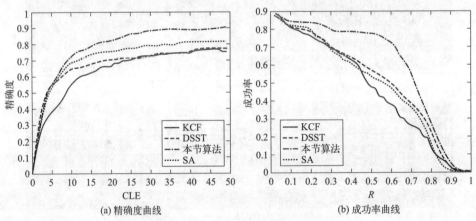

(a) 精确度曲线　　　　　　　　　　　(b) 成功率曲线

图 2-131　精确度与成功率曲线图

表 2-16　跟踪算法性能对比表

算法名称	精确度	成功率	帧率/(帧/s)
KCF	0.663	0.478	58
SA	0.752	0.539	10
DSST	0.702	0.569	34
本节算法	0.817	0.775	32

（3）自摄数据实验分析　本节使用改进的 KCF 跟踪算法在树莓派嵌入式硬件平台上对所使用的自摄数据进行测试，部分实验结果图如图 2-132 所示。

图 2-132　自摄数据实验结果图

从图中可以看出，本节改进的算法不管在白天还是夜间都能够取得较好的跟踪效果，并且在树莓派上运行时速度可达每秒 32 帧，具有一定的实用价值。其中图 2-132(b) 中目标存在静止状态，此时如果仅依靠动态障碍物检测算法，并不能检测出目标，而本节跟踪算法不管物体是否运动，都能牢牢地跟住目标，这弥补了动态障碍物检测算法的缺陷。两种算法相辅相成，交替使用效果会更好。

2.10.4　小结

本节对 KCF 算法进行了简单介绍，然后分三方面对 KCF 算法进行了改进。其中包括 CN 特征的引入与特征融合、尺度池的划分与一维尺度滤波器的训练、多决策模型更新策略与重检测机制的设计。最后本节算法同多种跟踪算法进行了对比实验，结果表明本节改进的 KCF 跟踪算法较传统 KCF 跟踪算法在精确度与成功率两方面都有较大的提升，并且较其他算法跟踪效果更加优异，验证了本节改进算法的可靠性。同时在树莓派硬件平台对真实的自摄数据进行测试，测试结果表明本节算法能够较好地跟踪住目标并保持较高的运行速度，具有相应的应用价值。

第
3
章

视觉导航中的目标测距技术

3.1 概述

3.1.1 车辆测距方式分类

常用的车辆测距方式可分为：激光测距方式、超声波测距方式、毫米波雷达测距方式、红外线测距方式、视觉测距系统测距方式等。

激光测距方式是利用光电雷达测距系统，通过高功率窄带脉冲激光发生器经过光学控制结构向周围空间发射激光脉冲进行扫描，对照射到前方障碍物后反射的光线利用光电靶面求取收发脉冲时间差，综合位置探测器测定前方障碍物的方位与距离。它具有测量时间短、量程大、精度高等优点，在汽车测距领域各型激光测距仪均有商业应用，但需要考虑人眼健康及供电能耗，系统总体成本较高。

超声波测距方式是利用超声波发射器向探测方向不断发射连续的机械脉冲波，通过接收器接收遇到障碍物后反射的回波，利用逻辑测量电路整形处理实现距离测定。超声波测距原理简单，制作方便，成本较低。但由于超声波能量损耗特性及波速易受环境变化影响，一般只能应用于较短探测距离下慢速车辆的倒车防撞预警系统中。

毫米波雷达使用 30GHz 以上波段电磁波向前发射，利用反射回波来发现障碍物并测定距离信息。常用的车载毫米波雷达一般选用 60GHz、120GHz、180GHz 波段，系统具有探测性能稳定、受气象变化影响小的优点，但系统成本较高，加装困难，目前成功应用于高速公路测速、车载防撞雷达系统中。

视觉测距系统使用摄像头进行视频信号采集，基于视频内容分析技术实现车辆测距。该系统具有尺寸小、质量轻、功耗小、噪声低、动态范围大、视频信号易于处理等优良特性，广泛应用于汽车盲区检测、倒车辅助系统。随着计算机软硬件水平的提高，其会在车辆测距领域得到更加广泛的应用。视觉测距系统测距方式有经过标定的单目视觉测距方法和利用视差的双目立体视觉测距方法。双目立体视觉指的是利用双目立体视觉标定技术获取双目摄像机传感器相关参数，使用双目摄像机拍摄景物获取车辆前方路况信息，利用视差图实现前方障碍物空间深度信息获取。虽然对障碍物距离测定比较准确，但存在系统成本较高、计算速度需求较高的缺点。利用单目视觉的测距方法日益受到国内外学者的关注，取得了众多研究成果。

表 3-1 比较了上述测距方式各自的优缺点。

表 3-1 四种测距方式优缺点比较

车辆测距方式	优点	缺点	用途
激光测距方式	测量精度高,探测距离远,能传递相对距离信息	需要注意人体安全,制作难度较大,光学系统需要保持干净,测量性能易受环境干扰	车辆行驶过程中测距、防撞系统
超声波测距方式	制作方便;比较耐脏污,可在较差的环境中使用	超声波能量随传播距离成平方比衰减,距离受限制	汽车倒车防撞系统
毫米波雷达测距方式	探测距离远,运行可靠,性能受外界环境影响较小	系统价格比较昂贵	车辆行驶中测距、防撞系统

车辆测距方式	优点	缺点	用途
视觉测距系统测距方式	成本低、功耗低、体积小，对行人及环境无危害	在大雨、大雾等恶劣环境下易失效，处理平台运算性能要求高	车辆测距、障碍物检测系统

3.1.2　典型的国内外车辆测距应用方案简介

典型的国内外车辆测距应用方案简介如下：

文献［73］根据高速公路环境采集视频中分道线灰度与几何特征，建立约束方程并跟踪提取分道线，在获得车道保持的必要道路参数条件下，运用二维模型重建实现基于分道线几何约束的单目测距算法。文献［10］、［14］、［32］、［42］提出一种在检测出前方车辆目标的前提条件下，在已知摄像机内部参数、几何关系和安装参数的条件下基于单目视觉的测距方法，可求取本车与前方车辆之间的距离信息。文献［22］、［75］、［76］对日间行车环境使用不同特征获得疑似目标区域，对夜间行车环境结合车辆尾灯特征获得疑似目标区域，使用三角透视几何模型估计前方车辆位置信息。文献［31］在车辆目标检测后使用基于坐标映射的最小二乘法拟合实现距离测定，配合后续滤波操作实现车辆目标距离速度测量，满足汽车主动安全应用需求。文献［34］将像素坐标系、毫米波雷达坐标系与三维世界坐标系通过透视投影变换进行数据融合，实现前向障碍物测距，提高了数据精度和系统鲁棒性。文献［50］、［51］、［74］、［77］应用逆透视投影算法检测车道线或车辆距离，取得了较高计算精度。

本章研究了两种基于单目视觉的目标测距方法：一种是基于相似三角形的目标单目测距技术；另一种是基于改进的逆投影变换的目标单目测距技术。

本章的测试视频数据是安装于测试车辆前部的定焦单目摄像机拍摄的视频片段，视频帧率为 25 帧/s。场景包括了典型高速公路行车环境、城市干路及辅路行车环境，天气情况主要包含晴天、阴天场景，行车环境景物及光照变化丰富，符合实际工况应用条件。使用 FFmpeg 软件截取行车视频并进行人工筛查，建立典型工况场景训练、测试图片集。典型工况场景视频截图如图 3-1 所示。

图 3-1　测试用数据视频截图

3.2 基于相似三角形的目标单目测距技术

在视觉导航中，摄像机标定是计算本车与前方目标（障碍物）距离的关键步骤。摄像机参数标定结果是否准确直接关系到障碍物位置信息的精度。从图像中获得的障碍物距离精度越高，则提供给预警系统和驾驶员的信息越准确，这样才能更好地起到视觉导航的作用。

3.2.1 基于相似三角形法标定摄像机参数

如果需要从图像中提取空间物体的几何信息，首先要建立像素点位置和空间物体位置的相互对应关系。这些位置的相互对应关系，由摄像机成像几何模型所决定。该几何模型的参数称为摄像机参数，这些参数必须由实验与计算来确定，实验与计算的过程称为摄像机标定。

摄像机标定过程中会涉及三个不同层次的坐标系：世界坐标系、摄像机坐标系和图像坐标系。

① 世界坐标系。世界坐标系又称为全局坐标系，是由用户定义的一个三维空间坐标系，一般将摄像机和被测物体作为一个整体来考虑。

② 摄像机坐标系。摄像机坐标系以摄像机镜头光心为原点，镜头光轴作为 z 轴，并将摄影方向设为正方向。如图 3-2 所示，其中平面 S' 和 S 为图像的负片和正片位置，分别位于摄像机坐标系的 $z_c = -f$ 和 $z_c = f$ 的平面内（f 为焦距）。

③ 图像坐标系。在图像测量过程中，为了便于空间位置和对应像素点的相互换算，图像坐标系通常建立在正片 S 中。图 3-2 中 S 平面内 u-v 坐标系为图像像素坐标系，以图像左上角为原点，u、v 分别为图像中像素点的行数和列数；X-Y 坐标系为图像物理坐标系，以摄像机光轴与像平面的交点为原点，X、Y 轴分别与 u、v 轴平行。

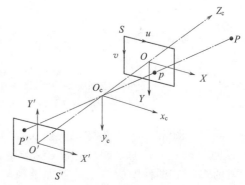

图 3-2　摄像机坐标系

摄像机标定方法有很多种，大体上可以分为三种类型：线性标定、非线性标定和两步标定。

① 线性标定。线性标定是通过解线性方程获得转换参数，该算法速度快但忽略了摄像机镜头的畸变问题，其结果对噪声敏感。直接线性转换是线性标定中的典型方法。

② 非线性标定。非线性标定中引入了大量的未知数和大范围的非线性优化。该算法是通过增加计算复杂度来提高计算结果的精度。常用的非线性标定方法有 Faugeras 方法、Sobel 标定系统和 Gennery 立体视觉标定方法等。

③ 两步标定。两步标定方法（两步法）包括用解析得到多数标定参数和用迭代得到其他一些参数。两步法首先是由 Tsai 提出的，是目前较好的一种摄像机标定方法。两步法的优点是迭代参数较少，能够提供较好的初始值，同时具有线性求解速度快和非线性优化计算准确的优点。

此外，许多人针对摄像机应用的场景提出了相应的摄像机标定方法。J. Wen 等提出不用任何具体模型，采用人工神经网络进行摄像机的标定；Jin Sun 等提出一种基于灭点的摄像机标定方法；Rong Dong 等提出一种路况 PTZ（云台变焦）摄像机自动标定算法，只需要图像信息及摄像机高度参数即可标定出摄像机的内外参数；Xiang Liu 等提出了一种应用于汽车碰撞过程的摄像机的复合标定方法，基于共面点分步标定摄像机的初始内外参数，基于最小二乘法求解径向畸变参数，进而迭代优化。

根据摄像机的使用场景和测距要求，本节对摄像机标定过程进行了具体的公式推导。实验中使用的摄像机的成像基本原理可以理解为小孔成像模型。

摄像机投影关系如图 3-3 所示，其中图（a）、（b）、（c）分别是世界坐标系、摄像机坐标系、图像坐标系中成像系统的关系图。

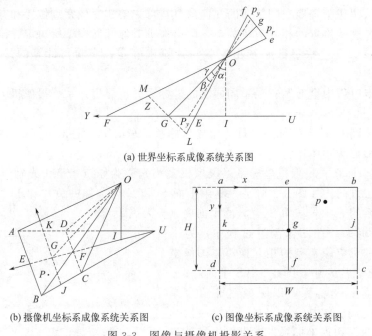

(a) 世界坐标系成像系统关系图

(b) 摄像机坐标系成像系统关系图　　(c) 图像坐标系成像系统关系图

图 3-3　图像与摄像机投影关系

其中，图 3-3(a) 为摄像机的摆放姿态，摄像机俯仰角为 α，光轴所在直线与路面相交于 G 点。当 $\alpha=90°$ 时，相机光轴 OG 与路面 FU 平行，G 点对应于现实世界中的无穷远点，此时的 G 点在图像中所对应的点即透视学中的灭点。2γ 为摄像机的垂直视角。图 3-3(b) 中，平面 ABU 表示道路平面，$ABCD$ 为摄像机所拍摄到的实际范围，O 点为摄像机镜头中心点，OG 为摄像机光轴，G 点为摄像机光轴和路平面的交点，I 点为 O 点在路平面上的垂直投影。G、A、B、C、D 各点在图像中的对应点如图 3-3(c) 所示，a、b、c、d 为图像平面矩形的 4 个端点，H 和 W 分别为图像的高和宽。当 $\alpha=90°$ 时，g 点即为灭点。

目前，单目视觉系统一般采用对应点标定法来获取图像中的距离信息。对应点标定法是指通过不同坐标系中对应点的对应坐标求解坐标系的转换关系。这种方法是假设摄像机在俯仰角 $\alpha=90°$ 的前提下进行测距的，没有考虑到实际情况下 α 变化带来的误差。本节中，需要测距的范围并不是整幅图像，仅限于障碍物可能出现的有效区域。摄像机水平放置时，测距结果只与摄像机高度和摄像机俯仰角两个变量有关，因此按图 3-4 中的方法推导测距公式。

图 3-4 中，p_y 为 p 点在 y 轴上的投影点，2γ 为镜头的垂直视野角，E 点为摄像机能够

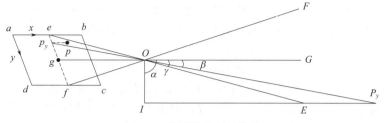

图 3-4　单目视觉测距推导

拍摄到的最近路面点。在理想情况下，摄像机俯仰角 $\alpha=90°$，摄像机主光轴 OG 与图像平面垂直，因而有 $\triangle egO \backsim \triangle EIO$，得

$$\frac{OI}{EI}=\frac{ge}{gO} \tag{3-1}$$

同理，对于路面上任意一点 P，其在图像中的对应点为 p，P_y 为世界坐标系下目标位置 P 点在车辆行驶方向上的投影点。由 $\text{Rt}\triangle p_y gO \backsim \text{Rt}\triangle P_y IO$ 得：

$$\tan\angle OP_y I=\tan\beta=\frac{OI}{IP_y}=\frac{p_y g}{gO} \tag{3-2}$$

实验中，摄像机实际高度 $OI=1.16\text{m}$，可以算出摄像机拍摄到的最近路面距离 $EI=10.76\text{m}$，图像尺寸为 352×240 像素，则 $ge=240/2=120$ 像素。

则由式(3-1) 算得

$$gO=\frac{EI}{OI}ge=\frac{10.76}{1.16}\times120\approx1113 \text{ 像素} \tag{3-3}$$

式中，gO 为摄像机镜头中心到图像中心的距离，当摄像机固定焦距时，gO 为一个定值，因此可以将此值在后面推导中继续使用。将式(3-3) 代入式(3-2) 后得

$$IP_y=\frac{OI}{\tan\beta}=\frac{OI}{\dfrac{p_y g}{gO}}=\frac{1.16}{\dfrac{120-y_p}{1113}}=\frac{1.16\times1113}{120-y_p} \tag{3-4}$$

式(3-4) 是三维世界中物体的距离 IP_y 与图像中物体成像点坐标 y_p 的关系表达式。将该表达式用于汽车的单目视觉测距系统时，主要有两个因素会造成一定的误差：摄像机的实际高度 OI 和摄像机俯仰角 α。该表达式推导过程的前提条件是假设 $\alpha=90°$，摄像机高度 OI 保持不变。本节使用的场景为高速路、市内环路和市内主辅路等，这些路面通常很平整，车辆行驶过程中高度起伏不大，但摄像机角度会有一定的抖动。

郭磊等在文献中分析了单目摄像机水平放置测距时不同因素的误差影响，采用了两次实验对误差影响进行了定量分析：第一次固定摄像机的俯仰角为 89.7°不变，通过改变摄像机的高度（其他参数不变）得到同一位置测得的不同结果，见表 3-2；第二次固定摄像机的高度 1.21m 不变，通过改变摄像机的俯仰角（其他参数不变）得到同一位置的不同测距结果，见表 3-2。实验表明：对于 30m 远的标定物，当摄像机高度变化范围为 20cm 时，测距结果变化为 4.323m；当摄像机俯仰角变化范围为 0.4°时，测距变化为 5.4445m。

表 3-2　随高度和俯仰角变化的距离数据

高度/m	1.11	1.16	1.21	1.26	1.31
距离/m	27.8922	28.9730	30.0537	31.1344	32.2152
俯仰角/(°)	89.5	89.6	89.7	89.8	89.9
距离/m	27.5799	28.7627	30.0537	31.4682	33.0244

本视觉导航系统在实际运行时，摄像机高度变化范围较小。因此，测距过程中，摄像机高度对测距结果的影响很小。汽车在行驶过程中，由于路面颠簸很容易造成摄像机抖动，从而改变摄像机的俯仰角 α。俯仰角的变化对测距结果有较大影响，在很大程度上决定了测距结果的准确性。下面推导当摄像机光轴与水平方向有一定夹角时，三维世界中物体的距离与图像坐标系下对应像素点坐标之间的关系。假设摄像机光轴与水平线夹角为 β'，计算实际距离时，需要通过 β' 矫正 $\triangle IOP_y$ 的 $\angle OP_y I$，仍然利用三角形相似法进行测距公式推导，如图 3-5。

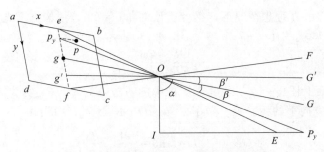

图 3-5　摄像机角度误差对测距的影响

在图 3-5 中，摄像机俯仰角 $\alpha \neq 90°$，目标与摄像机距离为 IP_y，OG' 为水平线。因此，对应无坡度的路面时，有 $IP_y // OG'$。在 $\mathrm{Rt}\triangle IOP_y$ 中：

$$\tan\angle OP_y I = \tan(\beta + \beta') = \frac{\tan\beta + \tan\beta'}{1 - \tan\beta\tan\beta'} \tag{3-5}$$

其中，在 $\triangle gg'O$ 中 $\tan\beta' = \dfrac{gg'}{gO}$，在 $\triangle p_y gO$ 中 $\tan\beta = \dfrac{gp_y}{gO}$，代入式（3-5）化简得：

$$\tan\angle OP_y I = \frac{OI}{IP_y} = \frac{gO \times (gg' + gp_y)}{(gO)^2 - gg' \times gp_y} \tag{3-6}$$

则实际距离为

$$IP_y = \frac{OI \times [(gO)^2 - gg' \times gp_y]}{gO \times (gg' + gp_y)} \tag{3-7}$$

式中，$OI = 1.16\mathrm{m}$；$gO = 1113$ 像素；$gg' = y_{g'} - 120$，$gp_y = 120 - y_p$，$y_{g'}$ 为图像中灭点行坐标，y_p 为 p 点在 y 轴上的投影。将上述数值代入式（3-7）中，得

$$\begin{aligned} IP_y &= \frac{1.16 \times [1113^2 - (y_{g'} - 120) \times (120 - y_p)]}{1113 \times [(y_{g'} - 120) + (120 - y_p)]} \\ &= \frac{1.16 \times [1113^2 - (y_{g'} - 120) \times (120 - y_p)]}{1113 \times (y_{g'} - y_p)} \end{aligned} \tag{3-8}$$

式（3-8）是本节推导出的测距公式。由该公式可以看出，IP_y 的值由 y_p 和 $y_{g'}$ 决定。在视觉系统测距时，$y_{g'}$ 是系统根据摄像机姿态及拍摄的画面自动获得的，通过平行车道线实时检测灭点行坐标 $y_{g'}$，这样就消除了摄像机抖动带来的角度误差。

3.2.2　目标距离测定

本节测距系统如图 3-6 所示。

在目标跟踪过程中，每一帧图像中都会用跟踪框将目标锁定在框内。目标与地面接触的位

置为跟踪框的下边线，选择下边线中点计算目标的实际距离 IP_y，而目标与本车间的距离 L 为：

$$L = IP_y - D_0 \qquad (3-9)$$

其中，D_0 为摄像机到车头之间的距离。图 3-6 中跟踪框下边线即为目标与路面的接触位置，p 点为测距点，测得前方黑色汽车与本车的距离为 67.94m。

图 3-6　视觉测距系统软件界面截图

3.2.3　距离准确性的验证

本节采用单目测距系统常用的对应点标定法的转换公式进行测距，对应点标定法是通过不断移动标定物，记录标定物的实际距离与其在图像中的相应坐标点，推导出目标在三维世界中位置和图像中像素点坐标的关系表达式。现场测量的数据如表 3-3 所示，其中比例像素是将标定图像的大小由 720×576 转换为 352×240 时对应的值。

表 3-3　像素坐标和实际距离的关系

实际距离/m	标定像素	比例像素
9.68	6	2.5
11.44	49	20.4
13.2	80	33.3
14.96	104	43.3
16.72	124	51.7
19.36	148	61.7
21.12	160	66.7
22.88	168	70.0
24.64	174	72.5
26.40	180	75.0
29.04	189	78.75
31.68	197	82.1
34.32	204	85.0
36.96	210	87.5
39.60	216	90.0
42.24	221	92.1
44.88	225	93.75
47.52	229	95.4
50.16	232	96.7
52.80	235	97.9
55.44	238	99.2

通过 MATLAB 软件对表 3-3 中实际距离 S 与比例像素 y_p 之间的关系进行拟合，结果如图 3-7 所示，计算公式为：

$$S = 10.0935 + 0.6651 \times \exp(0.0424 y_p) \qquad (3-10)$$

本节对相似三角形法与对应点标定法的测距结果进行了比较。使用两种方法同时测量一个目标时，结果如图 3-8 所示。

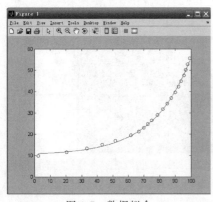

图 3-7 数据拟合

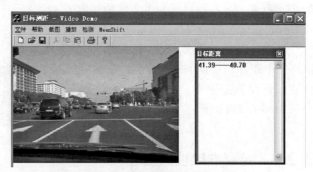

图 3-8 两种测距方法结果比较

图 3-8 中，对应点标定法计算出的白车距离为 41.39m，而相似三角形法测得的白车距离为 40.70m。两种方法相差 0.69m，这是由于对应点标定法是在摄像机俯仰角为 90°的情况下推导出的，没有考虑摄像机抖动的情况。两种测距方法本身都具有一定的误差，但本节推导的测距方法考虑了摄像机抖动的影响，测距结果连续稳定，因此具有较高的精度。

3.2.4 安全距离与报警设置

（1）安全距离与车速 本节中，摄像机监控的最大范围是本车前方长 11～120m、宽 3.5m 的矩形区域。其中，监测长度由本车速度和摄像机高度决定。实验过程中，摄像机高度为 1.16m，16 倍固定焦距，拍摄到的最近路面距离为 10.76m。当车速为 120km/h 时，监控的距离为 120m；根据《公路工程技术标准》的规定，当车速在 40km/h 以上时，单车道宽度不小于 3.5m，所以监测区域宽度选为 3.5m。

视觉导航预警（报警）系统在工作时，首先根据当前本车车速设定监控范围。在监控范围内检测到障碍物时，测量目标距离，并将该距离与安全距离进行比较。车辆安全距离存在许多模型，如汽车安全与节能国家重点实验室在 THASV-Ⅱ 平台下提出的 Safety Degree Value（安全度值）模型、吉林大学的顾柏园提出的不同类型刹车系统在不同情况下的安全距离模型。本节根据顾柏园提出的方法由本车车速计算安全距离。当本车行驶速度在 40km/h 以下时，车速较慢，驾驶员通常有足够时间对可能出现的危险做出反应，因此报警系统不工作；当车速在 40～120km/h 时，计算安全距离；《中华人民共和国道路交通安全法》第 67 条规定，高速公路限速标志标明的最高车速不得超过 120km/h，所以当车速大于 120km/h 时，提醒驾驶员已经超速行驶。当车速在 40～120km/h 之间时，视觉系统的监控范围和安全距离见表 3-4，《公路工程技术标准》规定的单车道宽度见表 3-5。

表 3-4 安全距离定义表

车速/(km/h)	监控范围/m	安全距离/m
120	120	98.9
110	102	83.9
100	87	70.1
90	72	57.6
80	60	46.4
70	47	36.5

车速/(km/h)	监控范围/m	安全距离/m
60	36	27.8
50	27	20.5
40	20	14.4

表 3-5　车道宽度标准

设计速度/(km/h)	120	100	80	60	40	30	20
车道宽度(不小于)/m	3.75	3.75	3.75	3.50	3.50	3.25	3.00

在高速公路为八车道时，当设置左侧硬路肩时，内侧车道宽度可采用 3.50m。当单车道的设计车速为 20km/h 时，车道宽度可采用 3.5m。

(2) 报警设置　当本车速度为 40～120km/h 时，如果检测到障碍物的距离小于本车的安全距离，将会自动发出警报声提醒驾驶员当前车速过快。

3.2.5　测试与验证

为了测试系统的整体性能以及各功能模块算法的实际效果，搭建了系统的实验平台。通过实验平台对各功能模块进行测试，能够发现系统中存在的问题，加以改进，以提高系统的整体性能。本节将对系统实验平台和系统的性能进行介绍。

(1) 硬件环境　本节中，各模块算法是在 PC 上实现的，PC 主要配置为：AMD 2.1GHz 的 CPU，1G 内存，160G 硬盘。系统最大监控长度为 120m，由于距离较长，因此需要摄像机具有较大的变焦倍数。选择 SA-YT522 CCD 型号的变焦一体化摄像机，其采用 SONY Color CCD 高解低照度传感器，具有高灵敏度、抑制光晕能力强和高信噪比等优点。该型号镜头最大变焦 22 倍，支持热插拔，通过直流电源供电，消耗低。SA-YT522 CCD 型号摄像机如图 3-9 所示。

图 3-9　变焦一体化摄像机

SA-YT522 CCD 型号摄像机的参数如表 3-6。

表 3-6　摄像机性能参数表

产品型号	成像元件	像素	信噪比/dB	电子快门/s	工作温度/℃	供电电源/V
SA-YT522	1/3 SONY CCD	752×582	＞48	1/100000～1/50	−10～+50	DC12

摄像机镜头焦距的选择取决于被监视场景范围的大小，以及所要求被监视场景画面的清晰程度。在镜头规格一定的情况下，镜头焦距与镜头视场角的关系为：镜头焦距越长，其视场角就越小。在镜头物距一定的情况下，随着镜头焦距的变大，在视觉系统末端监视器上所看到的被监视场景的画面范围就越小，但画面细节越来越清晰。根据现场试验调试结果，本节将摄像机固定为 16 倍焦距。这样，镜头的视场角满足了监控范围的要求，画面中的目标清晰，大小适中，跟踪和测距的效果较好。

图 3-10 为演示系统各部分硬件的连接情况。硬件部分主要由摄像机、PC、电源适配器、视频采集卡和吸盘支架五部分组成。其中，摄像机用于采集本车前方路面信息；视频采集卡将采集的图像数字化通过 USB（通用串行总线）接口传输到 PC 中；在 PC 中运行本节

设计的算法实现障碍物报警功能，通过 PC 屏幕还能观看当前摄像机拍摄的图像；电源适配器通过汽车动力系统输出 220V 交流电，为 PC 供电，摄像机通过自带的适配器将 220V 交流电转换成 12V 直流电以供自身使用；吸盘支架的作用是将摄像机固定在汽车上，使摄像机在车辆行驶过程中保持稳定，该支架底部为吸盘，方便在汽车中使用，上部托盘可以调整角度，实现对摄像机俯仰角的调节。

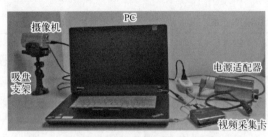

图 3-10 单目视觉测距演示系统硬件的连接

（2）软件系统 本节中，演示系统的软件部分包括摄像机角度校准软件、静态图像目标检测软件和动态图像跟踪测距软件。

摄像机角度校准软件的功能在于校准摄像机的俯仰角，使得俯仰角 $\alpha = 90°$。该软件可以设置视频格式，选择图像源与压缩格式，进行单帧捕获。当点击该软件中的"校准"按钮后，程序将自动提取所拍摄画面中的车道线，从而定位摄像机灭点在图像中的位置。软件通过比较灭点和图像中心点坐标，在 X、Y 的编辑框中显示出二者之间的差值，从而说明当前镜头需要向哪个方向调整。如果 X 的坐标为负值，则镜头应该向左调整；反之，镜头应向右调整。同理，当 Y 的坐标为负值，则镜头应该向上调整；反之，镜头应向下调整。当 X、Y 对应的值均为 0 时，表明此时摄像机的俯仰角为 90°，完成了摄像机角度的调整。

摄像机角度校准软件界面如图 3-11 所示。

动态图像跟踪测距软件的作用是方便调试和观察系统跟踪和测距算法的实际效果。该软件能够在显示视频时画出跟踪框，并在"目标距离"信息框中显示当前所跟踪目标的测距结果。动态图像跟踪测距软件的界面如图 3-12 所示。

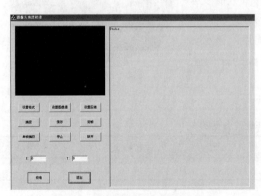

图 3-11 摄像机角度校准软件

图 3-12 动态图像跟踪测距软件

（3）系统的算法验证 基于单目视觉的视觉导航预警系统的主要功能在于辅助驾驶员安全行车，对汽车行驶过程中可能出现的危险发出警报。因此，该系统对实时性、准确性和稳定性有很高的要求。

① 系统实时性验证。系统的实时性包括两个方面：首先视频采集的速率为 25 帧/s，因此系统处理每一帧的时间要小于 (1/25)s，即 40ms；其次，系统需要自动启动刹车装置时，反应的时间要在 0.1s 内。由于系统的跟踪测距模块算法复杂，因此耗时较长，表 3-7 为耗时统计表。

表 3-7　系统跟踪测距模块耗时

表 3-7　系统跟踪测距模块耗时

功能模块	测试图像/幅	最大耗时/ms	平均每帧耗时/ms
目标跟踪测距	200	24	18

以市内公路场景为例，本车前方障碍物为图 3-13(a) 中的黑色汽车，图（b）是目标跟踪测距时一帧所耗时间。

　　　　(a) 原图像　　　　　　　　　　　　　(b) 目标跟踪测距

图 3-13　系统实时性分析

实验中，系统在目标跟踪测距的耗时为 17ms，小于 40ms，表明算法能够满足实时性的要求。

② 不同环境下目标跟踪测距结果分析。目标跟踪测距是决定系统应用效果的一个重要方面，测距结果的准确性直接影响到本车的安全行驶。在进行目标跟踪测距时，需要先对摄像机进行标定。

如图 3-14 所示，本节是将摄像机固定在三脚架上，调节三脚架的高度为 1.16m，通过摄像机角度校准软件调节摄像机俯仰角为 90°。调整好摄像机后，在路面上每隔一定距离放置一个标定物，并拍

图 3-14　标定实验

摄图像，然后记录标定物的实际距离和在图像中的像素点坐标，从而完成摄像机的标定。

在不同环境下，系统在实际行驶过程中测距结果的部分截图如图 3-15 所示。

　　　　第10帧　　　　　　　　　　　　　　第40帧

图 3-15

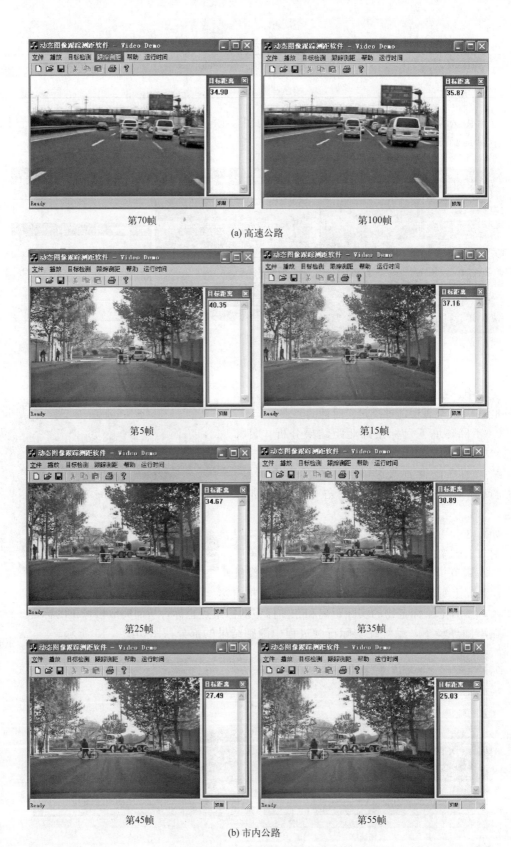

第70帧　　　　　　　　　　　　　　第100帧

(a) 高速公路

第5帧　　　　　　　　　　　　　　第15帧

第25帧　　　　　　　　　　　　　　第35帧

第45帧　　　　　　　　　　　　　　第55帧

(b) 市内公路

图 3-15　不同环境下系统跟踪测距效果图

3.3 基于改进的逆投影变换的目标单目测距技术

对比不同测距算法分析发现，基于已知单目相机（摄像机）详细安装参数的方法不是需求参数测量复杂度高，就是安装参数测量误差对最终计算结果影响严重；而基于改进的逆投影变换的目标单目测距技术通过单目相机标定技术实现内外参数获取，减小后续由相机畸变导致的计算误差，结合使用制作尺寸已知的特制靶标，根据逆投影原理能够快速建立二维图像坐标系与三维坐标系的关系，完成纵向距离测定任务。

3.3.1 摄像机标定技术

若摄像机采集设备畸变效应过大，会使后续距离测定引入较大误差，基于摄像机标定技术标定相机，可进行畸变校正，可减小后续距离计算误差。

（1）不同坐标系间相互转换　根据计算机视觉理论和单目摄像机成像原理，需要建立像素坐标系、图像平面坐标系、摄像机坐标系和世界坐标系之间的景物投影的对应关系，根据单目摄像机标定方法估计出单目摄像机的内外参数，获得不同坐标系间转换所需的矩阵参数。不同坐标系间的相互转换关系如图 3-16 所示。

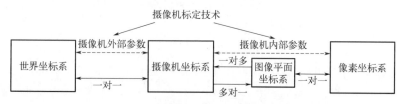

图 3-16　不同坐标系间相互转换示意图

摄像机成像几何模型是真实光学成像系统经过简化后的成像几何模型，最简单的成像几何模型称为线性模型，又称针孔成像模型，其成像原理如图 3-17 所示。

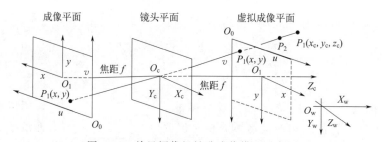

图 3-17　单目摄像机针孔成像模型示意图

① 摄像机坐标系。规定摄像机中的镜头平面，以光学镜头中心 O_c 为原点，以垂直镜头平面的光轴 Z_c 为垂直轴线，建立摄像机坐标系 $O_c\text{-}X_cY_cZ_c$。在此坐标系下一般以 mm、cm 等物理长度单位进行度量，如图 3-17 中部所示。

② 图像平面坐标系。图像平面是摄像机感受真实物体投影成像的平面，一般感光元件敷设于此平面，理想情况下位于与光学镜头平行、距离光学镜头为焦距 f 的位置处，但制造工艺会造成偏斜导致后续畸变。理想情况下，以垂直光轴 Z_c 为中心轴线，与成像平面的

中心交点为原点 O_1，建立图像平面坐标系 O_1-xy。在此坐标系下一般以 mm 等物理长度单位进行度量，如图 3-17 左侧所示。

③ 虚拟成像平面。虚拟成像平面是为方便分析小孔成像模型成像特点而虚拟设定的图像坐标系平面，设置在与摄像机平面相距焦距 f 的位置处，是规格与图像平面坐标系等大的虚拟成像平面。注意修正坐标系定义，使得真实世界物体成像点 $P_1(x_c, y_c, z_c)$ 与摄像机坐标系原点连线在虚拟成像平面与图像平面坐标系上的投影点坐标相同。

④ 像素坐标系。摄像机的感光器件安装于图像平面坐标系内，通过光电转换器件将光学图像信息进行数字量化处理，转换为能够存储的二维数字数组信号。数组中的最小单位元素称为像素，二维数字数组规模称为像素分辨率，决定摄像机分辨率大小的主要因素与感光器件制造工艺相关。规定以图像的左上角 O_0 为原点，沿图像水平上边缘方向为 u 坐标轴，沿图像垂直左边缘方向为 v 坐标轴，构建像素坐标系，相应的示意图如图 3-18 所示。

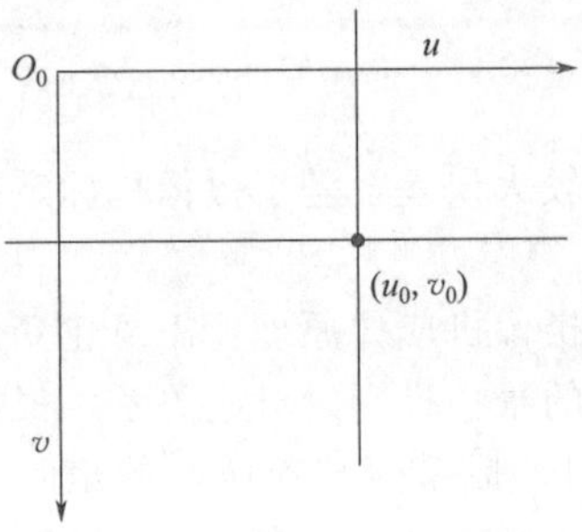

理想情况下主光轴 Z_c 应与图像平面坐标系 O_1 点相交于像素坐标系的中心位置，但由于实际制作工艺限制，摄像机感光靶面中心位置并不与光轴中心绝对重叠，造成了像素坐标系中心与光轴之间的倾角偏斜。若图像平面坐标系原点 O_1 在像素坐标系中坐标位置记作 (u_0, v_0)，单位像素在图像平面坐标系中水平、垂直最小分辨率记作 d_x、d_y，则图像平面坐标系下点 (x, y) 与相应像素坐标系下坐标 (u_0, v_0) 间的转化公式如式（3-11）所示：

图 3-18　像素坐标系示意图

$$u = \frac{x}{d_x} + u_0, \quad v = \frac{y}{d_y} + v_0 \tag{3-11}$$

对上述公式联立并补足至齐次坐标系，使用矩阵表示如式（3-12）所示：

$$\begin{bmatrix} u \\ v \\ 1 \end{bmatrix} = \begin{bmatrix} \dfrac{1}{d_x} & 0 & u_0 \\ 0 & \dfrac{1}{d_y} & v_0 \\ 0 & 0 & 1 \end{bmatrix} \begin{bmatrix} x \\ y \\ 1 \end{bmatrix} \tag{3-12}$$

相应的逆运算如式（3-13）所示：

$$\begin{bmatrix} x \\ y \\ 1 \end{bmatrix} = \begin{bmatrix} d_x & 0 & -u_0 d_x \\ 0 & d_y & -v_0 d_y \\ 0 & 0 & 1 \end{bmatrix} \begin{bmatrix} u \\ v \\ 1 \end{bmatrix} \tag{3-13}$$

⑤ 世界坐标系。在真实世界环境中建立基准坐标系 O_w-$X_w Y_w Z_w$，用以描述摄像机在真实环境下的安装位置信息和拍摄物体的相对位置信息，如图 3-17 右侧所示。使用旋转矩阵 $\boldsymbol{R}$ 和平移向量 $\boldsymbol{T}$ 两个变量描述世界坐标系与摄像机坐标系中坐标间的相互转换关系，则世界坐标系中空间点 $P_1(X_w, Y_w, Z_w)$ 和摄像机坐标系下对应点 $P_1(X_c, Y_c, Z_c)$ 之间的转换公式如式（3-14）定义：

$$\begin{bmatrix} X_c \\ Y_c \\ Z_c \\ 1 \end{bmatrix} = \begin{bmatrix} \boldsymbol{R} & \boldsymbol{T} \\ \boldsymbol{0}^{\mathrm{T}} & 1 \end{bmatrix} \begin{bmatrix} X_w \\ Y_w \\ Z_w \\ 1 \end{bmatrix} \tag{3-14}$$

其中，$\pmb{R}$ 为 3×3 大小的正交单位旋转矩阵，表示两坐标系之间的旋转关系；$\pmb{T}$ 为平移向量，表示两坐标系之间的位置平移关系；$\pmb{0}^\mathrm{T}$ 表示补齐的零向量矩阵。

⑥ 摄像机参数。根据小孔成像原理可知，摄像机坐标系下点 $P_1(X_c,Y_c,Z_c)$ 与图像平面投影位置 $P_1(x,y)$ 满足式(3-15)定义的相似三角形比例关系：

$$x=\frac{fX_c}{Z_c}, \quad y=\frac{fY_c}{Z_c} \tag{3-15}$$

联立上述公式并补足至齐次坐标系，使用矩阵形式表示如式(3-16)所示：

$$Z_c\begin{bmatrix}x\\y\\1\end{bmatrix}=\begin{bmatrix}f&0&0&0\\0&f&0&0\\0&0&1&0\end{bmatrix}\begin{bmatrix}X_c\\Y_c\\Z_c\\1\end{bmatrix} \tag{3-16}$$

根据上面讨论的图像平面坐标系与像素坐标系间的坐标转换公式［式(3-13)］、世界坐标系与摄像机坐标系的转换公式［式(3-14)］和摄像机坐标系与图像平面坐标系间的坐标转换公式［式(3-16)］之间的级联关系，代入整理可得世界坐标系下点 $P_1(X_w,Y_w,Z_w)$ 与像素坐标系下对应点 $P_1(u,v)$ 之间的转换公式，进一步整理如式(3-17)所示：

$$\begin{aligned}Z_c\begin{bmatrix}u\\v\\1\end{bmatrix}&=\begin{bmatrix}\dfrac{1}{d_x}&0&u_0\\0&\dfrac{1}{d_y}&v_0\\0&0&1\end{bmatrix}\begin{bmatrix}f&0&0&0\\0&f&0&0\\0&0&1&0\end{bmatrix}\begin{bmatrix}\pmb{R}&\pmb{T}\\\pmb{0}^\mathrm{T}&1\end{bmatrix}\begin{bmatrix}X_w\\Y_w\\Z_w\\1\end{bmatrix}\\&=\begin{bmatrix}\alpha_x&0&u_0&0\\0&\alpha_y&v_0&0\\0&0&1&0\end{bmatrix}\begin{bmatrix}\pmb{R}&\pmb{T}\\\pmb{0}^\mathrm{T}&1\end{bmatrix}\begin{bmatrix}X_w\\Y_w\\Z_w\\1\end{bmatrix}=\pmb{M}_2\pmb{M}_1\end{aligned} \tag{3-17}$$

其中，$\alpha_x=\dfrac{f}{d_x}$；$\alpha_y=\dfrac{f}{d_y}$；矩阵 $\pmb{M}_2$ 称为单目摄像机内部参数矩阵，其中矩阵元素值由 α_x、α_y、u_0、v_0 等参数决定，上述参数主要与镜头结构、感光元件安装位置等摄像机自身硬件安装结构有关；矩阵 $\pmb{M}_1$ 称为单目摄像机外部参数矩阵，其中元素值由 $\pmb{R}$、$\pmb{T}$ 表示相应的旋转矩阵与平移向量，上述参数主要与拍摄时单目摄像机安装位置相关。

(2) 畸变校正与相机标定

① 摄像机畸变。由于单目视觉中车载摄像头要求具有较宽的视角和严格的成本控制，满足上述条件拍摄的实际成像和通过针孔模型推导的理想成像之间具有一定差异，导致畸变现象的产生，主要表现为径向畸变和切向畸变。

a. 径向畸变。径向畸变主要表现为实际的景物成像边缘产生显著的形变，原本在理想投影模型中应表现为直线的透视投影景物，在实际成像中出现边和角的弯曲现象，典型的径向畸变成像示意图如图 3-19 所示。

根据畸变成像几何规律建立相应的径向畸变模型，建模公式如式(3-18)所示：

$$\begin{cases}x'=x+(k_1xr^2+k_2xr^4+k_3xr^6)\\y'=y+(k_1yr^2+k_2yr^4+k_3yr^6)\end{cases} \tag{3-18}$$

其中，$r^2=x^2+y^2$；k_1、k_2、k_3 为径向畸变系数；(x,y) 为理想针孔成像模型下景物点在图像平面上的坐标；(x',y') 为受到镜头径向畸变影响后在实际图像平面上的坐标。一

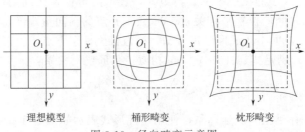

图 3-19　径向畸变示意图

一般情况下可在标定过程中省略高阶项 k_3xr^6 和 k_3yr^6。

b. 切向畸变。切向畸变主要是元器件质量原因，或安装过程透镜平面与理想位置感光靶面不平行，两者之间存在微小倾角，透视原理导致在实际成像中景物拉伸现象的出现。典型的切向畸变如图 3-20 所示。

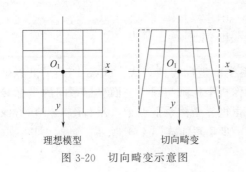

图 3-20　切向畸变示意图

根据畸变成像几何规律建立相应的径向畸变模型，建模公式如式(3-19) 所示：

$$\begin{cases} x'=x+[p_2(2x^2+r^2)+2p_1xy] \\ y'=y+[p_1(2y^2+r^2)+2p_2xy] \end{cases} \tag{3-19}$$

综合考虑径向畸变和切向畸变对图像的影响，相应的模型公式如式(3-20)：

$$\begin{cases} x'=x+(k_1xr^2+k_2xr^4+k_3xr^6)+[p_2(2x^2+r^2)+2p_1xy] \\ y'=y+(k_1yr^2+k_2yr^4+k_3yr^6)+[p_1(2y^2+r^2)+2p_2xy] \end{cases} \tag{3-20}$$

其中，第二项表示径向畸变部分影响；第三项表示切向畸变部分影响。参数 k_1、k_2、k_3、p_1、p_2 构成了摄像机的畸变系数参数，属于内部参数。

通过标定安装好的单目摄像机，实现世界坐标系与图像平面坐标系的关系建立，利用本小节讨论的径向畸变及切向畸变修正公式实现校正，建立图像平面坐标系到像素坐标系之间坐标点的互相转换关系。

② 摄像机标定算法与工具。张正友标定算法是常见摄像机标定算法，该算法利用不同角度二维平面标定图像进行摄像机内外参数估计，对标定模板加工精度要求较低，算法参数估计具有较高精度。目前很多研究机构在摄像机参数标定领域进行了广泛研究并取得丰硕成果，并推出了众多摄像机标定工具软件，典型的标定工具有 OpenCV 相机（摄像机）标定模块和 MATLAB 的 Camera Calibrator 工具，本节选用后者进行单目摄像机的离线标定。

a. 制作并拍摄模板。制作标定模板时尽量采用精度较高的打印机，保证打印的正方形棋盘格边长都相等，并将打印出来的模板平铺于硬平板上，不精确的模板或铺放不平将会导致不能正确提取相机参数，本节制作的标定棋盘格模板中正方形尺寸规格为 28cm×28cm。在拍摄过程中要避免复杂背景，并保证模板全部出现在图像范围内，原则上模板占整个图像大小不低于 20%，保持相机光轴与标定板夹角不小于 45°，在拍摄完毕后不要修改图片大小。由于径向畸变在图片的边缘表现严重，所以在拍摄时尽量保证模板全部出现在图片的同时尽量贴近边缘。在拍摄图片过程中，原理上最少需要 3 张图片，但为了更精确地标定，在实际标定中建议使用 10 张以上为宜，此处共拍摄 27 张带有标定模板的图像进行标定，部分标定图片如图 3-21 所示。

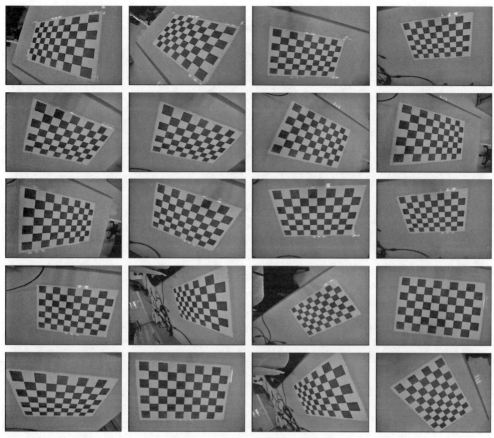

图 3-21　拍摄标定图片示例图

b. 相机校正过程。使用 Camera Calibrator 应用程序［图 3-22(a)］加载标定图像并选择畸变类型和参数个数，提取棋盘格角点并建立坐标信息，得到在当前标定参数条件下逆向投影误差统计图和外部参数可视化图，便于优化输入图像，提高标定参数准确度，如图 3-22(b)、(c) 所示。

输出的单目摄像机（相机）内外参数结果如表 3-8 所示。

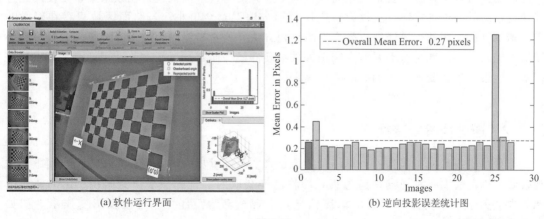

(a) 软件运行界面　　　　　　　　　(b) 逆向投影误差统计图

图 3-22

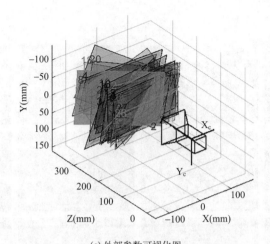

(c) 外部参数可视化图

图 3-22　使用 Camera Calibrator 应用程序进行标定

表 3-8　相机参数信息

相机参数信息		
内部参数矩阵	$\begin{bmatrix} 403.146519176078 & 0 & 0 \\ 0.246442650020852 & 359.829551787345 & 0 \\ 367.979209875726 & 242.607843002971 & 1 \end{bmatrix}$	
径向畸变系数	$0.0466356007885764 \quad -0.0919203331874046$	
切向畸变系数	$-0.000335337838791538 \quad 0.00258687068155094$	
焦距	$403.146519176078 \quad 359.829551787345$	
平均投影误差	0.274809919985373	

同时还可以得出世界坐标系坐标、光轴偏斜、各输入图片的旋转矩阵和平移矩阵、逆向投影误差统计等参数信息。使用上述标定参数可实现图像的畸变校正，校正前后效果如图 3-23(a)、（b）所示，图 3-23 中（c）即复现的镜头成像畸变。

从图 3-23 中可以看出，在真实世界中表现为直线的景物由于摄像机畸变在拍摄图片中造成弯曲，经过畸变校正后上述现象减轻，如图 3-23(a)、（b）中靠近边缘的建筑物边缘所示。经过标定后获得镜头参数，使用镜头畸变探查器可复现镜头成像畸变 ［图 3-23(c)］，可见与真实拍摄效果相近。若采用路面区域畸变过大的单目摄像机进行视频采集，则使用经过畸变校正后的逆透视投影（逆投影）变换测距方法误差会更小；若路面区域只存在轻微畸变，则可直接使用基于逆透视投影变换的测距方法，这对最终测距效果影响不大，且可减小算法处理时间。因此是否需要畸变校正视采集硬件镜头而定，对于本节选用的镜头可直接进行基于逆透视投影变换的车辆纵向距离测定。

3.3.2　逆透视投影变换理论

车载单目摄像机拍摄到的行车场景图像是真实三维世界中的景物在二维图像空间下的透视投影，因此需要一种逆向求解过程，即将已经获取的二维图像变换为俯视投影的路面图像，提供关于本车前方障碍物的深度信息，实现车辆测距任务。透视投影变换示意图如图 3-24 所示。

(a) 原始图像　　　　　　　　　　　　(b) 畸变校正后图像

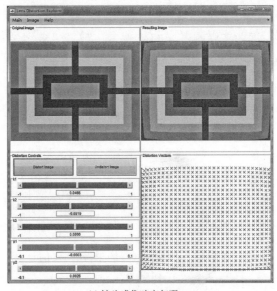

(c) 镜头成像畸变复现

图 3-23　畸变镜头校正效果前后对比与镜头成像畸变

结合小孔成像模型，考虑到图像旋转、错切、缩放变换，任意世界坐标系中空间点 $P(X_w, Y_w, Z_w)$ 在俯视投影坐标系与像素坐标系对应点 $p(u, v)$ 间的关系如式(3-21)：

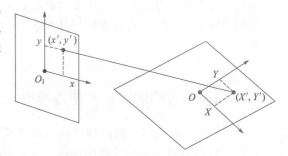

$$\begin{bmatrix} X_w \\ Y_w \\ Z_w \end{bmatrix} = M \begin{bmatrix} u \\ v \\ 1 \end{bmatrix} = \begin{bmatrix} a & b & c \\ d & e & f \\ g & h & 1 \end{bmatrix} \begin{bmatrix} u \\ v \\ 1 \end{bmatrix}$$

(3-21)

图 3-24　透视投影变换示意图

其中，$a \sim h$ 为矩阵 M 中的参数。

令 $Z_w = gu + hv + 1$，则上述矩阵可写作如下形式：

$$\begin{bmatrix} X_w \\ Y_w \\ 1 \end{bmatrix} = \frac{\begin{bmatrix} a & b & c \\ d & e & f \\ g & h & 1 \end{bmatrix} \begin{bmatrix} u \\ v \\ 1 \end{bmatrix}}{\begin{bmatrix} g & h & 1 \end{bmatrix} \begin{bmatrix} u \\ v \\ 1 \end{bmatrix}}$$

(3-22)

其中，分子部分表示出仿射变换形式，是对投影结果的非线性映射。继续简化为非向量表示形式，如式(3-23) 所示：

$$
\begin{cases}
X_w = \dfrac{au+bv+c}{gu+hv+1} \\[2mm]
Y_w = \dfrac{du+ev+f}{gu+hv+1}
\end{cases}
\tag{3-23}
$$

整理等式并将投影坐标系变量作为待求量，如式(3-24) 所示：

$$
\begin{cases}
X_w(gu+hv+1)=au+bv+c \\
Y_w(gu+hv+1)=du+ev+f
\end{cases}
$$

$$
\begin{cases}
X_w = ua+vb+c-0d+0e+0f-X_w ug - X_w vh \\
Y_w = 0a+0b+0c+ud+ve+f-Y_w ug - Y_w vh
\end{cases}
\tag{3-24}
$$

转化为矩阵形式，如式(3-25)：

$$
\begin{bmatrix}
u_1 & v_1 & 1 & 0 & 0 & 0 & -X_1 u_1 & -X_1 v_1 \\
0 & 0 & 0 & u_1 & v_1 & 1 & -Y_1 u_1 & -Y_1 v_1 \\
u_2 & v_2 & 1 & 0 & 0 & 0 & -X_2 u_2 & -X_2 v_2 \\
0 & 0 & 0 & u_2 & v_2 & 1 & -Y_2 u_2 & -Y_2 v_2 \\
\vdots & \vdots & \vdots & \vdots & \vdots & \vdots & \vdots & \vdots \\
u_n & v_n & 1 & 0 & 0 & 0 & -X_n u_n & -X_n v_n \\
0 & 0 & 0 & u_n & v_n & 1 & -Y_n u_n & -Y_n v_n
\end{bmatrix}
\begin{bmatrix}
a \\ b \\ c \\ d \\ e \\ f \\ g \\ h \\ 1
\end{bmatrix}
=
\begin{bmatrix}
X_1 \\ Y_1 \\ X_2 \\ Y_2 \\ \vdots \\ X_n \\ Y_n
\end{bmatrix}
\tag{3-25}
$$

对于形如 $A\lambda=B$ 的矩阵形式采取如式(3-26) 的最小二乘估计：

$$
A\lambda=B
$$
$$
A^T A\lambda = A^T B
$$
$$
\lambda = (A^T A)^{-1} A^T B
\tag{3-26}
$$

求解上述方程只需已知 4 点在投影坐标系和像素坐标系中的相应坐标。使用此方法不能还原原始图像中灭点以上图像部分，但考虑到工况条件下车辆的可能出现位置，完全满足上述条件。

3.3.3　基于标志物的改进的逆透视投影变换测距算法

对于已经安装完毕的单目摄像机，可通过离线标定计算出逆透视投影矩阵 M，建立像素坐标系与世界坐标系间的纵向距离间关系。对于在线车辆检测或跟踪模块输出的车辆目标，使用上述方法计算距离本车纵向距离，由于只涉及简单矩阵运算及平方操作，因此同时计算多车辆目标的算法执行迅速，且满足相对误差不超过 10% 的设计指标。相应的算法处理流程如图 3-25 所示。

首先使用安装完毕的车载单目视觉摄像机进行样本图片采集，判断图像畸变严重程度是否会对后续距离计算造成严重影响。通过实验发现，对于使用畸变较大的摄像头采集的行车视频，使用畸变校正模块可提高车辆距离计算精度。使用离线方法拍摄按照指定放置要求摆放的标注模板和参照物图片，根据原理实现逆透视投影矩阵计算，存储并应用于在线的车辆距离估计。

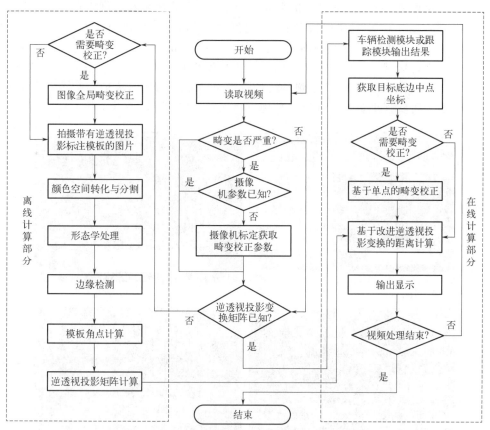

图 3-25　基于逆透视投影变换的车辆测距算法流程图

（1）模板制作与拍摄　计算逆透视投影矩阵需要已知至少 4 点在投影坐标系和像素坐标系下的对应坐标，提取模板的 4 个边缘角点即可满足上述条件。为后续分割及定位角点便捷准确，在制作标定模板时应充分利用颜色空间信息，本节制作的逆透视投影标定模板及摆放位置如图 3-26 所示。

图 3-26　逆透视投影矩阵标定模板拍摄示例

（2）像素坐标系坐标获取　首先在平坦标记场地中，测量模板底边与前方远处标志物距离，此处我们选择前方 100m 墙壁处，将制作规格为 2m×1m 的蓝色标定模板平铺于正前方，底边距离摄像机 5m 处，务必保证全部出现于相机像素坐标系区域。在算法开发过程中使用 Color Thresholder 工具实现基于 HSV 颜色空间模板的分割阈值选取与分割函数生成，对粗分割结果进行形态学后处理删除无关区域，使用 Canny 边缘检测算法检测模板边缘并去除 4 个角点附近区域，使用最小二乘估计直线方程并求取四边交点，获得像素坐标系中 4 个角点坐标，算法流程如图 3-25 左侧离线计算部分。封装上述算法进入脚本，在不改变标定模板的情况下可实现批量快捷计算。处理过程如图 3-27 所示。

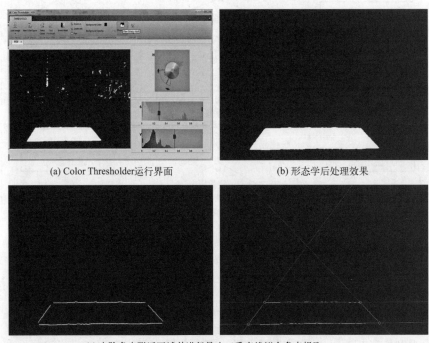

(a) Color Thresholder 运行界面   (b) 形态学后处理效果

(c) 去除角点附近区域并进行最小二乘直线拟合角点提取

图 3-27　像素坐标系下标定模板边缘角点坐标系获取

（3）投影坐标系坐标获取　对于投影坐标系，根据模板规格及摆放位置，考虑到采集设备图像分辨率、本车道及两侧车道线，以及最大探测距离指标（此处设置为 100m），此处设定在投影坐标系下标定模板宽 50 像素、高 100 像素，整体投影坐标系宽 550 像素、高 5050 像素，实际 2m×1m 的标定模板在投影坐标系中每像素代表 0.02m，则投影坐标系可映射 11m×110m 范围内的目标位置。基于远处标定点的改进投影坐标系如图 3-28 所示。

根据投影坐标系下 4 个点的对应坐标计算出逆透视投影矩阵，使用上述矩阵生成原始图像视频的逆透视投影可视化效果，如图 3-29 所示。

从图 3-29 中可以看出，在逆透视投影画布中，标定模板被逆向投影为 50×100 像素大小的矩形区域；由于拍摄时选取的停车场环境具有典型的等长标线信息，在逆透视投影画布中也体现出相应的尺寸结构；在算法开发阶段通过在不同距离下拍摄人物实现算法测定距离与实际距离的误差分析，可见 20m 处及 30m 处人物在逆透视投影画布中明显可见，为后续距离测定奠定算法基础。

（4）改进的距离计算　以底边中点为原点建立投影坐标系，理想情况下远处标志物在此坐标系下应出现在标定模板正上方（如图 3-28 中的圆所示），但是像素坐标系中角点提取误差及远处标志物选取问题，导致标志物投影点（如图 3-28 中的五角星所示）出现偏离。选择目标（如图 3-28 中的六边形所示）与原点连线称为直线 A，标志物与原点连线称为直线 C，引目

标与直线 A 间的垂直线段称为直线 B，交点与原点连线称为直线 D，则改进的目标纵向距离计算公式如式（3-27）所示：

$$l=\frac{D}{C}\times L+d=\frac{\sqrt{A^2-B^2}}{C}\times L+d \tag{3-27}$$

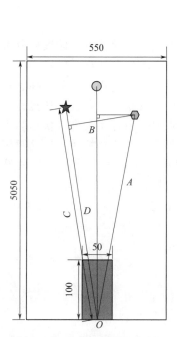

图 3-28　改进的投影坐标系

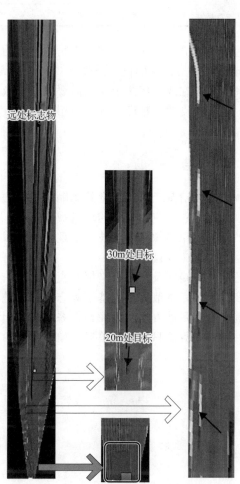

图 3-29　逆透视投影变换效果图

其中，L 为远处标志物实际距离；d 为拍摄时模板底边与相机的距离。在离线计算阶段只需要计算逆透视投影矩阵一次，并计算远处标志物投影坐标和直线 C 参数，对于任意车辆目标，均可使用上述公式快速准确地计算纵向距离。可以通过设定阈值，当检测出的目标距离小于此阈值时，发出车辆碰撞预警信号。

3.3.4　测距参数设置与实验结果

使用 3.3.1 节标定的摄像头进行图像采集，拍摄不同已知距离的人物图像各 8 张，使用 3.3.3 节讨论的测距方法计算像素坐标系中人物与地面接触点在真实世界坐标系下的长度，统计不同距离下算法计算结果与真实位置的绝对误差以评价算法性能，结果如表 3-9 所示。

表 3-9　车辆测距算法误差统计　　　　　　　　　　　　　　　　　单位：m

实际距离	20	30	50	70	90	100
平均计算距离	20.3521	30.9612	53.119	74.129	95.872	98.78
误差	0.3521	0.9612	3.119	4.129	5.872	1.32
绝对误差百分比	1.76%	3.22%	6.24	5.90%	6.52%	1.32%

经过统计分析可知，基于标志物的改进的逆透视投影变换测距算法总体满足距离绝对误差百分比为10%以内的设计条件。算法利用离线标定阶段计算逆透视投影矩阵与远处标志物有关参数，在线距离测定时仅需要根据区域底边中点进行简单矩阵运算即可实现纵向距离测定，运算速度快，精度较好。使用的标定方法简单快速，适用于实际工厂环境操作。

3.3.5　小结

本节主要对基于单目视觉的车辆测距方法进行研究与改进，在算法开发阶段充分考虑了车载视频采集领域应用较多的单目视觉摄像机畸变现象，对于车辆可能出现的路面区域畸变过大的镜头应用摄像机标定技术实现校正，减小后续计算距离误差。提出了基于标志物的改进的逆透视投影变换车辆测距方法，使用带有颜色信息的已知规格标记靶实现快速标定，计算逆透视投影矩阵及标志物坐标与直线方程信息，对于灭点以下目标实现准确快速的距离计算。实验表明，本节提出的基于标志物的改进的逆透视投影变换的车辆测距算法测距精度较好，能够在满足前方车辆碰撞预警系统的设计要求的同时满足绝对误差低于10%的设计指标，在线测距算法只涉及简单矩阵操作及三角形投影，实时性较好。

第
4
章

视觉导航中的车道线检测与跟踪技术

4.1　概述

视觉导航需要检测和跟踪道路中的车道线，如何快速、准确地提取出车道的边缘信息就成为检测和跟踪部分的关键问题。本章研究车道线的检测和跟踪技术问题。车道线的检测方法主要分两类：基于特征的车道线检测方法、基于模型的车道线检测方法。

4.1.1　基于特征的车道线检测方法简介

一般说来，道路图像都具有一定的特征（颜色特征、灰度梯度特征等），结合这些特征可以从图像中检测出车道边界线或车道标识线。基于特征的车道线识别（检测）算法中利用的车道特征主要是灰度特征和彩色特征。基于彩色特征的识别方法：根据所获取的彩色图像中的道路和车道标识线的特殊色彩对车道边界线和标识线进行识别。基于灰度特征的识别方法：利用道路边界及车道标识线的灰度特征从灰度序列图像中识别出车道边界线和标识线。

基于特征的车道线检测方法还是利用传统的边缘检测方法，依据车道线和道路的颜色方差来提取车道边缘，从而最终识别出车道线。基于特征的车道线检测算法（方法）包括两部分：特征的提取和聚合。首先对道路进行分析，选定需要的特征，再利用这些特征进行图像分割；最后根据一定的准则将分割的结果组合成直观的道路表示。如 Alberto Broggi 提出的对 GOLD（通用障碍与车道检测）系统的车道线检测算法的改进中，定义了一些可能成为车道线的特征，通过对图像进行分析，把满足所定义特征的车道线作为候选车道线，然后对这些候选线条进行进一步的分析，包括连接、拟合等，最终得到完整的车道线。

基于特征的车道线检测算法的优点在于能够很好地适应道路的形状，并且其检测的处理速度较快。其缺点是：当道路图像变得复杂时，除基本的边缘检测外，还需要一些后续的工作来完成对于边缘的分析，这将会导致系统实时性的降低；此外，在车道线受损或是有树木、房屋的阴影出现在车道线区域时，可能会导致算法的失效。

4.1.2　基于模型的车道线检测方法简介

基于模型的车道线检测方法主要是针对结构化的道路，因为结构化道路具有相对规则的标记，可以根据其形状建立相应的曲线模型，再采用不同的识别技术（模板匹配技术、神经网络技术、Hough 变换等）对车道的边界和车道标识线进行检测。

在目前的道路几何模型中最常采用的是直线模型，如 NavLab 系统、ARGO 系统均采用了直线模型来逼近实际的道路模型。因为道路也存在一定的弯曲程度，为了更加准确地描述道路形状，出现了曲线道路模型。例如，德国 UBM 大学和 Daimler-Benz 研究小组以回旋曲线（Clothoid）模型来拟合图像中的车道标识线。曲线模型的优点是：要描述整个车道的位置只需要知道两个参数。在基于曲线模型的自动车辆系统中，车道线以抛物线来进行拟合，采用简单的 Hough 变换来完成匹配过程。此外还有多项式描述车道形状的方法，如新加坡南洋理工大学机电工程系的 Yue Wang 等采用 Catmull-Rom 样条曲线来拟合道路形状。也有一些系统采用了通用的道路模型，如 ROMA 汽车视觉系统采用一个基于轮廓的动态模型，该模型的特点在于系统只需处理路面图像的小部分，从而保证系统的实时性。

　　基于模型的车道线检测算法的优点在于：可以有效地克服路面上的阴影、污染、光照不均等外界环境的干扰。它的缺点是：在道路不符合预先的假定条件时，算法就会失效，所以道路模型的选择很重要。

4.2　基于 Hough 变换的车道线检测技术

　　在车道线的检测中，本节并没有对整幅图像进行检测，而是将感兴趣区域设定为原有图像的一半（一般为图像的下半部分），有效地减少了数据处理量，满足了系统实时处理的需求。采用霍夫（Hough）变换对阈值分割后的图像进行处理，得到车道的初始信息，并计算出车道的参数。

4.2.1　基于 Hough 变换的车道初始检测

　　Hough 变换是一种基于累计的统计特性的直线检测算法，采用参数来检测线性目标，直线方程和参数方程见式(2-80)、式(2-81)。它可以容忍直线的不连贯性，因此对于车道线检测具有良好的适应性。图像平面上的一条直线若用像素点来描述，就要涉及多个像素点，描述起来非常不方便，可以映射成参数空间的一个点来描述。坐标系 x-y 空间上的一点对应于极坐标空间上的一条曲线，而 x-y 空间上同一条直线上的各点在 ρ-θ 空间对应的曲线均相交于一点，故此点的 θ 值即该直线在 x-y 空间的倾斜角度。Hough 变换先把图像坐标系中的目标点映射到极坐标系上进行累积，即先使图像坐标系平面上任一条直线上的所有点均累积到极坐标系的同一点集中去，再通过寻找极坐标系中点集的峰值来找到最长直线的特征。

　　Hough 变换把图像空间的直线检测问题，变成了寻找参数空间对应点的问题，在参数空间进行简单的累加统计完成车道线的检测任务。在检测图像中存在多条直线时，具体的 Hough 检测步骤如下。

　　① 如图 2-98 所示，在参数空间 ρ-θ 里建立一个二维累加数组，设数组为 $A(\rho,\theta)$。其中，ρ 和 θ 已经进行量化，其取值范围分别为 $[\rho_{\min},\rho_{\max}]$，$[\theta_{\min},\theta_{\max}]$。

　　② 初始化该二维数组，然后顺序搜索图像中所有白点（车道边缘为白色），对每一个白点，让 θ 取遍 θ 轴上的所有可能值，根据式(2-81)计算其对应的 ρ 值。再根据 θ 和 ρ 的值对对应的数组 A 进行累加：$A(\rho,\theta)=A(\rho,\theta)+1$。

　　③ 求出变换域中的最大值点并记录下对应的 (ρ,θ) 值。

　　④ 将最大值点及其附近的点清零。

　　⑤ 依次求出所有最大值点并记录。

　　本节所做的 Hough 变换是针对突出车道边缘后的图像进行的，因此统计的最大值点即为车道线对应的参考坐标点。为了提高算法实时性，避免道路背景中复杂的自然景物对车道识别的影响，本节采用如下策略。

　　① 由图 4-1 可以看出，道路图像中的车道主要存在于图像的下半平面中，因此将 Hough 变换的主要区域选定为图像的下半平面，进行 Hough 变换时将上半平面的图像信息屏蔽。

图 4-1　不同情况下的车道线图像

② 由于左车道位于图像的左半平面，右车道位于图像的右半平面，因此，将图像分成左、右两部分，用以分别识别左、右车道，分别求出左、右两侧两个最大值点。

③ 左车道与 x 轴的夹角 α 在 45°左右，如图 4-2 所示，因此左车道在 Hough 变换时，计算范围控制在 30°~60°之间；右车道与 x 轴所成的夹角 β 在 135°左右，因此右车道的计算范围控制在 120°~150°之间。

因为 Hough 变换抗噪性能强，对直线断裂、局部遮挡等缺陷不敏感，所以用它识别车道，能够避免断开的车道线、障碍物阴影等对车道的影响，有效地识别出图像中的左、右车道，处理结果如图 4-3 所示。

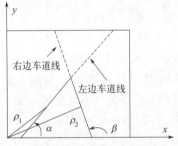

图 4-2　车道位置示意图

图 4-3　车道检测图

4.2.2　直线车道

根据 Hough 变换的基本原理，利用上一节所保存的最大值点，由参考坐标系与平面坐标系的变换关系，利用 Otsu 分割图像（图 4-4），计算出车道线的直线模型，如图 4-5 所示。参考坐标系与平面坐标系的变换关系为：

图 4-4　Otsu 分割图像

图 4-5　车道线图像

$$k_l = \tan\alpha, \qquad k_r = \tan\beta \tag{4-1}$$

$$b_1 = \frac{\rho_1}{\cos\alpha}, \qquad b_r = \frac{\rho_r}{\cos\beta} \tag{4-2}$$

其中，k_1 是左车道线的直线方程的斜率；b_1 是左车道线的直线方程的截距；k_r 是右车道线的直线方程的斜率；b_r 是右车道线的直线方程的截距；(α, ρ_1) 为左车道对应的参考坐标；(β, ρ_r) 为右车道对应的参考坐标。

4.2.3 车道检测结果

本节从 5000 幅视频截取的图像中抽取了不同情况下的图像进行车道检测，其中有的图像车道线的检测结果比较好，但也有一些图像的车道检测结果并不理想，如图 4-6 所示。

从图 4-6 可以看出，采用 Hough 变换对经过改进的 Sobel 边缘检测和最大类间方差法阈值分割后的图像进行处理，可以得到良好的车道检测结果。它能够有效地避免天气情况的干扰，如光线较暗、光线较亮及雨天时；对来自路面本身的干扰也具有较强的抗干扰能力，如

(a) 光线较暗　　　　　　　　　　　　　　(b) 光线较亮

(c) 雨天道路　　　　　　　　　　　　　　(d) 在桥下时

(e) 路面有箭头　　　　　　　　　　　　　(f) 路面有横向干扰

图 4-6

(g) 路面有字   (h) 有桥的阴影时

(i) 前面有桥干扰   (j) 路上侧有标识牌

(k) 左车道线不清，但有明显边界   (l) 右车道信息少，但无明显干扰

图 4-6   较准确的车道检测图

路面上的字迹、箭头、横向线等；同时对于处于图像上半平面的横向干扰也具有较强的抵抗能力，如图像中位于车道前方的桥、标识牌及桥底阴影重叠部分。

对上面的检测结果图进行综合分析，可以发现：在检测结果良好的图像中，车道线均较长、较明显，这也很好地证明了 Hough 变换能够有效识别出图像中较长、较清晰的直线。在图 4-6 的 (k) 图中，左车道线并不明显，甚至很模糊，但是图像中车道的左侧边缘和隔离带具有明显的分界线，并且分界线较长；(l) 图中，右车道信息缺失，但是右车道与水平面 x 方向大致成 135°，并且在右车道附近没有树木阴影、与车道颜色相近的物体等的干扰。图 4-7 是图 4-6(k)、(l) 图对应的刚经过预处理的图像。

结合图 4-6 和图 4-7 可知：在车道线信息不完整时，如果车道的边缘能够通过 Sobel 边缘检测算法得到较多（或较完整）车道信息的话，Hough 变换同样能够检测出较准确的车道。

分析图 4-8(a)、(b) 时可以发现，在车道信息较少时，车道检测容易出现不准确的情况。在此基础上，如果路面存在较多的干扰，会加重车道检测的不准确性；在图 4-8(b)

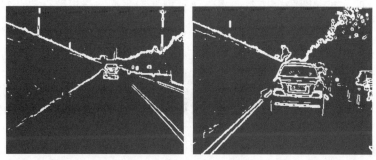

图 4-7 预处理后的图像

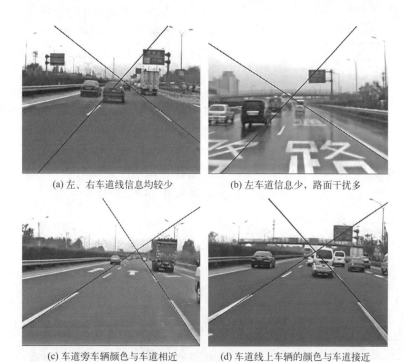

(a) 左、右车道线信息均较少   (b) 左车道信息少,路面干扰多

(c) 车道旁车辆颜色与车道相近   (d) 车道线上车辆的颜色与车道接近

图 4-8 不准确的车道检测图

中,检测出的左车道已经非常明显地偏离了正常的原车道线位置。对于图 4-8(c) 和 (d) 来说,车道线上或车道附近存在颜色与车道相近的物体,尤其是当这种物体是车辆时,会对车道检测的准确性造成较大的干扰。图 4-9 是图 4-8(c)、(d) 对应的预处理后的二值图像(已加入了检测到的车道线),从图中可以看出,改进的 Sobel 算法虽然能够明显地突出车道的

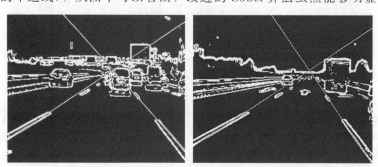

图 4-9 对预处理后的图像进行车道检测的效果

边缘特征，却不能完全滤除车辆所有的边缘线，因此当车辆与车道线颜色相近，并且离车道线较近或是处于车道线上时，Hough 变换就不能够很好地对车道线在变换域进行累加统计，检测出的车道线也就变得不准确。

4.3　基于动态自适应感兴趣区的车道线检测技术

对车道线的检测分为两方面：图像预处理以及车道线检测。在图像预处理方面，首先进行白平衡与灰度化处理，由于外界环境和车内环境的影响，视频中往往会产生许多干扰信息，需要将其视为图像噪声进行滤波处理。通过滤波处理可以将噪声信息有效过滤掉，留下有用的数据信息。滤波后的图像信息需要进行二值化处理以便获得更加明显的相关信息特征，在其基础上获取需要进行重点分析的感兴趣区域。在车道线检测流程方面首先需要对之前选取的感兴趣区域进行边缘特征提取，然后获得边缘信息后对其进行直线的检测和拟合。算法流程如图 4-10 所示。

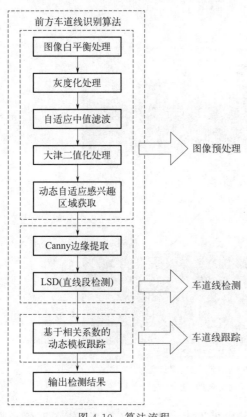

图 4-10　算法流程

4.3.1　图像预处理

车道线图像的预处理主要分为以下五个步骤：图像的白平衡处理、灰度化、滤波、二值化、提取感兴趣区域。

（1）图像白平衡处理　由于采集的图像信息是通过安装在车辆内部的摄像头采集所得，而摄像头是通过物体的反射光进行成像，在现实环境下由于外界天气以及环境的不同，光照对物体的影响也不尽相同，一旦光照条件发生了变化，摄像头的成像也会受其影响。在实际测试中也会遇到许多由于外界环境影响而导致的车道线图像不清晰的情况，如图 4-11 所示。

其中，图 4-11（a）为沙尘天气的车道线图像，可以看出由于沙尘天气影响，画面整体颜色偏黄；图 4-11（b）为晴天下午的车道线图像，可以看出太阳处于车辆前方，且光照十分充足，导致整个路面会产生阳光反射，通过摄像头采集到的画面也会将这些反射光采集起来，使得整个画面看起来十分明亮，而车道线也因此显得不太清晰；图 4-11（c）为夜间城市内的车道线图像，城区道路往往会有黄色的路灯照明，由于摄像头的采光率不尽相同，一些低采光率的摄像头由于光圈较小，路灯的光线过于明亮，会导致采集到的路灯光晕过大从而影响到车道线的检测；图 4-11（d）为隧道内的车道线图像，车辆行驶到隧道内所采集到的图像会相对较暗，前方的车道线也由于车辆的车灯照射而变为暗黄色。为了尽可能通过图像处理方法提高在不同光照情况下图像中的车道线清晰度，从而减轻后续车道线算法的复杂

(a) 沙尘天气车道线图像　　　　　　　(b) 晴天下午车道线图像

(c) 夜间城市内车道线图像　　　　　　(d) 隧道内车道线图像

图 4-11　常见受光照影响的车道线视频采集图像

彩图 1

度，提高检测准确率和检测速率，可以通过对图像进行白平衡处理来减少不同光线的干扰。本节使用图像白平衡处理方法中的灰度世界法来处理采集到的视频图像，达到对不同环境下车道线检测效率提高的作用。

灰度世界法（Gray World）是一种基于灰度世界的图像白平衡处理算法。灰度世界法假设一幅有着大量颜色变化的图像，其 R、G、B 三个色彩分量的平均值趋近于同一灰度的平均值 $\bar{k}$，可以通过计算 RGB 通道各自的平均值 $\bar{R}$、$\bar{G}$、$\bar{B}$ 来得到该图像的灰度平均值 $\bar{k}$，公式为：

$$\bar{k} = \frac{\bar{R} + \bar{G} + \bar{B}}{3} \tag{4-3}$$

之后通过调整各个通道的像素值，从而达到对图像白平衡处理的效果。其计算公式为：

$$\begin{cases} R^* = R \times \dfrac{\bar{k}}{\bar{R}} \\[2mm] G^* = G \times \dfrac{\bar{k}}{\bar{G}} \\[2mm] B^* = B \times \dfrac{\bar{k}}{\bar{B}} \end{cases} \tag{4-4}$$

其中，R^*、G^*、B^* 分别代表图像中三个通道通过灰度世界法处理之后的像素值。

通过灰度世界法对部分受光照影响较大的车道线图像处理的结果如图 4-12 所示。可以看出相较于之前未处理的图像，在色调和对比度上均有不同程度的改善。图 4-12（a）较原始图片在亮度上有所提高，原始图片由沙尘导致的画面整体偏黄，而处理后图像中的暗黄色光照影响相对减弱，且增加了对比度，车道线的特征更加明显；图 4-12（b）较原始图片在亮度上有所降低，减弱了由强光导致的车道线过亮的情况；图 4-12（c）较原始图片降低了亮度和增强了对比度，减弱了路灯和车灯的光晕干扰；图 4-12（d）较原始图片在亮度和对比度上有所提升，使得车道线特征更加清晰。可以看出通过对原始视频图片进行白平衡处理可以有效增强车道线的特征信息，提高了车道线检测的准确率。

(a) 沙尘天气车道线图像　　　　　　　　(b) 晴天下午车道线图像

(c) 夜间城市内车道线图像　　　　　　　　(d) 隧道内车道线图像

图 4-12　白平衡处理后的车道线图像　　　　　　　　　　彩图 2

（2）加权平均灰度化处理　现在大部分的彩色图像为 RGB 颜色模式，然而 RGB 三通道的像素值并不能描述图像的纹理特点，是在光学层面上进行的颜色修改。在机器视觉的图像处理方法中经常需要将获得的彩色图像转化为灰度图像，而图像灰度化处理（灰度处理）则是将彩色图像转化为灰度图像的处理方式。常见的灰度处理方法有：

① 最大值灰度处理方法：取三个不同通道像素值的最大值作为该像素点上的像素值。

$$\mathrm{Gray}=\max(R,G,B) \tag{4-5}$$

② 平均灰度处理方法：取三个不同通道像素值的平均值作为该像素点上的像素值。

$$\mathrm{Gray}=\frac{R+G+B}{3} \tag{4-6}$$

③ 加权平均灰度处理方法：通过调整各个通道的加权值来符合人眼感知。

$$\mathrm{Gray}=0.299\times R+0.587\times G+0.144\times B \tag{4-7}$$

由于在现实生活中车道线的颜色分类一般由白色或者黄色组成，通过三原色的配比关系可得知黄色是由红色和绿色通道构成，所以可以说明在对车道线图像的处理中红色和绿色分量的信息较为重要，而蓝色分量的信息对车道线检测的影响不大，可以忽略。所以本节调整了加权平均灰度化处理中的各个通道的权值，使其更加符合车道线的检测需求：

$$\mathrm{Gray}=0.5\times R+0.5\times G+0\times B \tag{4-8}$$

由此公式处理的车道线灰度化效果如图 4-13 所示。

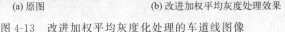

(a) 原图　　　　　　　　　　　(b) 改进加权平均灰度处理效果

图 4-13　改进加权平均灰度化处理的车道线图像　　　　　　彩图 3

可以看出调整了权值之后的灰度化处理可以使得图像中黄色和白色的信息更突出，提高了后续车道线检测的识别率。

（3）自适应中值滤波处理　　由于通过摄像头采集到的图像易受到光线强度不均、路面不平整、车内灰尘等影响，图像中会存在噪声干扰。为了提高车道线识别的准确性，需要对这些噪声干扰信息进行去噪滤波处理。由于对车道线检测需要将原始的彩色图像转换为灰度图，而在灰度图中常见的噪声模型为椒盐噪声，所以需要对椒盐噪声进行滤波处理。常见的椒盐噪声滤波处理为中值滤波处理方法。中值滤波是一种非线性平滑滤波技术，通过中值滤波可以将每一个像素点的灰度值调整为该点周围邻域像素点的灰度中值。在不考虑图像最边缘的区域像素信息的情况时，图像相邻的像素数据是平缓变化的，不会有特别大的差值。而椒盐噪声点（噪点）的像素值是较周围像素点突然变化的，因此只要求出噪点周围像素的中值信息，将噪声点取代，即可抹去独立的噪声信息，将噪声点附近的图像变得平滑，实现滤波的效果。

$$G(x,y)=\text{med}\{f(x-k,y-l)\,|\,(k,l)\in W\} \tag{4-9}$$

其中，$G(x,y)$ 代表计算后的像素值；$f(x-k,y-l)$ 代表输入图像的像素值；W 为滑动的模板，一般中值滤波的滑动模板取 3×3 的像素区域或 5×5 的像素区域，模板越小则计算耗时越小，越能留存住图像细节信息，但是去噪效果会降低。

由于实际采集到的数据可能会受到光照、元器件温度、周围环境等各种影响，彩色图像处理后的灰度图中的噪声点也不平均，传统中值滤波算法中的 W 为固定值，不能保证在好的去噪效果的同时尽可能保护图像的细节信息。可通过自适应中值滤波方法解决这个问题，自适应中值滤波可以通过预先设定的条件动态改变滤波器的模板。其主要特点有：

① 去除椒盐噪声；

② 平滑其他非脉冲的噪声；

③ 尽可能保护图像细节信息。

在对图像进行自适应中值滤波计算时，需要提前设定一个滑动窗口 S 的最大阈值 $S_{\max}$，通过调整阈值大小可以控制滤波的准确性和计算效率。之后需要获得该点的灰度值 Z、滑动窗口中的最小灰度值 $Z_{\min}$ 和最大灰度值 $Z_{\max}$，通过式(4-9)计算得到灰度中值 Z_{med}。获得这些基础数据信息后便可以对图像进行自适应中值滤波处理，自适应中值滤波的计算步骤为：

步骤1：判断是否同时满足 $Z_{\text{med}}-Z_{\min}>0$ 与 $Z_{\text{med}}-Z_{\max}<0$。如果是，执行步骤5；如果否，继续执行步骤2。

步骤2：增大滑动窗口 S 的尺寸为 S^{*}。

步骤3：重新获取 S^{*} 中的 $Z_{\min}$ 与 $Z_{\max}$，计算灰度中值 Z_{med}。

步骤4：判断是否满足 $S^{*}\leqslant S_{\max}$。如果是，返回步骤1；如果否，执行步骤7。

步骤5：判断是否同时满足 $Z-Z_{\min}>0$ 与 $Z-Z_{\max}<0$。如果是，执行步骤6；如果否，执行步骤7。

步骤6：输出 Z 并结束。

步骤7：输出 Z_{med} 并结束。

具体实现流程如图4-14所示。

使用图4-12(a)中白平衡处理后的图片进行不同浓度的椒盐噪声加噪，采用中值滤波和自适应中值滤波处理，效果如图4-15所示。

图4-15(a)为加噪阈值设定为20000的椒盐噪声，模拟正常环境下产生的椒盐噪声情况；图4-15(d)为加噪阈值设定为200000的椒盐噪声，模拟极端情况下产生的高椒盐噪声情况。从图4-15(b)和图4-15(c)可以看出对正常环境下的噪声处理，传统中值滤波和自适应中值滤波处理效果基本相同，但是在图片中的细节处理上传统中值滤波处理后的图片变

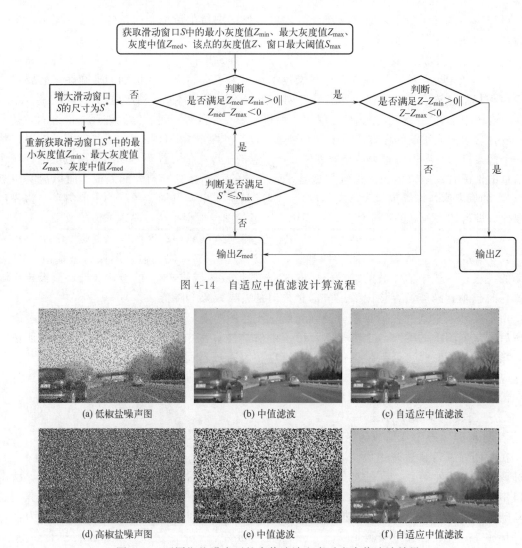

图 4-14　自适应中值滤波计算流程

(a) 低椒盐噪声图　　　　(b) 中值滤波　　　　(c) 自适应中值滤波

(d) 高椒盐噪声图　　　　(e) 中值滤波　　　　(f) 自适应中值滤波

图 4-15　不同椒盐噪声下的中值滤波和自适应中值滤波效果

得较为模糊，失去了一些图像的细节信息，而自适应中值滤波处理效果保存了更多的原始图片纹理特征。从图 4-15(e) 和图 4-15(f) 可以看出对极端环境下的噪声处理时，传统中值滤波已经无法将噪声信息全部过滤掉，无法进行后续的识别工作，而自适应中值滤波处理可以将噪声去除，虽然图像的色块化较为严重，但是也保存了部分图像的纹理信息，可以通过后续对图像进行膨胀腐蚀等形态学处理方法解决图像色块化的问题，仍可以继续进行识别。通过对比可以看出即使在极端情况下，采用自适应中值滤波方法来处理采集到的前方车道线图像也可以达到有效的滤波效果。

（4）大津二值化处理　通过灰度化和滤波处理可以获得去噪后的车道线灰度图像。为了检测到车道线的边缘信息，需要对其进行二值化计算。图像二值化是将灰度图中的每个像素点进行分类，将 0～255 区间内的图像转换为只有 0 或 1 的图像信息。本节使用大津二值化算法（Otsu）处理，获得车道线的二值化信息。

大津二值化算法（大津法）也称作最大类间方差法，通过该算法求得的阈值进行图像分割后，提高了目标信息与背景之间的类间方差值。该算法可以避免图像中由于像素值不均而造成的影响，减小像素点被错分的概率。大津法将前景与背景的分割阈值记为 T，前景与背景像素值占全部图像的比例分别为 ω_0、ω_1，前景与背景的平均灰度分别为 μ_0、μ_1，整幅图像的平均灰度为 μ，类间方差为 g，则有：

$$\begin{cases} \mu = \omega_0 \mu_0 + \omega_1 \mu_1 \\ g = \omega_0 (\mu_0 - \mu)^2 + \omega_1 (\mu_1 - \mu)^2 \end{cases} \tag{4-10}$$

通过上述公式可得：

$$g = \omega_0 \omega_1 (\mu_0 - \mu_1)^2 \tag{4-11}$$

通过大津法对车道线进行二值化分割的效果如图 4-16 所示。

(a) 车道线图像   (b) 大津二值化图像

图 4-16　使用大津二值化算法处理车道线图像

可以看出，经过之前的白平衡处理和滤波后的车道线图像中的干扰信息较少，通过大津法可以有效地将车道线信息与背景信息区分开，便于后续进行车道线的边缘提取。

（5）动态自适应感兴趣区域获取　由于采集到的车辆前方画面中不仅包含车道线信息，而且还包含了天空、前方车辆、周围树木等干扰因素，且处理一张完整的图像会增长处理时间，在低运算效率的嵌入式平台上不能保证检测的实时性，所以需要对采集到的图像进行感兴趣区域（Region of Interest，ROI）提取。传统车道线检测的感兴趣区域选择为画面下半部，如图 4-17 所示。

图 4-17　传统的车道线感兴趣区域选择

通过对图像进行感兴趣区域提取，只需要对感兴趣区域内的图像进行处理，而感兴趣区域外的图像信息默认为干扰信息不再处理，从而减少后续处理流程的计算时间。如图 4-17 中所选择的感兴趣区域，可以将计算速度提升为处理整张图像的两倍。

本节需要对感兴趣区域进行进一步缩减，在保证不丢失车道线信息的前提下尽可能提升处理速度。所以本节提出一种动态自适应的车道线感兴趣区域提取方法，选择的感兴趣区域如图 4-18 所示。

(a) 车辆行驶在车道内   (b) 车辆跨车道行驶

图 4-18　动态自适应的车道线感兴趣区域提取方法

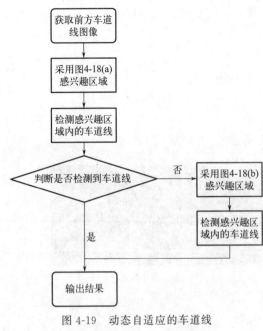

图 4-19 动态自适应的车道线
感兴趣区域提取方法流程图

图 4-18(a) 中的框线为车辆在车道内行驶时该算法采取的感兴趣区域选择，图 4-18(b) 中的框线为车辆在跨车道行驶时的感兴趣区域选择。通过调查可知，驾驶员完成变更车道的操作一般时间为 5～15s，在正常行驶过程中驾驶员每小时变更车道次数为 20～40 次。可以看出在变更车道上花费的时间为总行驶时间的 5%～10%，车辆大部分的时间是在车道线内行驶，少部分为跨车道行驶。所以可以通过缩小感兴趣区域来减少程序计算所花费的时间，从而提高效率以及保证程序的实时运行。该算法的实现流程如图 4-19 所示。

采用摄像头采集 1000 张车辆在城市道路中行驶的前方车道线图像作为测试数据，使用树莓派 4B 平台作为测试平台，分别采用传统车道线的感兴趣区域选择方法（传统方法）、只采用图 4-18(b) 中的车辆跨车道行驶感兴趣区域选择方法（车辆跨车道行驶方法）以及本节提出的动态自适应车道线感兴趣区域算法（本节方法）进行测试比较，统计出这三种算法测试的准确率和计算效率（平均帧率），结果如表 4-1 所示。

表 4-1 三种感兴趣区域选择方法的测试结果

感兴趣区域选择方法	准确率	平均帧率
传统方法	93.7%	21fps
车辆跨车道行驶方法	93.6%	43fps
本节方法	93.2%	83fps

注：fps 即帧/s。

从表 4-1 中可知，本节提出的动态自适应方法较传统方法在准确率基本不变的前提下速度（平均帧率）提升了将近三倍，较使用车辆跨车道行驶的方法识别速度提升了将近一倍。可以看出缩小感兴趣区域的范围可以将一些干扰因素过滤掉，达到通过减小图像的计算量来提高程序的计算效率的作用。

本节提出的动态自适应感兴趣区域选择算法不仅在保证检测准确率基本不变的前提下较传统算法在计算效率上有显著提升，而且可以通过在检测时采用的车道线检测感兴趣区域类型来判断车辆当前行驶的状态。如果当前采用的是图 4-18(a) 中的感兴趣区域并且检测到车道线信息时，则可认为车辆行驶在车道内；如果当前采用的是图 4-18(b) 中的感兴趣区域并且检测到车道线信息时，则可认为车辆行驶在车道外，为跨车道行驶，需提醒司机注意及时校正车辆的姿态。

4.3.2 车道线检测

通过本节的图像处理方法可以得到感兴趣区域内包含车道线信息的灰度二值化图像，接下来需要对该图像进行车道线检测识别，判断车道线的信息并且显示出车道线的具体位置。车道线的检测主要分为对图像的边缘提取以及直线检测两方面。

（1）Canny 边缘提取　在对车道线图像的边缘提取时使用 Canny 算法，具体实现步骤为：

① 使用高斯滤波器进行滤波；

② 获取图像中每个像素点的信息，计算梯度值和方向；

③ 采用非极大值抑制方法来消除边缘检测导致的杂散响应；

④ 采用双阈值检测方法确定边缘；

⑤ 通过抑制孤立的弱边缘信息完成边缘检测。

Canny 算法使用 Sobel 算子计算每个像素的水平梯度 $\boldsymbol{G}_x$ 和垂直梯度 $\boldsymbol{G}_y$，从而可以得出该像素点的梯度 $\boldsymbol{G}$ 和梯度方向 $\boldsymbol{\theta}$。

$$\boldsymbol{G}_x = \begin{bmatrix} -1 & 0 & 1 \\ -2 & 0 & 2 \\ -1 & 0 & 1 \end{bmatrix} \quad \boldsymbol{G}_y = \begin{bmatrix} 1 & 2 & 1 \\ 0 & 0 & 0 \\ -1 & -2 & -1 \end{bmatrix} \tag{4-12}$$

$$\boldsymbol{G} = \sqrt{\boldsymbol{G}_x^2 + \boldsymbol{G}_y^2} \tag{4-13}$$

$$\boldsymbol{\theta} = \arctan(\boldsymbol{G}_y / \boldsymbol{G}_x) \tag{4-14}$$

通过对边缘信息进行非极大值抑制操作，相关像素点信息得以保留，这些信息可以更准确地描述图像的边缘。为了处理由干扰信息等影响引起的一些边缘杂散像素，采用弱梯度值过滤并保留具有高梯度值的边缘像素信息，其可以通过阈值的选择来实现。使用 Canny 边缘提取算法所识别出的车道线信息如图 4-20 所示。

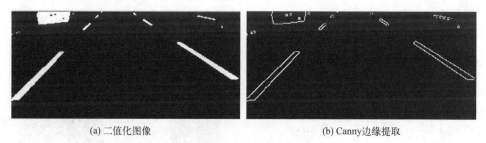

(a) 二值化图像　　　　　　　　　　　　(b) Canny边缘提取

图 4-20　Canny 边缘提取效果

从图 4-20 中可以看出，使用 Canny 边缘提取算法可以有效提取选定区域内的图像边缘信息，而且边缘信息十分简洁，便于后续直线检测和拟合。

（2）直线检测　通过 Canny 边缘提取可以得到车道线的边缘轮廓信息，但是在机器视觉中并不能就此直接识别出这些边缘轮廓的意义，需要对这些边缘信息进行进一步检测。对于车道线检测来说，需要对轮廓中产生的直线线段进行识别。常见的直线检测算法有霍夫直线检测算法与 LSD（直线段检测）算法。

① 霍夫直线检测算法采用统计和坐标变换的原理，利用两个不同的空间系的点线对偶特性，使用特定的变换关系将空间坐标系中的像素信息投影到参数坐标系中。其转化关系如图 4-21 所示。

从图 4-21 中可以看出，在空间坐标系中任意经过直线 $y = ax + b$ 的点在参数坐标系中都存在过点 (a_0, b_0) 的直线，其中 a_0 与 b_0 为该所求直线的参数。但当斜率无限大时该直线无法在参数坐标系中表示，所以需要将直线转换到极坐标系中解决该问题。极坐标系中直线方程的表示如图 4-22 所示，方程在极坐标系中表示为：

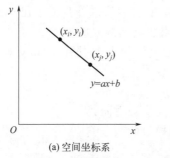 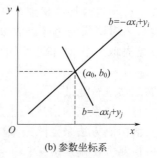

(a) 空间坐标系　　　　　　(b) 参数坐标系

图 4-21　像素点的坐标系转化

$$\rho = x\cos\theta + y\sin\theta \tag{4-15}$$

霍夫直线检测的实现步骤如下。

a. 在极坐标系中创建一个累加数组 $A(\rho,\theta)$ 用于储存信息。其中 ρ、θ 需设定阈值信息。

b. 遍历图像中的所有具有特征信息的点，利用式(4-15)求得对应 ρ 值，并且对数组 A 进行累加。

c. 比较步骤 b 中数组 A 的累加值 E 与设定阈值大小。若 E 小于阈值，则设置为 0；若 E 大于阈值，记录对应的 ρ、θ 值并设置为 0。

d. 循环步骤 b、c 直至所有 A 中的累加值清零。

② LSD（直线段检测）算法的核心思想是通过像素间的合并来检测出图像中梯度变化大的像素点集合，通过灰度图或者二值化图像中相邻两个黑白点的灰度变化来反映出图像的梯度信息，如图 4-23 所示。

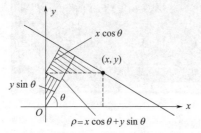

图 4-22　直线在极坐标系中表示示意图

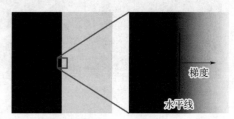

图 4-23　图像梯度

该算法首先通过低尺度的高斯下采样对图像进行降低分辨率处理，之后采用 2×2 的核滑动计算图像，对梯度值进行排序。设定梯度阈值 P，采用梯度值较大的点搜索梯度方向符合连续性条件的点形成线段支持区域，该区域内的点称为未使用点，如图 4-24 所示。

(a) 灰度图　　　　　　(b) 梯度方向　　　　　　(c) 线段支持区域

图 4-24　线段支持区域表示

将获得的线段支持区域认为是连续的像素段，而且如果该区域成细长形时可认为其是一个直线段，所以可以求该线段支持区域内的最小外接矩形，从而获得该直线段信息。最小外接矩形框内的梯度方向与矩形框的主方向角度差值达到一定阈值时，称这些点为一致点，如图 4-25 所示。通过统计矩形框内的所有像素点和一致点的个数，使用逆向思维方法和亥姆霍兹原理计算错误警告数（NFA）来判定一致点是否为一个直线段。

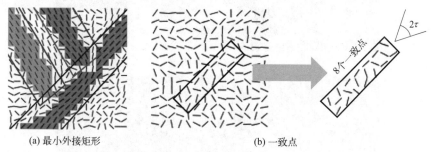

(a) 最小外接矩形　　　　　　　　　　(b) 一致点

图 4-25　最小外接矩形以及一致点

LSD 算法整体计算流程如图 4-26 所示。

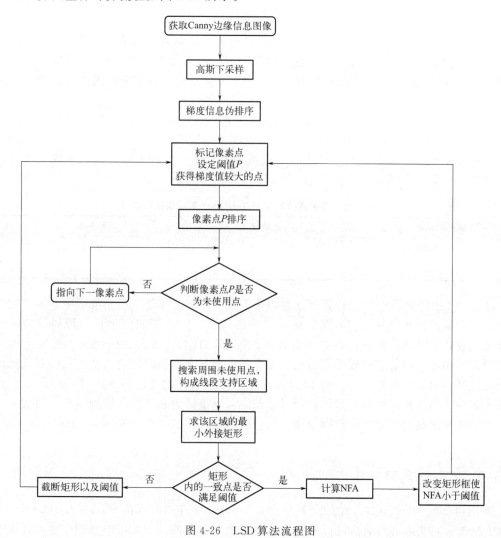

图 4-26　LSD 算法流程图

采用霍夫直线检测算法以及 LSD 算法两种方法对前方车道线进行直线检测，效果如图 4-27 所示。

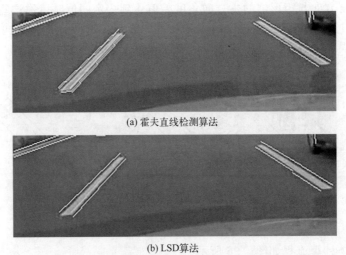

(a) 霍夫直线检测算法

(b) LSD算法

图 4-27　霍夫直线检测算法以及 LSD 算法效果

从图 4-27 中可以看出，LSD 算法检测出的车道线信息较霍夫直线检测算法更为简洁。霍夫直线检测会产生一些重复直线信息，仍需要对重复线段进行过滤；而 LSD 算法对车道线周围产生的直线段进行识别时通过其内在的 NFA 判断机制对重复线段进行过滤，生成单独的直线段信息。

采用摄像头采集 4000 张车辆在城市道路中行驶的前方车道线图像作为测试数据，使用树莓派 4B 作为测试平台，使用相同的图像预处理方法以及相同的感兴趣区域划分，分别采用霍夫直线检测算法以及 LSD 算法进行车道线识别，统计两种不同算法的准确率以及计算效率（平均帧率），结果如表 4-2 所示。

表 4-2　霍夫直线检测算法与 LSD 算法测试结果

车道线检测算法	准确率	平均帧率
霍夫直线检测算法	92.3%	14fps
LSD 算法	92.7%	32fps

从表 4-2 中可以看出，LSD 算法在与霍夫直线检测算法车道线检测准确率基本一致的前提下，平均帧率比霍夫直线检测算法提升了一倍以上。LSD 算法由于是一种局部特征提取的算法，较霍夫直线检测算法在处理速度上有明显的优势。霍夫直线检测虽然抗干扰能力强，对图像中噪声的敏感度较低，但是其很高的空间复杂度和时间复杂度使其很难在低成本的嵌入式平台上保证实时处理；而 LSD 算法虽然对相交线段处理效果不佳，但是由于车道线几乎很少会出现相交线段的可能，所以该缺点对车道线识别方面的影响很小。通过上述分析，本节在车道线检测方法中选择使用 LSD 算法。

4.3.3　实验结果及分析

使用树莓派 4B 作为嵌入式开发平台，操作系统为基于 Linux 的 Raspberry Pi OS，采用 HD91 摄像头对实际道路数据进行采集，图像尺寸大小为 640×480，对理想车道线环境下的

1000 幅连续图像分别用本节设计的车道线检测算法以及传统车道线检测算法（传统感兴趣区域划分＋霍夫直线检测）进行测试，统计两种算法的检测准确率以及检测的平均帧率。实验数据如表 4-3 所示。

表 4-3　车道线检测算法识别效果

算法	准确率	平均帧率
传统算法	96.9%	12fps
本节算法	97.3%	53fps

通过实验数据对比可以看出，本节设计的算法经过对感兴趣区域的动态优化以及采用计算速率更快的 LSD 算法之后，在嵌入式平台下较传统车道线检测算法（传统算法）在准确率基本相同的情况下，计算速度（帧率）有明显提升。传统算法在本平台上计算帧率仅为 12fps，不能达到实时检测的需求，而本节算法的计算帧率达到 53fps，可以达到实时检测的需求。

对本节设计的车道线检测算法采用理想车道线条件（光照不明显、车道线轮廓清晰且没有污损以及障碍物遮挡等）下以及日常环境下晴天、阴天、夜间、光照变化时的各 1000 幅连续图像进行测试，统计车道线检测算法在不同环境下的识别准确率（检测出车道线个数占总体样本数的比例）、精确率（所有检测出的车道线个数中正确检测个数的比例）以及检测的平均帧率。其中部分检测效果如图 4-28 所示，对采集图像的测试结果如图 4-29 所示。

(a) 隧道中车道线检测效果　　(b) 阴天时车道线检测效果　　(c) 前方有车辆时检测效果

图 4-28　车道线检测算法效果

图 4-29　车道线检测结果

实验数据结果如表 4-4 所示。

表 4-4　车道线检测算法识别效果

外界环境	准确率	精确率	平均帧率
理想条件	97.3%	96.1%	53fps
晴天	87.2%	85.6%	51fps
阴天	89.3%	91.2%	52fps
夜间	82.8%	78.8%	45fps
光照变化	71.2%	54.7%	20fps

通过表 4-4 可以看出，本节的车道线检测算法在理想车道线环境下的检测准确率和精确率可达到 95% 左右，帧率在 50fps 以上；在日常环境的大多数情况下本算法的识别准确率和精确率在 80% 以上，且平均帧率在 45fps 以上。通过数据对比可以看出本算法在不同外界环境下检测效果不同，在阴天环境下的车道线检测准确率、精确率以及平均帧率最高，准确率接近 90%，精确率超过 90%，帧率超过 50fps；在夜间环境下识别精确率和平均帧率较低；在光照变化的环境下检测准确率、精确率以及平均帧率均为最低，且不能保证实时检测。

夜间环境下识别精确率和平均帧率产生小幅度下降的原因是夜间环境下镜头采集到的画面中有路灯、对向车辆车灯等产生的光晕，导致车道线偶尔会被光晕覆盖，导致车道线检测出现错误，从而相关指标会下降。

针对在光照变化的环境下检测效果不好的情况，通过对采集的图像数据进行分析可知，光照变化时图像中的车道线会受到突然的强光照或者是遮挡而导致前后两帧图像中的灰度值发生较大幅度的改变，而在图像二值化计算时会导致车道线信息变得模糊混乱，从而导致后续的边缘提取计算量上升，识别准确率以及效率降低。

4.3.4　小结

本节主要介绍了前方车道线检测模块的设计与实现。该模块主要分为图像预处理以及车道线检测两个方面。在图像预处理方面首先对采集到的图像进行白平衡处理；之后通过改进加权平均灰度处理方法对白平衡后的图像进行灰度化，提高了图像中的黄色和白色的信息特征；由于摄像头成像容易产生椒盐噪声，采用自适应中值滤波算法去噪，对不同情况下产生的噪声均有很稳定的滤波效果；之后采用大津二值化算法对图像进行二值化处理，可以将车道线信息与背景信息区分开，便于后续处理；之后本节提出一种动态自适应的车道线感兴趣区域提取方法，通过该方法可以在保证车道线识别准确率不降低的前提下提升计算效率。在车道线检测方面首先使用 Canny 算法对二值化图像进行边缘提取；之后在直线检测算法上通过比较霍夫直线检测算法与 LSD 算法的不同，结合本节算法的应用场景以及实验分析，选择检测准确率和计算效率更高的 LSD 算法。通过实验数据测试可得本节提出的车道线检测算法在不同外界环境下识别准确率以及精确率大多在 80% 以上，平均帧率大多在 45fps 以上。

4.4　基于 Kalman 滤波的车道线跟踪技术

车道（车道线）跟踪是以摄像机获取的道路场景图像序列作为原始输入数据，通过图像处理算法提取道路图像特征作为测量数据，以某种随机状态估计算法为工具对道路模型参数进行迭代估计的过程，其实质是一个随机状态估计问题。随机状态估计的主要方法有卡尔曼（Kalman）滤波、扩展卡尔曼滤波和粒子滤波器等。Kalman 滤波是对噪声数据进行随机状态估计的标准方法，主要针对状态方程和测量（观测）方程均为线性且过程噪声和测量噪声均为高斯噪声的情况。Kalman 滤波本质上是实现预测、校正估计的一种方法，它在最小均方误差（Mean Square Error，MSE）意义上是最优的。

Kalman 滤波采用递推的方法进行估计，无须考虑多个过去的输入信号，递归运算时只需考虑前一个输入信号，直接将系统状态方程和观测方程相结合，即它以前一帧中系统的状态参数为基础，根据前一时刻的测量值，递推得到当前时刻系统的测量值。它具有计算量小、实时性好的特点。本节采用 Kalman 滤波技术进行车道跟踪。

4.4.1 基于 Kalman 滤波的车道跟踪流程

在利用 Kalman 滤波技术进行车道跟踪时，由于其采用递归运算，需要根据前一帧中的信息对当前帧中的目标物体进行估计，因此需要基于一些假设：

① 当前帧的车道线信息与上一帧比较发生突变（一般认为直线的斜率和截距的变化量不应该超过某个阈值，否则认为车道线的信息发生突变），则认为算法失效。

② 判断车道线置信度，包括车道线的平行度、宽度等，如果低于置信度指标，则认为算法失效。

Kalman 滤波的具体实现步骤为：在初始检测的基础上预测新的车道位置，由此建立感兴趣搜索区域。这一步骤缩小了搜索范围，减小了计算量，大大提高了系统实时性。

4.4.2 Kalman 滤波技术

Kalman 预测器的状态方程和观测方程分别如下：

$$x(n+1) = Gx(n) + w(n) \tag{4-16}$$

$$z(n) = Hx(n) + v(n) \tag{4-17}$$

其中，$w(n)$ 和 $v(n)$ 两者均为两两互不相关的零均值的正态白噪声序列，$w(n)$ 为 M 维系统噪声向量，$v(n)$ 为 L 维观测噪声向量；G 为 $M \times M$ 维系统状态转移矩阵；$x(n+1)$ 为 M 维状态向量；H 为 $L \times M$ 维系统测量矩阵；$z(n)$ 为 L 维观测向量。$w(n)$ 和 $v(n)$ 具有如下性质：

$$E\{w(n)\} = 0, \quad E\{v(n)\} = 0 \tag{4-18}$$

$$E\{w(n)w^{\mathrm{T}}(n)\} = Q, E\{v(n)v^{\mathrm{T}}(n)\} = R \tag{4-19}$$

其中，Q、R 分别为系统动态方程和测量方程的误差协方差矩阵。

利用射影理论推导 Kalman 预测器，见式(4-20)～式(4-24)：

$$k(n) = p(n|n-1)H^{\mathrm{T}}[Hp(n|n-1)H^{\mathrm{T}} + R]^{-1} \tag{4-20}$$

$$k_p(n) = Gk(n) \tag{4-21}$$

$$\varepsilon(n) = y(n) - Hx(n|n-1) \tag{4-22}$$

$$x(n+1|n) = Gx(n|n-1) + k_p(n)\varepsilon(n) \tag{4-23}$$

$$p(n+1|n) = G\{p(n|n-1) - p(n|n-1)H^{\mathrm{T}}[Hp(n|n-1)H^{\mathrm{T}} + R]^{-1}Hp(n|n-1)\}G^{\mathrm{T}} + Q \tag{4-24}$$

其中，$x(n+1|n)$ 为根据 n 时刻状态预测的 $n+1$ 时刻状态；$p(n+1|n)$ 为 $x(n+1|n)$

的预测误差方差矩阵；$\boldsymbol{k}(n)$ 为 Kalman 预测器增益；$\boldsymbol{k}_p(n)$ 为调整后的 Kalman 预测器增益；$\boldsymbol{\varepsilon}(n)$ 为 n 时刻的观测值与预测值之间的偏差量；$\boldsymbol{y}(n)$ 为实际观测值。

4.4.3 基于 Kalman 预测动态建立感兴趣区域

把第 n 帧的车道参数作为预测的输入参数，利用 Kalman 预测器对左、右车道位置分别进行估计，进而得到 $n+1$ 帧车道位置的预测值，计算出感兴趣区域。然后在预测到的感兴趣区域中，用统计预测法搜索第 $n+1$ 帧的车道边界点。

基于车道线直线性假设，以左车道线为例，用 (k_1,b_1) 表示直线的斜率和截距，用 (v_{k1},v_{b1}) 表示斜率和截距变化率，状态向量为 $\boldsymbol{x}_1=(k_1,b_1,v_{k1},v_{b1})$，观测向量为 $\boldsymbol{z}_1=(k_1,b_1)$。状态转移矩阵可以表示为 $\boldsymbol{G}=\begin{bmatrix} 1 & 0 & 1 & 0 \\ 0 & 1 & 0 & 1 \\ 0 & 0 & 1 & 0 \\ 0 & 0 & 0 & 1 \end{bmatrix}$。

为了观测道路区域的各个状态变量，选取系统测量矩阵为 $\boldsymbol{H}=\begin{bmatrix} 1 & 0 & 0 & 0 \\ 0 & 1 & 0 & 0 \end{bmatrix}$。本节将车道线检测模块检测到的车道线参数作为 Kalman 预测器的状态变量的初始值，可防止预测器发散。由于误差协方差矩阵可以随着图像动态更新，可以给它一个较大的初始值。

根据参考文献 [181]，误差协方差矩阵的对角元素应是以状态变量的初始状态为圆心的一定区域内的值，由此 $\boldsymbol{Q}$ 和 $\boldsymbol{R}$ 可以表示如下：

$$\boldsymbol{Q}=\begin{bmatrix} \left[\boldsymbol{x}_1(0)(1)\times 0.02\right]^2 & 0 & 0 & 0 \\ 0 & \left[\boldsymbol{x}_1(0)(2)\times 0.01\right]^2 & 0 & 0 \\ 0 & 0 & \left[\boldsymbol{x}_1(0)(3)\times 0.02\right]^2 & 0 \\ 0 & 0 & 0 & \left[\boldsymbol{x}_1(0)(4)\times 0.01\right]^2 \end{bmatrix}$$

$$\boldsymbol{R}=\begin{bmatrix} \left[\boldsymbol{x}_1(0)(1)\times 0.02\right]^2 & 0 \\ 0 & \left[\boldsymbol{x}_1(0)(2)\times 0.01\right]^2 \end{bmatrix}$$

根据已建立的状态方程和观测方程，通过 Kalman 预测算法，得到下一帧图像的状态向量和相应的协方差矩阵。如图 4-30 所示，最终确定左边车道的感兴趣区域为：

$$(k_{1_{up}},b_{1_{up}},k_{1_{down}},b_{1_{down}})=[\boldsymbol{x}_1(n+1|n)(1)-\boldsymbol{p}_1(1,1),\boldsymbol{x}_1(n+1|n)(2)-\boldsymbol{p}_1(2,2),$$
$$\boldsymbol{x}_1(n+1|n)(1)+\boldsymbol{p}_1(1,1),\boldsymbol{x}_1(n+1|n)(2)+\boldsymbol{p}_1(2,2)] \tag{4-25}$$

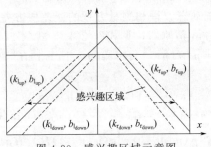

图 4-30　感兴趣区域示意图

右边车道线的感兴趣区域为：

$$(k_{r_{up}}, b_{r_{up}}, k_{r_{down}}, b_{r_{down}}) = [\boldsymbol{x}_r(n+1|n)(1) - \boldsymbol{p}_r(1,1), \boldsymbol{x}_r(n+1|n)(2) + \boldsymbol{p}_r(2,2),$$
$$\boldsymbol{x}_r(n+1|n)(1) + \boldsymbol{p}_r(1,1), \boldsymbol{x}_r(n+1|n)(2) - \boldsymbol{p}_r(2,2)] \tag{4-26}$$

4.4.4 统计预测法搜索边界点

对视频序列进行实时处理时，由于摄像机较快的采集速度（30 帧/s），视频流中相邻两帧图像中的车道位置变换很小，所以车道边界点的位置也变换不大，是可以预测的。在检测车道边界点时，树木或建筑物的阴影干扰、车辆遮挡、虚线车道等的影响，使得车道的边界点常常是不连续的，利用统计预测法对车道区域的间断点进行预测，可实现车道的准确检测。

主要方法是：以右边的车道为例，在图像中车道的感兴趣区域内，从图像的最下边界开始搜索。以直线（$k_{r_{down}}$，$b_{r_{down}}$）上的点作为起始点，在同一条扫描线上向右搜索（左边车道边界点搜索方向是从右向左），直到搜索到第一个边界点，然后进入上一行扫描线继续进行搜索；对于存在间断区域，并且在车道感兴趣区域内没有搜索到边界点的车道，采用 Kalman 预测器对当前帧车道参数的边界点位置进行预测，并将预测到的边界点作为当前扫描行中车道边界；如果在图像的某一行没有搜索到车道边界点，同时预测的边界点又不在车道感兴趣区域内，则放弃记录该行边界点位置。通过采用 Kalman 预测搜索不到的车道边界点位置，增加了车道边界点的信息，提高了车道检测的准确性和实时性。其流程如图 4-31 所示。

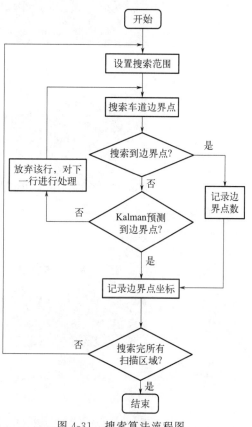

图 4-31　搜索算法流程图

4.4.5 算法失效判别模块

对车道进行检测和跟踪，是一个较有挑战性的课题，遇到的主要困难如下。

① 道路旁的树木、建筑物、桥梁和车辆等投射在路面上的阴影会改变道路图像的纹理，在车道检测过程中很难在保留有用边缘点的情况下消除干扰边缘点；

② 车辆前方其他车辆、行人以及其他障碍物均会影响车道线的可见性，能否准确区分图像中的边界点属于障碍物还是车道边界是车道检测能否成功的关键；

③ 车道线由于年久失修而变得残缺，或者与背景的对比度差、路面上的油污形成的纹理、由于摄像机动态范围不足而造成的图像质量过差等影响输入图像的质量；

④ 不连续的车道线使得车道检测所能用的信息减少；

⑤ 弯曲的道路给准确刻画道路形状带来困难。

考虑到以上困难，系统加入算法失效判别模块，一旦判定算法失效则启动车道初始检测模块对车道进行检测。本节判定算法失效的方法同 4.4.1 小节。

　　本节对多个视频序列进行跟踪，图 4-32 为选取的两组视频序列进行车道跟踪时的状态。

　　由图 4-32 的两组视频序列的对比可以看出，在道路图像质量较好（图像清晰），车道信息

第1帧　　　　　　　　　第2帧

第10帧　　　　　　　　　第20帧

第40帧　　　　　　　　　第80帧

第100帧　　　　　　　　　第200帧

(a) 视频序列1

第1帧　　　　　　　　　第2帧

第3帧　　　　　　　　　　第4帧

第5帧　　　　　　　　　　第20帧

第40帧　　　　　　　　　　第80帧

第100帧　　　　　　　　　　第200帧

(b) 视频序列2

图 4-32　车道跟踪及算法失效判别

量比较丰富时，车道跟踪的效果非常好。例如视频序列 2，由于前几帧中右车道的信息较少，因此车道跟踪的准度不够，在第 3 帧出现了错误的车道检测，但是加入的算法失效判别模块能够及时地修正算法的偏差，并在第 5 帧时使车道的跟踪又进入正确的状态。因此加入的算法失效判别模块使得系统具有一定的鲁棒性，在一定程度上避免了车道状况对车道跟踪的干扰。

4.5　基于相关系数的动态模板车道线跟踪技术

（1）算法思路　在日常实际道路中，车道线往往会由于缺损、遮挡等因素而检测失败，检测失败的情况如图 4-33 所示。

由于车道线均与车辆呈垂直分布，不存在水平于车辆的车道线信息，可以得知检测出的

(a) 车道线图像　　　　　　　　(b) 车道线检测结果

图 4-33　车道线检测失败的情况

车道线的倾斜角度存在一定范围，检测出超过该范围的车道线信息，便是检测失败的情况。倾斜角度范围与镜头安装位置、镜头与地面的夹角以及路面倾斜角度有关，一般车道线的内夹角范围在 30°～80° 之间。因此本节提出一种基于相关系数的动态模板车道线跟踪算法，该算法对检测出的车道线信息进行模板保存，通过每帧车道线的夹角判断车道线检测是否正确，并且纠正错误判断的信息，最后通过对前后多帧检测出的车道线倾斜角度以及车道线有效像素点进行相关系数判别，从而对模板进行动态更新。

相关系数 ρ 是两个变量 X、Y 的协方差与 X、Y 的标准差的比值，如式（4-27）所示：

$$\rho = \frac{\mathrm{Cov}(X,Y)}{\sigma_X \sigma_Y} \tag{4-27}$$

其中，σ_X、σ_Y 分别代表变量 X、Y 的标准差；$\mathrm{Cov}(X,Y)$ 为 X、Y 的协方差，计算公式如式（4-28）所示：

$$\mathrm{Cov}(X,Y) = E[(X-\mu_X)(Y-\mu_Y)] \tag{4-28}$$

其中，μ_X、μ_Y 代表变量 X、Y 的均值。通过上述两个公式可以求得两个变量的相关系数，而计算相关系数可以判断两个变量之间的变化趋势。若相关系数为正则代表两个变量是同向变化；为负则代表反向变化。而且相关系数还消除了幅度对变量的影响，仅反映变量间每单位变化的相似程度。

该算法首先对车道线信息进行初始模板保存。判断检测出的车道线信息是否大于车道线检测的最少有效像素点（两条车道线的最少有效像素点本节设定为 50 个）以及是否符合车道线的夹角范围，符合这两个条件便可认定为正确识别的初始车道线信息，将该信息保存到模板库中。

之后对下一帧车道线信息进行检测，判断检测出的车道线夹角是否符合正常范围。若在范围内则输出检测结果，若不在范围内则使用车道线模板代替检测结果进行输出。

最后对每 5 帧内检测出的车道线像素个数以及检测出的车道线夹角度数进行相关系数计算，判断这段时间内检测的车道线信息变化是否稳定。若相关系数为正则代表这 5 帧内的车道线检测信息是同向变化，便可将车道线模板信息更新为最后一帧的车道线信息，实现动态更新模板的效果。

该算法的实现流程如图 4-34 所示。

通过本节设计的基于相关系数的动态模板车道线跟踪算法可以将识别错误的车道线图像进行纠正，效果如图 4-35 所示。

（2）实验结果及分析　使用树莓派 4B 作为嵌入式开发平台，操作系统为基于 Linux 的 Raspberry Pi OS，使用 HD91 摄像头对实际道路数据进行采集，图像尺寸大小为 640×480，对理想车道线环境下的 1000 幅连续图像分别用本节设计的车道线跟踪算法以及不加入本节算法的传统车道线检测算法（传统感兴趣区域划分＋霍夫直线检测）进行测试。采用理想车道线条件（光照不明显、车道线轮廓清晰且没有污损以及障碍物遮挡等）下以及日常环境下晴天、阴天、夜间、光照变化时的各 1000 幅连续图像进行测试，统计在加入跟踪算法后在不同

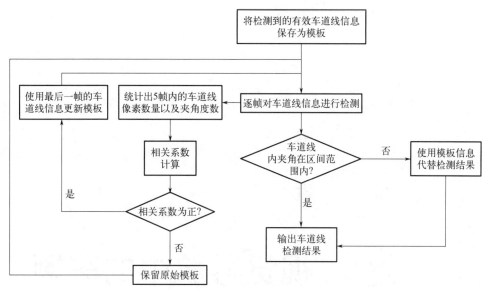

图 4-34　基于相关系数的动态模板车道线跟踪算法流程

(a) 识别错误的车道线检测图像　　(b) 跟踪算法纠正后的图像

图 4-35　跟踪算法对识别错误图像进行纠正

环境下的车道线识别准确率、精确率以及检测的平均帧率。实验数据结果如表 4-5 所示。

表 4-5　车道线跟踪算法效果

外界环境	准确率	精确率	平均帧率
理想条件	97.4%	96.3%	44fps
晴天	93.7%	93.4%	43fps
阴天	93.3%	92.8%	45fps
夜间	91.1%	90.9%	38fps
光照变化	85.4%	83.3%	26fps

通过对比表 4-4 与表 4-5 中的实验数据可以看出，加入了本节设计的基于相关系数的动态模板车道线跟踪算法后，对不同外界环境下的车道线检测的整体识别准确率均有所提升，主要体现在该算法对不同环境下错误判别的情况进行了有效的纠正。对晴天和阴天的识别准确率提升至 93% 以上，对夜间环境下的识别准确率提升至 90% 以上，而对光照变化情况下提升效果最大，这是由于在光照变化时车道线检测算法检测出的错误车道线过多，通过使用该跟踪算法中的车道线模板进行纠正后便可获得较为正确的车道线信息。而通过对比该算法的平均帧率可以看出加入了该跟踪算法之后对帧率有小幅影响，但大多数仍可达到 40fps 左右的识别速度，可以实现实时检测的功能。

第
5
章

视觉导航中的车辆
自主导航定位技术

5.1 概述

随着智能驾驶的发展，视觉自主导航定位（SLAM，即同步定位与建图）技术被广泛应用于车辆行驶过程中的自身定位。相较于绝对定位系统，视觉 SLAM 为相对定位，具有成本低、精度高的优点，并能够补偿车辆行驶过程在特殊场景（如隧道、高楼群、野外山区场景）中绝对定位技术 [GPS、UWB（超宽带）、重定位等] 信号不稳定或技术缺失的情况下，造成的定位跳跃现象。

所谓视觉 SLAM 技术，就是通过视觉传感器获取的图像数据，经过前端视觉里程计、后端非线性优化、回环检测、地图创建等一系列算法进行载体的同步定位与建图，而视觉里程计中位姿的估计直接影响定位技术的精度。

视觉里程计在估计位姿时由于只依赖于视觉的输入信息，不需要有关环境的任何先验知识，一旦两帧之间特征点匹配发生错误，对位姿估计的精确度影响很大。最重要的是，由于下一时刻的位姿估计依赖于前一时刻的，在无法保证每次匹配都准确无误的情况下，累计误差会逐渐加大且无法避免，因此在保持系统稳定的基础上，需要尽可能地避免匹配对中的误差。

视觉里程计的工作方式，是通过环境中的静态特征估计自身运动的。传统的视觉里程计（VO）在估计位姿时一般都是假设周围环境是静态的，将提取的特征点统一进行前后帧的匹配进行位姿的计算。然而当环境中存在动态物体时，由于动态物体和环境之间也存在相对速度，将动态物体的特征点用于视觉里程计的位姿估计会导致结果出现误差。如果图像中的动态特征所占比重小且运动方向无序，则可以通过 RANSAC（随机抽样一致）算法有效地将这些动态特征点作为外点滤除。若图像中的动态特征点所占比重较大，且属于同一运动物体，则这些动态特征将具有相同的运动方向。此时，RANSAC 算法有可能将这些动态特征点作为内点计算里程计信息，从而引入误差，造成视觉里程计算估计失败。因此滤除环境动态特征，保留静态特征是视觉里程计稳定工作的先决条件。

5.2 动态障碍物剔除技术

针对于环境中动态障碍物的剔除，很多学者和专家提出了相应的解决方案。文献 [201] 通过多传感器融合的方式，结合车载里程计、激光传感器信息，应用 EKF（扩展卡尔曼滤波）分割算法检测室内动态物体上的误匹配对，在效果上有了很好的展示，但是借助 RGB-D 深度相机并不适用于室外场景开阔的地方，这种多传感器融合的方式会带来计算资源的消耗和成本的提升。文献 [202] 提出一种结合查找表和金字塔 LK 光流法的改进，通过相邻帧的视差估计图像的移动方向，利用金字塔 LK 光流法获取光流信息，根据光流大小与阈值比较检测移动物体，从而减少移动物体对系统的影响。这种方法针对室内光照变化不明显的场景，由于室外的光照变化明显，在这种情况下光流法在性能上会受到很大的影响。文献 [203] 通过改进 RANSAC 算法，提出基于先验的自适应 RANSAC 算法。这种方式在动态障碍物所占单帧图像面积比例较少的情况下能够以误匹配对的方式进行剔除，然而当动态障碍物所占比例较多的时候并不能发挥很好的效果。考虑到智能驾驶在跟车情况下由于离前方车辆太近而导致动态障碍物会占据很大的比例，因此剔除动态障碍物最好的方式就是直接去除这些区域所提取的特征点。文献［204］通过深度学习的方式检测出动态障碍物，之后在特征点提取的时候去除掉动态障碍物的特征点，以避免动态背景的影响。这种方法的实现涉及深度学习的复杂模型，需要借助 GPU 计算工具，进一步增加了算法实现的成本。

本节针对车辆行驶过程中使用视觉 SLAM 进行实时定位在动态场景中位姿估计不精确，导致车辆定位失败而影响行车安全的问题，提出了基于动态障碍物滤除（剔除）的车辆视觉定位算法。通过检测模块与动态区域相结合的方法来判别动态车辆所在区域，随后将该区域所提取的特征点删除，并增加静态区域特征点数量将其用于位姿估计，可以减少动态对象对姿态估计的影响，从而提高在动态场景中车辆位姿估计的准确性。

考虑到检测模块的时间高效性，结合智能车在室外园区运行的过程中所遇到的大部分动态背景干扰主要来自正在行驶的车辆，因此本节设计的检测模块以检测车辆为主导，由于单纯的车辆信息无法判断其是否为运动状态，提出基于先验知识划分动态检测区域的方式，将动态车辆和静态车辆区分开。为了保证特征点不会因动态区域的剔除数量大幅度减少，以动态区域所占全局的面积比例为判定标准，动态调整特征点的提取阈值，进而增加静态区域特征点的数量。为了避免因为添加检测模块带来的效率降低，以并行的方式将模块加在 ORB 特征点提取线程中。

5.2.1 基于级联分类器的车辆检测

对于使用 Haar 矩形特征进行训练的 AdaBoost 分类器，每一个 Haar 特征都可视为一个分类器，且表示为如下公式形式：

$$f_i = \begin{cases} 1, p_i h_i(x) < p_i \theta_i \\ -1, 其他 \end{cases} \tag{5-1}$$

其中，x 表示样本图像内的特征窗口；$h_i(x)$ 表示 Haar 矩形特征集合中第 i 个特征在该特征窗口 x 上计算出的特征值；$p_i(p_i \in \{-1,1\})$ 表示分类方向；θ_i 为使用该分类器进行分类的最佳阈值。

在样本图像内 Haar 特征窗口的位置可以任意滑动、特征窗口大小可以任意缩放，所以 Haar 特征集合内的特征数量十分庞大；AdaBoost 算法的每一轮训练都是在 Haar 特征集合中寻找分类错误率最小的分类器作为该轮的弱分类器，即寻找分类器参数 $\{h_1, p_i, \theta_i\}$，最后将所有分类器线性组合成强分类器。

经过 AdaBoost 分类器训练可以得到强分类器，将多个强分类器按照某种原则进行连接即可生成级联分类器。图 5-1 为本节级联分类器进行分类判断的示意图，级联分类器将每阶强分类器串联起来，输入窗口经过每阶强分类器，如果满足正样本判断条件则进入下一阶，否则直接被判断为负样本，不再进入后面的强分类器；只有输入窗口满足全部强分类器的正样本判断条件，才会最终判断为正样本。级联分类器能够在级联分类初期快速拒绝检测图像中的负样本区域，缩短检测时间，同时多阶强分类器保证了正样本能够被正确检测。

图 5-1 级联分类器分类过程示意图

5.2.2　基于先验知识划分动态检测区域

利用 Haar＋AdaBoost 分类模型进行目标检测时，使用不同大小的检测窗口在图像中以一定的步长进行滑动，对每一个窗口进行分类判断进而确定目标位置。该遍历检测算法的计算量较大，检测实时性较差，且难以将车辆行驶环境中的动态车辆和静态车辆区分开。针对上述问题，本节提出一种基于先验知识划分动态检测区域的算法，在保证原遍历检测效果的前提下，缩短了遍历时间的同时能够有效区分开正在行驶中的动态车辆和停在路两旁的静态车辆。本节的遍历检测算法设计了远、近两个检测窗，如图 5-2 所示，较大的矩形区域为近检测窗，用于检测近距离车辆；较小的矩形区域为远检测窗，用于检测远距离车辆。

（1）近检测窗设计

① 原始图像大小：720×480（像素）。

② 近检测窗参数设置：

检测窗宽度：450；检测窗高度：130；检测窗左上角坐标：（140，170）；缩小倍数：2/3；检测滑窗大小范围：（30，24）以上。

图 5-2　车辆检测区域

实验中将近检测窗设置在图 5-2 的较大矩形区域位置，目标是检测较近距离的车辆。首先，在原始图像中截取左上角坐标为（140，170），宽、高分别为 450、130 的矩形区域，再将该区域图像的宽、高均缩小为原来的 2/3，即得到近检测窗。在该检测窗中，成像较小的较远距离车辆由于缩小操作会变得更小，车辆特征变得模糊，甚至车辆图像可能会小于 Haar＋AdaBoost 训练设定的检测目标最小尺寸，即训练模型大小，这会导致远距离车辆无法被正确识别；然而对于较近距离的车辆，在图像中成像的尺寸较大，进行缩小操作后仍能被检测出来，不会产生不良影响，所以近检测窗可以用于检测近距离车辆。

在近检测窗中使用 Haar＋AdaBoost 模型检测车辆时，对车辆的大小不作限制，完整遍历车辆在近检测窗中所有可能的大小，即滑动窗口大小从模型检测最小窗口（30，24）到填充近检测窗的最大尺寸。但由于近检测窗包含缩小操作，最小窗口（30，24）映射在原始图像中的大小为（45，36），使得近检测窗只能检测在原图像中成像大于（45，36）的近距离车辆目标，实验中近检测窗的检测效果如图 5-3 所示。

图 5-3　近检测窗检测效果

（2）远检测窗设计

① 原始图像大小：720×480（像素）。

② 远检测窗参数设置：

检测窗宽度：230；检测窗高度：35；检测窗左上角坐标：（245，220）；缩小倍数：无缩放操作；检测滑窗大小范围：（30，24）到（45，36）之间。

实验中的远检测窗设置在如图 5-2 较小矩形区域位置，该矩形区域的左上角坐标为（245，220），宽、高分别为 230、35，不进行缩放操作；由于车载摄像机安装的位置固定，远距离车辆在拍摄视频图像中成像的位置接近地平线位置，且成像的尺寸较小，所以可以设置宽度较窄的窗口来检测远距离车辆。

在远检测窗中检测时，滑动窗口（滑窗）大小范围设在（30，24）到（45，36）之间，由于没有缩放操作，滑窗大小即为原始图像中的相同尺寸大小，与近检测窗滑动窗口范围取并集覆盖所有的可能大小，实验中远检测窗的检测效果如图 5-4 所示。

（3）去除静态车辆

① 原始图像大小：720×480（像素）。

② 动态区域参数：

上边界顶点：（360，226）；左边界点：（0，0），（0，291）；右边界点：（720，480），（720，291）。

实验中动态区域设置如图 5-5 所示，具体分为两步：

图 5-4　远检测窗检测效果　　　　图 5-5　动态区域车辆检测窗示意

① 首先将近检测窗中检测出来的车框映射到原始图像坐标下，映射关系如下：

$$src\_y = near\_car\_y \times scale + nearWindow\_y \tag{5-2}$$
$$src\_x = near\_car\_x \times scale + nearWindow\_x \tag{5-3}$$
$$src\_h = near\_car\_h \times scale \tag{5-4}$$
$$src\_w = near\_car\_w \times scale \tag{5-5}$$

式中，$near\_car\_x$、$near\_car\_y$、$near\_car\_w$、$near\_car\_h$ 分别为近检测窗检测出的车框的左上角 x、y 坐标及车框的宽、高；src_x、src_y、src_w、src_h 为映射到原始图像坐标下车框的左上角 x、y 坐标及车框的宽、高；$scale$ 为近检测窗尺寸的缩小倍数；$nearWindow\_x$、$nearWindow\_y$ 为在原始图像中截取的近检测窗左上角的 x、y 坐标。将近检测窗映射后的车框与远检测窗车框取并集，得到总体检测结果。

② 将检测出的车辆矩形框底部横线与动态区域依次做比较，以底部横线是否完全在动态区域内部为标准判断动态车辆，最后将不符合标准的矩形框进行删除，图 5-6 所示为动态区域划分效果。

（a）近检测窗去除静态车辆

（b）远检测窗去除静态车辆

图 5-6　动态区域划分效果

5.2.3　基于动态区域改进 FAST 特征点检测

在 SLAM 系统中所使用的 ORB 特征点提取方式为：

① 首先固定单帧图像提取特征点的数量 N。

② 为了使特征点在图像中分布均匀，采用网格的方式进行提取，即：将整幅图像划分为 F 个等距的网格，将 N 均匀地分配给每个网格进行提取，每个网格中所能提取的特征点为 $M=N/F$。

③ 在检测 FAST 特征点时，每个网格中所使用的灰度差阈值为默认值 t_1 和最小值 t_2，即：首先使用默认值进行特征点提取，当此网格中提取特征点的数量达不到理想值时，会自动将阈值降低为 t_2 进行提取。

在 SLAM 系统中当图像帧中动态区域占据很大比例时，为了降低动态区域对系统的影响，应删除这部分区域的特征点，但这会导致特征点数量急剧减少，从而造成位姿估计的失败。根据以上问题，本节提出一种自适应网格特征点提取数量的方法，首先计算出动态区域提取的特征点数量占图像帧总体特征点的比例 B：

$$B=\frac{N_0}{N} \tag{5-6}$$

式中，N_0 为动态区域提取的特征点数量；N 为图像帧总体特征点的数量。

根据求出的动态区域特征点占据的比例 B，动态调整其他网格所需提取的特征点数量 M：

$$M=\frac{N_0}{F(1-B)}+\frac{N}{F} \tag{5-7}$$

5.3 车辆视觉位姿估计技术

5.3.1 对极约束原理

如图 5-7 所示为对极几何约束的示意图，图中 O_1 和 O_2 分别表示相机在两个时刻的中心点，P_1 和 P_2 点分别为空间点 P 在左右图像的像平面的投影。连接空间点 P 和两个相机中心点 O_1、O_2 所确定的平面为极平面，可知与左右两边与像平面分别相交于 P_1、P_2，连接 O_1 与 O_2 交左右图像的像平面于 e_1、e_2 点。

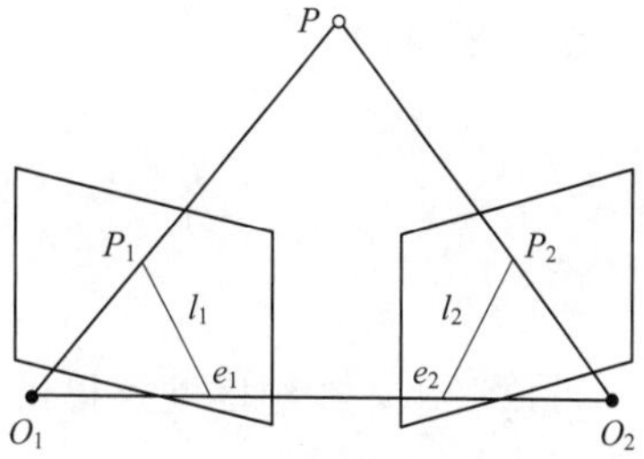

图 5-7 对极几何约束

以左边图像为世界坐标系，设 P 的空间坐标为 $\boldsymbol{P}=[X,Y,Z]^{\mathrm{T}}$，根据针孔相机模型，可得：

$$\begin{aligned} s_1\boldsymbol{P}_1&=\boldsymbol{KP}\\ s_2\boldsymbol{P}_2&=\boldsymbol{K}(\boldsymbol{RP}+\boldsymbol{t})\end{aligned} \tag{5-8}$$

其中，s_1、s_2 是 P 点在两个坐标系的 z 轴坐标；$\boldsymbol{K}$ 为相机内参矩阵；$\boldsymbol{R}$、$\boldsymbol{t}$ 分别表示相机的旋转矩阵、平移矩阵。在齐次坐标下，一个向量将等于它自身乘上任意的非零常数，这通常用于表达一个投影关系，称为尺度意义下相等。此时，有 $s_1\boldsymbol{P}_1\approx\boldsymbol{P}_1$，$s_2\boldsymbol{P}_2\approx\boldsymbol{P}_2$，因此式(5-8) 可写为：

$$\begin{aligned} \boldsymbol{P}_1&=\boldsymbol{KP}\\ \boldsymbol{P}_2&=\boldsymbol{K}(\boldsymbol{RP}+\boldsymbol{t})\end{aligned} \tag{5-9}$$

像素点坐标归一化得：

$$x_1 = K^{-1} P_1$$
$$x_2 = K^{-1} P_2 \tag{5-10}$$

结合式(5-9)、式(5-10) 得：

$$x_2 = R x_1 + t \tag{5-11}$$

两边同时与 t 做外积，而后左乘 x_2^{T}，可得：

$$x_2^{\mathrm{T}} \hat{t} R x_1 = 0 \tag{5-12}$$

将式(5-10) 代入，可得：

$$P_2^{\mathrm{T}} (K^{-1})^{\mathrm{T}} \hat{t} R K^{-1} P_1 = 0 \tag{5-13}$$

两式是对极约束数学表达，做进一步简化：

$$E = \hat{t} R$$
$$F = (K^{-1})^{\mathrm{T}} E K^{-1} \tag{5-14}$$

可得：

$$x_2^{\mathrm{T}} E x_1 = P_2^{\mathrm{T}} F P_1 = 0 \tag{5-15}$$

其中，E 为本质矩阵；F 为基础矩阵。所以，根据配对点可以求出 E 或者 F，进而求解出 R、t。

当特征点都落在统一平面时，需要利用单应性矩阵进行运动估计：

$$H = R - \frac{t n^{\mathrm{T}}}{d} \tag{5-16a}$$

其中，n 为平面的法向量；d 为摄像机到平面距离。单应性矩阵 H 的表达式如下：

$$H = \begin{pmatrix} h_1 & h_2 & h_3 \\ h_4 & h_5 & h_6 \\ h_7 & h_8 & 1 \end{pmatrix} \tag{5-16b}$$

针对图 5-7 中两张不同图片的一对匹配点的像素坐标（u_1，v_1）和（u_2，v_2），有：

$$\begin{pmatrix} u_2 \\ v_2 \\ 1 \end{pmatrix} = \begin{pmatrix} h_1 & h_2 & h_3 \\ h_4 & h_5 & h_6 \\ h_7 & h_8 & 1 \end{pmatrix} \begin{pmatrix} u_1 \\ v_1 \\ 1 \end{pmatrix} \tag{5-17}$$

经整理得：

$$u_2 = \frac{h_1 u_1 + h_2 v_1 + h_3}{h_7 u_1 + h_8 v_1 + h_9}$$
$$v_2 = \frac{h_4 u_1 + h_5 v_1 + h_6}{h_7 u_1 + h_8 v_1 + h_9} \tag{5-18}$$

可以看出，一组匹配点提供两个约束，而单应性矩阵的自由度为 8，所以最少需要 4 对匹配点进行求解。

5.3.2　求解相机位姿

从式(5-15) 可以得出，平移与旋转各有 3 个自由度，由于尺度等价性，所以本质矩阵只有 5 个自由度，最少可以用 5 对点求解。如果只利用本质矩阵的线性性质，最少需要利用 8 对点可以求解。以本质矩阵为例恢复相机位姿，基本矩阵与单应性矩阵恢复相机位姿与本质矩阵类似，都会有 4 个解。设 E 的 SVD 是：

$$E = U \Sigma V^{\mathrm{T}} \tag{5-19}$$

其中，U 和 V 为正交矩阵；Σ 为奇异值矩阵。根据 E 的性质，可以得出 $\Sigma = \text{diag}$ (σ, σ, 0)，其中 σ 为非零奇异解。在 SVD 中，对于任何 E 都有两个 t、R 与之对应。因此，本质矩阵有如图 5-8 所示的四组解，由图可知只有第一个解的点 P 在两个相机下具有正深度而符合要求。

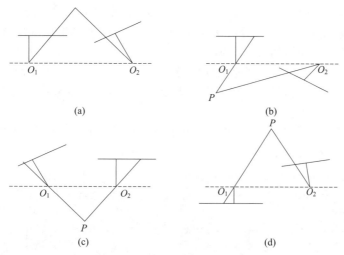

图 5-8 本质矩阵 4 个解的几何示意

分解单应性矩阵时有 4 组解，根据特征点深度为正，可以排除两个。因为场景平面与相机平行，理论上法向量 $n = [0, 0, 1]^{\mathrm{T}}$，代入即可得到正确解。本章实验会出现特征点共面情况，因此需要同时利用本质矩阵与单应性矩阵求解相机位姿，选择重投影误差较小的作为最终选择。

5.4 实验结果与分析

基于动态障碍物滤除的车辆视觉位姿估计算法实验平台是 ORB-SLAM2 系统框架，在保持 ORB-SLAM2 其他模块不变的基础上，对视觉里程计模块进行改善。如图 5-9 所示为改进后的系统整体框架，图中实线箭头所连接部分为 ORB-SLAM2 原有的实验流程，虚线箭头所连接部分表示本章改进后所添加的流程。

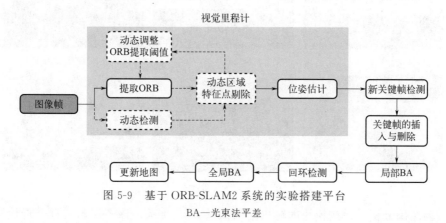

图 5-9 基于 ORB-SLAM2 系统的实验搭建平台

BA—光束法平差

（1）目标检测的准确率与时间效率实验

① 数据集的选取。训练 AdaBoost 分类器时样本集需要包含正样本和负样本，正样本为后

向车辆样本，即车尾图像，负样本为非后向车辆的一切样本。本节选择使用后向车辆作为正样本的主要原因是后向车辆的特征明显，具有一定相似性，且容易用 Haar 矩形特征进行表示。

a. 正样本集生成。采集正样本时，需要对样本拍摄时的光照条件、天气情况、车辆尺寸、车辆类型等因素综合考虑，采集类型丰富的样本，使得训练出来的分类器具有较强的泛化能力，能够实现不同场景下的后向车辆检测；同时正样本采集场景应该接近实际检测场景，负样本也应该满足同样的采样原则。

b. 负样本集生成。由于在正常拍摄的道路图像中，车辆目标在图像中所占比例远远小于其他非车辆的负样本，为了能够快速生成大量的负样本，本章采用随机生成的方式来获取负样本，负样本生成的步骤如下。

• 复制样本集，读取正样本标注文件中车框的坐标和大小，在复制的样本集中使用黑色像素框将车框区域进行覆盖，如图 5-10 所示。

图 5-10 黑色像素框覆盖车框效果

• 在覆盖后样本集的每幅图像中随机采集 10 个框作为负样本，采集框的位置随机，宽、高大于 30、24，宽高比与训练模板相同，大小随机。

• 人为筛除负样本集中有 60％以上区域被黑色像素框覆盖的样本，尽量避免模型学习到人为添加的图像信息。

使用随机生成方式得到的负样本集示例如图 5-11 所示。

图 5-11 负样本集示例

② 实验结果分析。检测模块的输出结果如图 5-12 所示，该图展示了远、近检测窗对不同距离车辆的检测效果。实验分别对基于 Haar＋AdaBoost 分类器的整体遍历检测算法和本章检测算法进行性能测试，检测模块在测试集上实际的召回率和误警率如表 5-1 所示。上述实验结果表明，本章提出的基于先验知识划分检测区域算法中远、近检测窗的检测范围覆盖

车辆的全部大小，不存在遗漏现象，可以准确地将动态车辆和静态车辆区分开，且检测性能基本与整体遍历检测算法持平。

(a) 远检测窗检测结果

(b) 近检测窗检测结果

图 5-12　车辆检测模块输出结果

表 5-1　车辆检测模块召回率和误警率

方法	召回率%	误警率%	耗时/ms
整体遍历检测	95.4	4.5	56.4
本章检测算法	95.6	4.6	14.3

　　首先，本章检测算法排除了检测的非感兴趣区域，即图像中近检测窗、远检测窗以外的区域，园区场景下，当前车辆与前方车辆的间距较近，目标出现在非感兴趣区域的概率较低，排除掉约占整幅图像 80% 的非感兴趣区域大大减少了检测时间；其次，结合视频图像中车辆的成像位置和分布情况，在近检测窗中遍历大的滑动窗口，远检测窗中遍历小的滑动窗口，不同区域使用专用的检测窗口，减少不必要的遍历检测，进一步减少了计算量。

　　如表 5-2 所示，实验测试了相同视频片段、相同检测帧下检测算法和 ORB 特征点提取的运行时间。检测算法的运算时间约为 ORB 特征点提取时间的 1/2，计算速度有很大的优势，可以得出以并行的方式加在 ORB 特征点提取线程中不会对整体的时间性能有影响。

表 5-2　检测运算时间对比

方法	平均运算时间/ms
动态车辆检测算法	14.3
ORB 特征点提取	26.5

（2）改进 Fast 特征点检测方法的效果验证　图 5-13 为不同 Fast 特征点检测方法的输出结果。图中深色的点为检测出来的特征点，方框表示需要去除的动态区域。图 5-13(a) 和 （b）分别为原 Fast 特征点检测方法检测的单帧图像的特征点和剔除动态背景之后检测的特征点，后者属于静态背景下的特征点。可以看出在跟车状态下动态背景占据了很大一部分特征点，当剔除动态背景所占据的特征点之后会使图像中可用的特征点大幅度减少，此时会引起在SLAM 系统跟踪位姿失败。图 5-13(c) 为改进 Fast 特征点检测方法在剔除动态背景之后得到的特征点，属于静态背景下的特征点，可以看出当动态背景占据了很大的面积，此时会动态调整区域网格中特征点的检测数量，通过这种操作不会引起图像中可用特征点的大幅度减少。上述实验结果表明，改进 Fast 特征点检测方法可以有效处理剔除动态背景的特征点所带来的特征点总量急剧减少的弊端。

(a) 原Fast特征点检测(包含动态背景)

(b) 原Fast特征点检测(不包含动态背景)

(c) 改进Fast特征点检测(不包含动态背景)

图 5-13　Fast 特征点检测输出结果

（3）滤除动态区域的位姿估计性能验证　实验时所用电脑配置为：CPU i5 处理器，主频为 2.5GHz，内存为 4G，系统为 Ubuntu14.04。为充分模仿车载摄像头在运行过程中获取数据的平稳性和数据的易得性，本实验将摄像头安装在自行车上在某高校内绕着理科楼骑行一圈进行数据的获取，然后与 ORB-SLAM2 方法进行对比，检验本章算法在动态场景下的运行效果。图 5-14 是用百度地图软件获取的某高校的部分卫星俯拍图，图中的曲线为自行车真实运行的轨迹。

图 5-14 实际运动轨迹

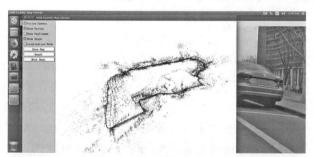

(a) 未改进SLAM算法运行轨迹

(b) 改进动态SLAM算法运行轨迹

图 5-15 改进 SLAM 算法效果对比

彩图 4

图 5-15(a) 和（b）分别为未改进 SLAM 算法运行轨迹和改进动态 SLAM 算法运行轨迹，图中绿线表示运行的轨迹，黑点表示运行过程中提取环境中的特征点，红色区域表示动态障碍物出现的地方。由结果图可知未改进 SLAM 算法在出现动态障碍物的时候位姿跟踪会发生误差，从而影响整体建图效果，而本章提出的方法可以很好地应对动态障碍物的影响。

如图 5-16(a) 所示为算法运行过程中动态区域真实场景，图 5-16(b) 为动态区域不同算法的轨迹误差对比图。从图中看出，ORB-SLAM2 方法的结果受运动物体的影响估计出

(a) 动态区域实际场景

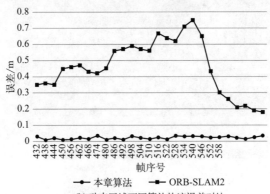

(b) 动态区域不同算法轨迹误差对比

图 5-16　动态障碍物出现区域

的位姿误差呈现出先增大后减小的趋势，而本章的算法位姿误差受到动态障碍的影响较小，仍保持较为准确的相机位姿估计。这是因为在本章的视觉里程计中进行了运动物体检测，同时使运动物体的特征点不再错误地与静态地图点形成匹配，而是被直接剔除掉，进而通过改进特征点的提取阈值，增加了静态区域的特征点数量。这使得进行相机位姿估计时使用正确的特征点与地图点的匹配点对，不受动态区域特征点的影响，所以本章算法受运动物体的影响较小。

　　在整个位姿估计的过程中从 432 帧开始出现动态障碍物，随着与前方车辆距离越来越近，图像中动态区域占据的比例也越来越大，位姿估计时动态区域的特征点干扰越来越多，因此导致 ORB-SLAM2 估计出的位姿出现的误差越来越大。但在第 540 帧时视觉里程计失效，这是因为此时运动物体在图像中占比很大，如果运动物体的特征点既不与局部地图点形成匹配，又不与虚拟地图点匹配，那么可供位姿估计的匹配点对数量将会很少，所估计得到的误差将会很大，从而造成视觉里程计失效，也即是跟丢第 541 帧，所以本章算法是有效可行的。

　　（4）小结　针对车辆借助视觉 SLAM 技术进行室外定位时容易受到动态背景干扰的问题，本章提出基于一种动态场景下的同步定位与建图新方法。通过使用 Haar-AdaBoost 分类器结合滑动窗口的检测方式，进行动态背景的检测并剔除该区域所提取的特征点。针对全局搜索会导致检测速度较慢，且难以将车辆行驶环境中动态车辆和静态车辆区分开的问题，提出基于先验知识划分动态检测区域的算法，设计了远、近两个检测窗，在保证原遍历检测效果的前提下，缩短了遍历时间的同时能够有效区分开正在行驶中的动态车辆和停在路两旁的静态车辆。为了降低动态区域对系统特征点数量的影响，提出自适应网格提取 FAST 特征点的方式，从而控制特征点的数量不发生巨大变化。通过实验证明本章的方法有效提高了视觉 SLAM 的建图准确度，增强了对动态场景的适应性。

第
6
章

视觉导航中的车辆视频拼接技术

6.1 概述

6.1.1 拼接技术的定义

汽车已成为现代社会不可缺少的交通工具。随着人们的生活水平的提高，对智能驾驶有越来越多的需求。智能驾驶中视觉导航的辅助或自动泊车技术需要使用图像拼接技术，也称为图像镶嵌技术，该技术是数字图像处理与计算机视觉领域的一个研究方向。

图像拼接是指在相同的场景下，将一组存在两两重叠区域的图像经图像配准和融合处理后生成一幅新图像，处理后的图像包含了原图像的所有信息，并且具有较高的分辨率及较大视野。图像拼接技术是要解决如何将小视域的图片拼接成一张大场景图片的问题，以满足用户要求。本章研究静态图像和动态图像的拼接技术。

6.1.2 国内外研究现状

图像拼接技术在视觉导航、虚拟现实、遥感技术、医学等诸多领域有着广泛的应用。图像拼接一般包括图像的获取、图像预处理、图像配准和图像融合等步骤。图像的拼接成功与否主要取决于图像的配准。

1992 年，剑桥大学的 Lisa Gottesfeld Brown 就已经总结出了各领域图像配准技术的基本理论以及主要方法，这些领域包括医学图像分析、遥感数据处理以及模式识别、计算机视觉等。1996 年，Richard Szeliski（Microsoft 公司）提出基于运动的全景图像拼接模型，采用 Levenberg-Marquardt 迭代非线性最小化方法（L-M 算法），通过求出图像间的几何变换关系进行图像配准。由于此方法收敛速度快，效果较好，且可处理具有旋转、平移、仿射等多种变换的待拼接图像，因此，成为图像拼接领域的经典算法，从此，Richard Szeliski 也成为图像拼接领域的奠基人。他提出的理论已成为经典理论体系，直到今天，仍然有很多人在研究他的拼接理论。2000 年，Shmuel Peleg、Alex Rav-Acha、Benny Rousso 和 Assaf Zomet 在 Richard Szeliski 的基础上做了更进一步的改进，他们提出了自适应的图像拼接模型，根据相机的不同运动，自适应选择拼接模型，并且通过把图像分成狭条进行多重投影来进行图像的拼接。这一研究成果推动了图像拼接技术的进一步发展，从此，自适应问题也成为图像拼接领域研究的新热点。

与此同时，其他正在发展的配准算法也应用到了图像拼接技术上来。除了上述的经典算法之外，主要还有两种方法。一种是相位相关度法，相位相关度法最早由 Kuglin 和 Hines 在 1975 年提出，具有场景无关性，能够将二维平移的图像精确地对齐。后来，De Castro 和 Morandi 发现，用傅里叶变换可以使图像的旋转转化为图像的平移，这种方法对缩放和旋转的图像配准非常适合。1996 年，Reddy 和 Chaterji 改进了 De Castro 的算法，大幅度减少了需要转换的数量。两幅图像间的平移矢量可以通过它们的互功率谱（Cross-Power Spectrum）的相位直接计算出来。应用傅里叶变换进行图像配准是图像拼接领域的另一研究成果，而且，随着快速傅里叶变换算法的提出，以及信号处理领域对傅里叶变换的成熟应用，图像拼接技术也得到了进一步的发展。

图像拼接技术的另一方法是基于几何特征的图像配准方法。1994 年，Blaszka、Rachid Deriche 通过二维高斯模糊过滤得到一些低级特征模型，如角模型、边模型和顶点模型。以此为基础，有越来越多的人开始研究基于这些低级特征进行图像拼接的方法。1997 年，Faugeras O.、Deriche R.、Zoghlami I. 提出基于几何角模型的图像对齐算法。接着，1999 年 Bao P.、Xu D. 提出了利用小波变换来提取保留边（Edge-Preserving）的视觉模型进行图像的对齐；Nielsen F. 则提出基于几何点特征优化的图像匹配方法。2000 年，Cohen I.、Kang E.、Medioni G. 提出基于图像的高级特征进行图像拼接，他们利用特征图像关系图来进行图像对齐。通过利用图像的低级特征到后来利用高级特征，人们对图像的理解和分析日益深入，图像拼接技术的研究也逐渐成熟。

6.1.3　车载图像拼接应用产品简介

360°环视系统的发展从分屏显示到有缝拼接再到无缝全景，逐步增大视野范围及增强安全性。前期产品（图 6-1）在车的前后左右安装了 4 个或者是 6 个 90°的摄像头，不对图像进行复杂的技术处理，只是简单地分割和拼接，用 2 个或者是 4 个图像显示，显示的时候，不能实时全景显示，给人的感觉是不直观。

图 6-1　360°环视系统

针对车辆行驶过程中因视觉盲区而引起的危险，2006 年 Suzuki 等人首次提出全景辅助驾驶系统的概念，这一概念立即引起了相关科研单位和众多汽车生产厂商的兴趣。车载全景图像旨在为驾驶员提供车辆周围的 360°全方位鸟瞰图像，使驾驶员方便快捷地掌握车辆周围的障碍物和行人位置，在处理车辆起步、行车转弯、泊车入位、窄道会车、规避障碍等情况时从容不迫、轻松自如，可以有效减少剐蹭，甚至碰撞碾压等事故的发生，提高车辆的安全驾驶性能，增强驾驶员的驾驶体验。

2007 年 10 月，日产公司发布了全球首款全景环视影像辅助驾驶系统——环景监视（AVM，Around View Monitor）系统。AVM 系统在车头 Logo（标志）、车尾牌照灯（或扣手）、左外后视镜、右外后视镜的四个方向安装四个鱼眼镜头，通过四个鱼眼镜头获取车辆周边的实时画面，再经图像拼接等算法融合为 360°环视景象并显示于车辆屏幕上，以辅助驾驶员在复杂情况下安全轻松地驾驶车辆。但是由于技术的问题，四个图像拼接的地方，就是四个对角线上，无法进行全面平滑的处理，因此在四个图像的拼接处有明显的四条线，有的车厂用黑线、有的用灰线来掩盖技术上的缺陷，叫作有缝拼接 360°全景环视系统。更新一代的全景行车安全系统，是在上一代基础上进行优化，利用的也是四个广角摄像头，广角在 170°到 180°之间，对采集的图像进行畸变还原和完美无缝拼接，也就是说没有了拼接线，就像卫星的航拍图一样，从高空俯视下来，车的周围真正没有盲区，展示一个完美的整体景象。

除了日产公司开发的 AVM 系统外，国内外其他公司也紧随其后，陆续加入研发 360°全景视频监控系统的行列。本田推出了 Multi-View Camera System（多视角摄像头系统），阿尔派推出 TOPVIEW 系统，Fujitsu 公司开发了 Multi-Angle Vision（多角度视觉）系统，宝马公司自主研发的只有左、右、后三个方位视图的泊车辅助系统，首先应用在 X6 上，宝马 74 系列上的全景系统还是其供应商提供的。国内的企业，如德赛西威、道可视、创维汽车电子等公司也投入力量研究全景辅助驾驶系统，并取得了成果。值得一提的是，2014 年德赛西威推出了三维全景环视系统（本书作者参与了研发），该项技术是通过人工智能＋图像识别技术共同实现的 3D 全景系统，可以实现像赛车游戏中那样根据手势来进行车外视角的无痕操作。

6.2　静态图像的拼接技术

静态图像是指单张的图片，不是图像序列。静态图像拼接的大致流程如图 6-2 所示。第一步是获取待拼接的图像序列，第二步是图像的预处理，第三步是图像的配准，第四步是图像的融合，最后一步是输出拼接图。图像拼接技术关键环节主要包括图像配准和图像融合。

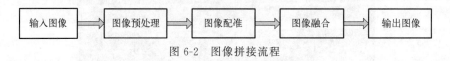

图 6-2　图像拼接流程

图像拼接的核心和关键在于准确地找到相邻图像间的重叠区域的位置以及范围，即图像配准问题，它直接关系到图像拼接的成功率和运行速度，因此，配准算法的研究是多年来图像拼接技术研究的重点。图像配准，简而言之，是指对同一场景在不同时间，从不同视角，相同或不同传感器拍摄的两幅有重叠区域的图像进行处理的过程，它在几何上校准参考图像和待配准的图像。它的核心是寻找一个空间变换，使图像间相互重叠部分的坐标点对准，并缝合成一个新的大的视图。

同一场景在不同条件下变换成的二维图像有较大的差异，主要是由于两幅图像可能是在不同时间、不同视角或者不同传感器得到的。在这种情况下，匹配时间短、匹配精确度高、算法配准率高、算法复杂度低、可移植性好以及适应性强的匹配算法成为人们追求的目标。

目前，国内外已经产生了多种图像配准（匹配）方法，各种方法都是面向一定的应用领域，也具有各自的特点，但没有任何一种方法能对所有类型图像都可以获得最佳效果。各个领域的匹配方法都是对各自具体的应用背景结合实际情况量身定制的技术，大多数的匹配方法都依赖于图像本身，但不同领域的匹配技术在理论方法上又具有很大的相通性。下面介绍几种常用的图像匹配方法。

6.2.1 图像拼接中图像匹配方法介绍

（1）基于灰度信息的图像匹配 基于灰度信息的图像匹配方法是以两幅图像的重叠区域在 CMY 或 RGB 颜色系统对应灰度级的相似性为标准查找图像间的配准位置。该方法是直接利用整幅图像的灰度信息进行配准，不需要对图像进行图像分割和特征提取，算法思路比较简单、易于实现，并且配准精度高、鲁棒性好。但这种配准方法往往依赖光照一致性的假设，且迭代要求初始化，对于对比度、光照变化和含噪图像不够稳健；要计算图像的所有灰度信息，计算量大；对于具有旋转、仿射等变换的图片不能进行处理，对图片的要求较高。

（2）基于变换域的图像匹配 基于变换域的图像匹配方法是先将图像转换到变换域中，在变换域下实现图像的配准。其中一个最常用的方法是相位相关法，此时的变换域为频域。相位相关法的优点在于计算速度较快，而且对于具有轻微旋转和缩放变换的图片也能够进行处理，相对于基于灰度信息的图像匹配方法适用性更广泛。它的缺点在于算法复杂度较高，而且要求待匹配图片具有较大的重叠区域，否则拼接可能失败。

（3）基于特征的图像匹配 基于特征的图像匹配方法通过像素导出图像的特征，图像中包含很多可以利用的特征信息，常用的特征包括闭合区域、边缘、特征点（角点、高曲率点等）、特征结构以及统计特征（如矩不变量、重心）等，然后以图像特征为标准，对图像重叠区域的特征集进行搜索匹配。

基于特征的图像匹配技术是近年来图像拼接技术的热点，主要包括以下三个步骤：

① 特征提取。根据参与配准图像的特征来决定使用何种特征进行匹配。选取的特征具体来说必须考虑以下三点：第一，必须是待匹配的两幅图像所共有的特征，如果参考图像和待匹配图像具有相似的尺度和灰度信息，我们可以考虑选取灰度作为特征空间；第二，特征集必须包含足够多的分布均匀的特征，否则可能出现误匹配；第三，选取的特征必须易于进行下一步工作即特征匹配，以减少匹配算法的计算量。

② 特征匹配。在基于特征的图像匹配中，特征提取之后，可以直接进行特征匹配，就是在上步提取的特征集之间建立一个对应关系。可以直接根据特征周围像素建立此对应关系，但这样既不稳定还会存在大量冗余信息，对其进行改进，给每个特征赋予一定的描述符，使特征匹配过程成为搜索相近的特征描述符的过程。6.2.2 节采用的尺度不变特征变换（SIFT）就是这样的一类描述符，该算子包含灰度信息和空间位置信息，在光照和尺度等变化下仍可保持一定的稳定性。

③ 运动关系求解。运动关系求解的过程实际上是构造变换模型的过程，这里的运动关系通常是对应变换矩阵。得到特征匹配对后，就该构造变换模型，也就是通过特征匹配对确定参与匹配图像的变换关系，再将两者变换到参考图像的坐标系。从两幅图像上直接得到摄像机的复杂运动关系几乎是不可能的，故求解变换矩阵可以通过迭代法实现，且每次迭代都是先随机选取一些特征匹配对求解一个初始的对应矩阵。

基于特征的图像匹配方法的优点在于：

第一，能够处理两幅图像间存在比较大的未对准情况；

第二，它只利用了图像的某些特征，极大地减小了计算量，缩短了配准时间；

第三，由于是在既定的特征空间上进行匹配，因此对图像的光照和噪声的影响不是很敏感，对灰度和噪声的变化具有鲁棒性。

缺点在于只利用了图像的一小部分特征，在特征提取和特征匹配存在错误的情况下，该方法配准容易失效。所以基于特征的图像匹配方法的关键在于如何提取和选择鲁棒的特征，以及采取何种方法进行特征匹配。

6.2.2 基于 SIFT 特征点的匹配方法原理

目前图像拼接算法中，研究得比较多的特征提取方法有：Harris 角点算法、SUSAN 角点算法、SIFT 特征提取算法等。每种算子都有自身的一些特点，有着各自的使用场合，其中，SIFT 特征描述符在光照变化、旋转变化、尺度缩放、几何变形、模糊和图像压缩等 6 种情况下性能最好。

近年来，SIFT 特征匹配已成为国内外计算机视觉领域的研究热点和难点，它在很多领域，如图像配准、目标识别、全景图拼接、视频检索等，都有着广泛的应用。对于基于特征点匹配的图像拼接方法，因为通过特征点提取算法得到的特征点的数量很少，所以图像拼接的效果很大程度上取决于是否能够提取到精确的特征点。Harris 角点算法是一种比较有效的特征点检测方法，它对于仅仅存在平移、旋转和小尺度变换的图像匹配精度较高，但这在很大程度上限制了它的应用。而尺度不变特征变换（SIFT）算法恰好解决了这个问题，SIFT 特征对于旋转变换、尺度变换、亮度变化都具有不变性，并且对于噪声、视角变化、仿射变换等具有良好的鲁棒性。SIFT 算法的流程图如图 6-3 所示。

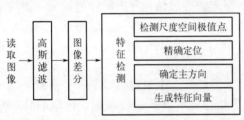

图 6-3　SIFT 算法流程

（1）SIFT 特征提取方法

① 尺度空间极值检测。尺度空间（Scale Space）是计算机视觉的图像多分辨率分析中一个重要的概念，其目的是模拟图像数据的多尺度特征。高斯卷积核（高斯核）是实现尺度变换的唯一变换核，而且被证明是唯一的线性核。一幅二维图像在不同尺度下的尺度空间表示可由图像与高斯核卷积得到：

$$L(x,y,\sigma)=G(x,y,\sigma)\otimes I(x,y) \tag{6-1}$$

式中，σ 称为尺度空间因子，其值越小则表征该图像被平滑得越少，相应的尺度也就越小，大尺度对应于图像的概貌特征，小尺度对应于图像的细节特征；$L(x,y,\sigma)$ 定义为原始图像 $I(x,y)$ 与一个可变尺度的二维高斯函数 $G(x,y,\sigma)$ 的卷积运算；$G(x,y,\sigma)$ 可表示为：

$$G(x,y,\sigma)=\frac{1}{2\pi\sigma}e^{-(x^2+y^2/2\sigma^2)} \tag{6-2}$$

为了有效地在尺度空间检测到稳定的关键点，人们提出了高斯差分尺度空间（DOG Scale-Space），利用不同尺度的高斯差分核与图像卷积生成：

$$D(x,y,\sigma)=[G(x,y,k\sigma)-G(x,y,\sigma)]\otimes I(x,y)=L(x,y,k\sigma)-L(x,y,\sigma) \tag{6-3}$$

式（6-3）就是高斯差分函数，k 是常量，原始图像通过高斯函数进行卷积后生成一组图像，这些图像在尺度空间中借助常量 k 分离。相对于 $L(x,y,\sigma)$ 函数，$G(x,y,\sigma)$ 的计算速度更快，而且可作为尺度归一化的拉普拉斯高斯函数的一种近似。图 6-4 介绍了构造 $G(x,y,\sigma)$ 的过程，描述如下：

首先，采用不同尺度因子的高斯核函数进行卷积得到不同的尺度空间，将这一组图像作为金字塔的第一层；然后与其相邻的高斯图像相减，就得到了差分图像。图 6-5 表示将第一层图像中的 2 倍尺度图像以 2 倍像素距离进行下采样得到第二层图像的第一幅图像，依此类

(a) 高斯金字塔

(b) 差分金字塔

图 6-4 $G(x,y,\sigma)$ 构造过程

推，就得到了高斯金字塔以及高斯相减得到的 DOG（高斯差分）金字塔。因为高斯差分函数是归一化高斯拉普拉斯函数的近似，所以可以从高斯差分金字塔分层结构提取出图像中的极值点作为候选的特征点。

为了寻找高斯差分金字塔的极值点，每一个点要和它所有的相邻点进行比较，如图 6-6 所示，中间打"×"的点要和 8 邻域点以及相邻尺度的 9×2 个点（共 26 个点）比较，如果该点比 26 个点都大或者都小，便记录为候选特征点。

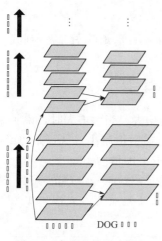

图 6-5 高斯差分尺度空间

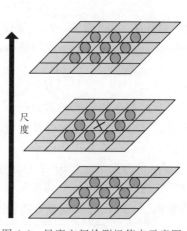

图 6-6 尺度空间检测极值点示意图

② 关键点的定位。上述产生的极值点并不都是稳定的特征点，因为某些极值点响应较弱，而 DOG 算子又会产生较强的边缘响应，所以可以通过拟合三维二次函数精确定位，同时又可以去除低对比度的关键点和不稳定的边缘响应点。将 DOG 算子在抽样处对 $\boldsymbol{X}$ 进行泰勒展开：

$$D(\boldsymbol{X})=D+\left(\frac{\partial D}{\partial \boldsymbol{X}}\right)^{\mathrm{T}}\boldsymbol{X}+\frac{1}{2}\boldsymbol{X}^{\mathrm{T}}\frac{\partial^2 D}{\partial \boldsymbol{X}^2}\boldsymbol{X} \tag{6-4}$$

其中，D 为 DOG 算子在坐标原点的值。

对上式求导，令方程等于零即可得极值点：

$$\hat{\boldsymbol{X}}=-\frac{\partial^2 D^{-1}}{\partial \boldsymbol{X}^2}\frac{\partial D}{\partial \boldsymbol{X}} \tag{6-5}$$

DOG 算子在极值点的值为：

$$D(\hat{\boldsymbol{X}})=D+\frac{1}{2}\left(\frac{\partial D}{\partial \boldsymbol{X}}\right)^{\mathrm{T}}\boldsymbol{X} \tag{6-6}$$

$D(\hat{\boldsymbol{X}})$ 的值对于剔除低对比度的不稳定特征点十分有用，Lowe 指出，对于极值点处 $|D(\hat{\boldsymbol{X}})|<0.03$ 的点应去除。由于边缘处的特征点不够稳定，所以边缘处那些低对比度的特征点也必须去除。图像边缘处的特征点在高斯差分函数的峰值处与边缘交叉处有一较大的主曲率，但在垂直方向曲率较小，利用这个性质可将边缘处的低对比度特征点过滤掉。主曲率可以通过 Hessian 矩阵得到：

$$\boldsymbol{H}=\begin{bmatrix} D_{xx} & D_{xy} \\ D_{xy} & D_{yy} \end{bmatrix} \tag{6-7}$$

其中，D_{xx} 代表 DOG 算子关于 x 变量的二阶偏导数，即 $\frac{\partial^2 D}{\partial x^2}$，描述了函数在 x 方向上的曲率情况；D_{yy} 代表 DOG 算子关于 y 变量的二阶偏导数，即 $\frac{\partial^2 D}{\partial y^2}$，描述了函数在 y 方向上的曲率情况；D_{xy} 代表 DOG 算子关于 x 和 y 变量的二阶混合偏导数，即 $\frac{\partial^2 D}{\partial x \partial y}$，描述了函数在 x 和 y 方向上的互相影响情况。

D 的主曲率和 $\boldsymbol{H}$ 的特征值成正比，$\boldsymbol{H}$ 的特征值 α 和 β 代表 x 和 y 方向的梯度，则：

$$\mathrm{Tr}(\boldsymbol{H})=D_{xy}+D_{yy}=\alpha+\beta$$
$$\mathrm{Det}(\boldsymbol{H})=D_{xx}D_{yy}-(D_{xx})^2=\alpha\beta \tag{6-8}$$

其中，$\mathrm{Tr}(\boldsymbol{H})$ 表示矩阵 $\boldsymbol{H}$ 对角线元素之和；$\mathrm{Det}(\boldsymbol{H})$ 表示矩阵 $\boldsymbol{H}$ 的行列式。假设 α 是较大的特征值，而 β 是较小的特征值，令 $\alpha=r\beta$，则：

$$\frac{\mathrm{Tr}(\boldsymbol{H})^2}{\mathrm{Det}(\boldsymbol{H})}=\frac{(\alpha+\beta)^2}{\alpha\beta}=\frac{(r\beta+\beta)^2}{r\beta^2}=\frac{(r+1)^2}{r} \tag{6-9}$$

上式表明，两个特征值相等时最小，随着 r 的增大而增大。当值增大时，说明两个特征值的比值越大，即在某一方向的梯度值越大，在另一方向梯度值越小，这正是边缘的情况。为去除这些响应点，需要让比值小于一定的阈值，Lowe 取 r 的值为 10。

③ 关键点的方向确定。SIFT 算法还对每一个 SIFT 特征点赋予一个规范方向，从而使其具有旋转不变性，并借助一个高维矢量来描述所获取的 SIFT 特征点。式（6-10）和式（6-11）分别为像素点 (x,y) 的模值和方向公式。

$$m(x,y)=\sqrt{[L(x+1,y)-L(x-1,y)]^2+[L(x,y+1)-L(x,y-1)]^2} \tag{6-10}$$

$$\theta(x,y) = \arctan 2[L(x,y+1) - L(x,y-1)]/[L(x+1,y) - L(x-1,y)] \quad (6\text{-}11)$$

其中，L 为每个关键点所在的尺度。在以特征点为中心的邻域窗口内采样，并用直方图统计邻域像素的梯度方向。梯度直方图的范围是 $0° \sim 360°$，其中 $10°$ 代表一个方向，总共 36 个方向。如图 6-7 所示的是将梯度分为八个主方向的示意图。左边的图像是各梯度方向，圆圈代表的是权重，中心处权值最大。直方图的峰值则代表了该特征点处邻域梯度的方向，以直方图最大值作为该特征点的主方向。当存在另一个相当于主峰值 80% 能量的峰值时，则将这个方向认为是该关键点的辅方向。一个关键点可能会被指定多个方向（一个主方向，一个以上辅方向），这可以增强匹配的鲁棒性。

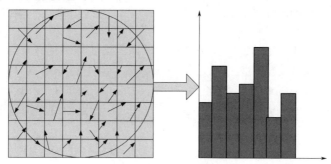

图 6-7　特征点方向的分配

④ 关键点描述符的生成。通过上述步骤，图像的关键点已检测完毕，每个关键点有三个信息，即位置、所处尺度、方向，由此可以确定一个 SIFT 特征区域。

以关键点为中心取 8×8 的窗口为例，图 6-8 左边部分的中央横竖线交叉点为当前关键点的位置，每个小格代表关键点邻域所在尺度空间的一个像素，箭头方向代表该像素的梯度方向，箭头长度代表梯度模值。以 4×4 的小块为单位绘制 8 个方向的梯度方向直方图，每个梯度方向的累加值即可形成一个种子点，如图 6-8 右边部分所示。此图中一个关键点由 2×2 共 4 个种子点组成，每个种子点有 8 个方向向量信息。

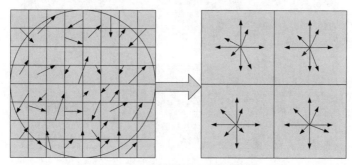

图 6-8　关键点描述子的生成

在实际计算过程中，取以特征点为中心的 16×16 像素大小的邻域，将此邻域分为 4×4 个子区域，对每个子区域绘制梯度方向直方图，最后对 4×4 个子区域的 8 个方向梯度依次排列，这样构成的一个关键点就可以产生 128 维的特征向量。此时 SIFT 特征向量已经去除了尺度变化、旋转等几何变形因素的影响，再继续将特征向量的长度归一化，则可以进一步去除光照变化的影响。这种邻域方向性信息联合的思想增强了算法抗噪声的能力，同时对于含有定位误差的特征匹配也具备了较好的容错性。图 6-9、图 6-10 是用 Lena 示例图片进行 SIFT 特征提取的结果。

图 6-9　Lena 示例图片特征点位置　　　　　　图 6-10　特征点描述符

（2）特征的匹配　最常用的匹配算法是最近邻匹配法，即利用特征向量的欧氏距离作为两幅图像关键点的相似性度量。例如，已知一幅图像上某一特征点 $X_i(i\in 1,2,\cdots,m)$，另一幅是待匹配图像上的某一特征点为 $Y_i(i\in 1,2,\cdots,n)$。这里 X_i 和 Y_i 表示描述特征点的128 维向量。计算第一幅图像的点和第二幅图片的每个特征点的特征向量的欧氏距离，以距离最小者为匹配点对。

在上述方法的基础上，又有学者提出一种较好的方法：将 $\|X_i-Y_i\|^2$ 最小值与次小值同某一定值进行比较，若小于某一定值就接受两点匹配。它的算法大致描述如下：

① SIFT 算法检测两幅待拼接图像 a 和 b，其特征点分别为 $(X_1,X_2,\cdots,X_m)$ 和 $(Y_1,Y_2,\cdots,Y_n)$；

② 对图 a 中的每个特征点 $X_i(i\in 1,2,\cdots,m)$ 与图 b 中的 n 个特征点分别求欧氏距离，从小到大对距离进行排序，记为 d_1，d_2，$\cdots$，d_n；

③ 设定阈值 t，若图 a 中点 X_i 与图 b 中的点 Y_i 的距离最小为 d_1，次近邻距离为 d_2，二者均小于阈值 t，则接受点 X_i 与点 Y_i 为匹配点。

特征匹配效果如图 6-11 所示，被连接起来的两幅图像的特征点，表示符合匹配标准，

图 6-11　特征点匹配效果

图像拼接结果如图 6-12 所示。

6.2.3　图像拼接中匹配点的提纯

（1）RANSAC 算法发展概况　RANSAC（Random Sample Consensus）是随机抽样一致性的缩写，它是一种稳健的模型参数估计算法。根据一组包含异常数据的样本数据集，计算出数据的数学模型参数，得到有效样本数据。RANSAC 算法由 Fischler 和 Bolles 于 1981

图 6-12　特征点拼接结果

年最先提出。RANSAC 算法不同于最小二乘法等一般参数估计方法,后者是利用所有的点估计模型参数,然后再舍去误差大的点;RANSAC 算法的思想是尽量用比较少的点估计出模型,再利用剩余点来检验模型。这样正好弥补了一般参数估计方法的缺陷,减轻存在严重错误点时异常数据对模型参数估计的影响。RANSAC 算法的基本假设是样本中包含正确数据内点(Inliers),即可以被模型描述的数据,也包含异常数据野点(Outliers),即偏离正常范围很远、无法适应数学模型的数据等。当然,在利用 RANSAC 算法时,总假设给定一组正确的数据,存在可以计算出符合这些数据的模型参数的方法。需要明确 RANSAC 是一种随机的不确定算法,RANSAC 算法排除异常数据的能力很强大。每次运算求出的结果可能会不同,但总能给出一个合理的结果。

(2)RANSAC 算法基本思想　RANSAC 算法是一种参数估算方法,其基本思想是:针对不同问题,设计不同目标函数,在原始数据集中随机抽取 M 组抽样,每一组抽样的数据量根据目标函数而定;用 M 组抽样分别估算目标函数参数初始值,再计算每一组的参数初始值所对应的内点(满足这一组参数初始值的数据点)和外点(不满足这一组参数初始值的数据点);统计每一组参数初始值的内点数,内点数目越大,模型参数越好;最后根据一定的评选标准,找出最优目标函数的参数初始值。下面给出估算变换矩阵的 RANSAC 算法步骤:

① 根据两幅图像存在的投影变换关系,确定一个变换函数,本节采用的是仿射变换,它符合平面目标在不同视点、视角拍摄图像之间的变换关系,2 幅图像对应特征点满足如下变换关系:

$$\begin{bmatrix} x_1^i \\ y_1^i \\ 1 \end{bmatrix} = \begin{bmatrix} m_{11} & m_{12} & m_{13} \\ m_{21} & m_{22} & m_{23} \end{bmatrix} \begin{bmatrix} x_r^i \\ x_r^i \\ 1 \end{bmatrix} \tag{6-12}$$

其中,(x_r^i, y_r^i) 是匹配图特征点,通过变换矩阵后,得到变换后的对应特征点 $(x_1^{i'}, y_1^{i'})$,如果参数模型是正确的,则应该有 $x_1^{i'} = x_1^i$ 和 $y_1^{i'} = y_1^i$;$m_{11} \sim m_{23}$ 的作用见表 6-1。

表 6-1　仿射变换矩阵中各参数作用

参数	作用
m_{13}	水平方向位移
m_{23}	垂直方向位移
$m_{11}、m_{12}、m_{21}、m_{22}$	缩放和旋转量

② 从特征点对集合 S 中随机反复地抽取一组数据，每一组抽样的样本数为估算模型所需最小数据量，计算该组抽样对应的模型，本节采用的模型参数需要 3 对匹配点。

③ 用集合 S 所有的数据来检验模型，即进行全数据检验，统计满足该模型的内点数量，以及内点变换点和内点匹配点的欧氏距离之和，距离和公式如下：

$$\text{sum} = \sum_{i \leqslant \text{num}}^{i=1} \sqrt{(x_1^{i'} - x_1^i)^2 + (y_1^{i'} - y_1^i)^2} \tag{6-13}$$

其中，num 为满足模型的内点数量。

④ 根据内点数量和欧氏距离和来选择模型参数。

⑤ 重复②、③，直到选出满足评选标准的模型，找出这个模型对应的内点，并用这些内点计算出最终的模型参数。

RANSAC 算法中，为保证在一定的置信概率 P 下，在 M 次抽样中至少有一组全是内点，要求抽样次数 M 足够大。利用式(6-14)，可得置信概率 P、数据错误率 ε（外点在原始数据中所占的比例）、抽样数 M 和计算模型参数需要的最小数据量 m 之间的关系，即：

$$1 - [1 - (1-\varepsilon)^m]^M = P \tag{6-14}$$

从式(6-14)可以得出，m、M、P 和 ε 成指数关系，P 不变时，M 随 ε、m 的变大而变大。当抽样数 M 变大，就有更多模型进行全数据检验，所以原始数据量庞大、模型复杂、数据错误率高，会直接造成 RANSAC 算法效率下降。

图 6-13～图 6-15 是本节实现的 RANSAC 算法的实验结果，要从两张有角度变换的图像得到它们之间的仿射变换矩阵，所以本节使用通过 RANSAC 算法得到的仿射变换矩阵 [图 6-13(d)～图 6-15(d)] 对输入的第一幅图像 [图 6-13(a)～图 6-15(a)] 做一次仿射变换，得到图 6-13(c)～图 6-15(c)以验证矩阵的正确性，若第一幅图像经过变换后和第二幅图像 [图 6-13(b)～图 6-15(b)] 的角度相同，则说明实现效果较好。

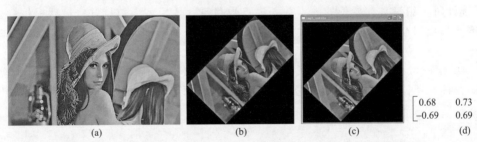

$$\begin{bmatrix} 0.68 & 0.73 & 4.08 \\ -0.69 & 0.69 & 282.42 \end{bmatrix}$$

(a)　　　　　　(b)　　　　　　(c)　　　　　　(d)

图 6-13　Lena 图仿射变换结果

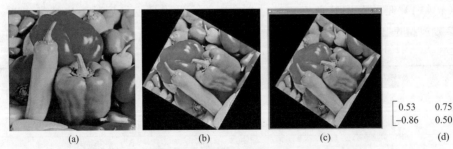

$$\begin{bmatrix} 0.53 & 0.75 & 33.95 \\ -0.86 & 0.50 & 420.65 \end{bmatrix}$$

(a)　　　　　　(b)　　　　　　(c)　　　　　　(d)

图 6-14　Vegetable（蔬菜）图仿射变换结果

 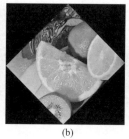 

$$\begin{bmatrix} 0.70 & 0.70 & 0.49 \\ -0.70 & 0.70 & 346.61 \end{bmatrix}$$

(a)　　　　　　　　　(b)　　　　　　　　　(c)　　　　　　　　　(d)

图 6-15　Orange（橙子）图仿射变换结果

6.2.4　实际图片拼接结果

图 6-16～图 6-18 是用 SIFT 算法对四张实际图片进行特征提取、特征点匹配以及图像拼接的效果图。

图 6-16　四幅待拼接图片

(a)

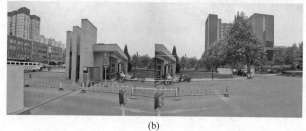

(b)

图 6-17

(c)

图 6-17 待拼接图片匹配结果

图 6-18 图片拼接结果

6.3 基于关键帧提取的映射参数求解的动态图像拼接技术

如图 6-19 所示，传统求解方法中对车载图像拼接中图像间的映射参数，都是将车辆处于静止状态下，周围铺设一定的辅助设备进行标定求解，如：方格布标定法、菱形块标定法、手动标记法。然而在运行的过程中车辆会随着路况的不同而出现颠簸，久而久之车载摄像头不免出现松动移位的现象，随着摄像头间位置关系发生变化，视频图像间的映射参数也会发生变化，全景图像会出现重影的现象。这时又需要重新标定映射参数，从而消除图像之间由错误的映射参数引起的重影现象。

图 6-19 传统求解图像间映射参数的方法

现有的标定方法程序操作起来太过繁琐，不方便对映射参数进行实时校准，而且此类方法对专业性要求很高，不利于实际应用。基于这方面的考虑，本节提出一种车辆在运动状态下求解映射参数的方法，此方法只需要将车辆开动，由拼接算法自动求解映射参数，当摄像头间位置关系发生变化时，只需要在车辆开动时重新运行算法即可，在很大程度上简化了标定流程。

本节针对车载摄像头之间的相对位置固定不变，且摄像头获取的图像在一个平面内的特点，提出基于连续关键帧共同提取特征点对的方法，以提高匹配对的质量和数量，从而弥补图像分辨率较低和场景特征点稀疏的不足。针对误匹配问题：首先根据匹配对中存在一对多的情况进行反向匹配，剔除匹配对中明显错误的点；然后在随机抽样一致性（RANSAC）算法中提出改进方案，使其很好地进行误匹配对的剔除和优质匹配对的查找；最后在一个大的特征点对集合中进行摄像头间最优映射矩阵求解。

基于关键帧提取的映射参数求解的动态图像拼接技术整体框架如图6-20所示。

所谓的车载全景图像，就是在车辆运行中通过安装在车身周围不同方位的摄像头，对前后左右的视频进行图像采集，同一时刻会得到不同方位的图像帧，通过摄像头之间映射参数的变换，最后将其拼接成一张全景图像。图像拼接大致流程如图6-21所示。

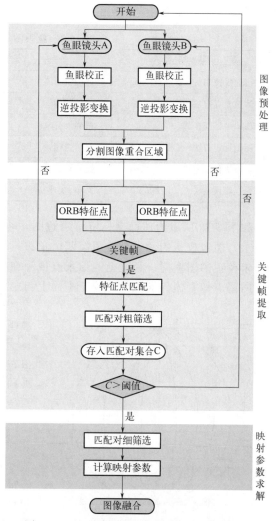

图 6-20　基于关键帧提取的映射参数求解的
动态图像拼接技术框架

6.3.1　图像预处理

车载全景系统中，由于车身周围的摄像头为鱼眼镜头，镜头光轴和地面不是垂直的，为了更加有利于映射参数的求解，需要对图像进行预处理的工作。通过鱼眼图像校正对获取到的图像进行畸变校正以改善图像质量，通过图像逆投影变换，将各个视频图像转化为统一的俯视路面图像视角，消除透视现象的干扰。

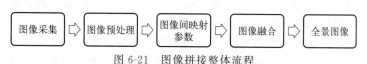

图 6-21　图像拼接整体流程

（1）鱼眼图像校正　鱼眼镜头具有视角开阔、获取的信息量丰富、隐蔽性好等特点，广泛应用于车载全景拼接系统中。受鱼眼镜头结构的影响，系统获取到的图像存在严重畸变，为方便后期的图像变换需要进行图像校正。

目前，具有代表性的鱼眼图像校正算法有：球面透视投影法、立体视觉标定法、多项式坐标变换法、球面坐标定位法、抛物面成像模型法、球面投影模型法。如表6-2所示为各种常用的鱼眼图像校正方法的优缺点比较，考虑到车载图像拼接中对算法的实时性要求较高，本节重点介绍球面坐标定位法。

表 6-2　鱼眼图像校正方法比较

算法名称	优点	缺点
球面透视投影法	速度快	会遗失信息，需手动选择采样点
立体视觉标定法	比较精确	遗失信息严重
多项式坐标变换法	精确度高	运算量巨大，难以应用
球面坐标定位法	简单快速	图像存在一定的失真
抛物面成像模型法	比较精确	复杂、速度慢
球面投影模型法	简单、快速	边缘失真严重

如图 6-22 所示为球面坐标定位示意图，将鱼眼镜头中畸变图像使用地球仪经度线的方式表示，图像校正的过程是将图像四个角进行拉伸得到方形图像，球面的直径作为方形的边长。未校正的图像同一经度上的像素点视为在校正后的图像中具有相同的纵坐标，将经纬度上的网格点像素值分别映射到校正平面上与之对应的坐标值中。

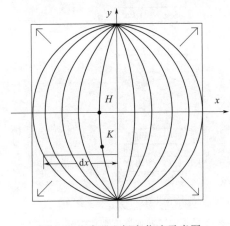

图 6-22　球面坐标定位法示意图

球面坐标定位法因利用球面的经度映射，也被叫做经度映射法，是典型的二维鱼眼图像校正算法，最大的特点是在保持良好的效果前提下，运行速度快。根据文献［26］所述方法求得圆心坐标和圆半径之后，利用式(6-15)进行球面坐标定位：

$$x_k = \frac{x_h}{R}\sqrt{R^2 + Y^2} \tag{6-15}$$

式(6-15)的含义为鱼眼图像中的某一点 K 在经过校正前后两者之间的映射关系。式中，x_k 表示校正后的坐标；R 表示鱼眼图像的有效区域半径；Y 表示 K 点在鱼眼图像中的纵坐标；x_h 表示 H 点在鱼眼图像中的横坐标。由公式可知计算后的 x_k 为非整数形式，不利于数字图像的存储。

$$x_h = \frac{x_k R}{\sqrt{R^2 + Y^2}} \tag{6-16}$$

式(6-16)为逆映射形式，找到 x_k 在鱼眼图像中的非整数的像素点，同时结合图像插值算法，完成对鱼眼图像的畸变校正。

(2) 图像逆投影变换　在车载全景图像系统中，车身周围四个摄像头的光轴与地面不是垂直的关系，因此经过校正后的图像受到倾斜角度的影响有透视的现象存在，为后期的全景图像拼接造成很大的干扰。因为车载全景图像所呈现出的是全景鸟瞰图，从视觉效果上要求是 90°的俯视图，针对该问题需要进行空间逆投影变换，将存在透视效果的图像转换为路面俯视图的形式。

① 逆投影变换。常用的逆投影变换方法是利用从世界坐标系到图像坐标系的逆坐标变换关系进行求解，如图 6-23 所示为世界坐标系和图像坐标系的示意图。

图 6-23(a) 中，ABU 所在平面表示路面，$ABCD$ 为摄像头获取到的路面上的区域，O 点是镜头的中心点，I 点是 O 点在路面上的垂直投影，OG 表示镜头的光轴位置，G 点表示

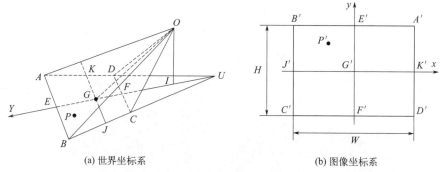

| (a) 世界坐标系 | (b) 图像坐标系 |

图 6-23　摄像机投影模型

镜头光轴和路面的交点。在路面的坐标系中,以 I 点作为坐标原点,Y 轴箭头的指向作为车辆行驶的方向。图 6-23(a) 中的 A、B、C、D、G 在图 6-23(b) 中对应于 A'、B'、C'、D'、G',其中 W 和 H 表示像平面的宽和高,A'、B'、C'、D' 作为像平面的四个端点,G' 表示像平面的坐标原点,y 轴的方向为车辆行驶的方向。

如图 6-23 所示,在路面上任取一点 $P(X,Y)$,在图像中对应的坐标为 $P'(x,y)$,根据文献 [173] 推导的方法可得同一点在世界坐标系和图像坐标系间转化的公式为:

$$
\begin{cases}
y = \dfrac{YH - Hh\tan\lambda_0}{2Y\tan\lambda_0\tan\alpha_0 + 2h\tan\alpha_0} \\[4mm]
x = \dfrac{XW}{2\tan\beta_0\sqrt{h^2+Y^2}\cos\left(\arctan\dfrac{2y\tan\alpha_0}{H}\right)}
\end{cases}
\tag{6-17}
$$

式中,x、y 为 P 点在图像坐标系的值;X、Y 为 P 点在世界坐标系的值;H、W 表示图像的高和宽;h 为镜头安装的高度;α_0、β_0 表示镜头的视场角;λ_0 表示镜头的俯仰角。

② 图像插值。当图像点根据式(6-17) 进行坐标系的转换时通常求解得到的像素坐标不是整数,因此需要对其结果进行插值运算,得到该点对应的整数像素灰度值。常用的图像插值算法有最近邻域插值、双三次插值和双线性插值算法。其中最近邻域插值算法操作简单,运行程序的复杂度较低,但是算法处理图像的精密度不高,处理效果不能够满足车载图像拼接中精度的要求;而双三次插值方法的精度虽然很高,但是运算量太大,速度很慢,不能达到实时处理的要求。综合考虑之下本节采用双线性插值的方法,其精度和运算量都能满足车载图像拼接的要求。

双线性插值可以理解为线性插值的扩展,是具有两个变量的插值函数,其核心思想是在两个方向分别进行一次线性插值运算。如图 6-24 所示,假设存在经过逆透视变换之后的一个像素点 $(u+p, v+q)$,x 和 y 方向的数值为浮点数(其中 p、q 为浮点坐标小数部分,取值范围为 $[0,1)$;u、v 是浮点数的整数部分),需要经过双线性插值将其转化为整数形式 $G(i,j)$。

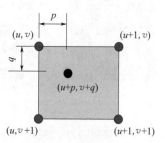

图 6-24　双线性插值

根据双线性插值的原理,转换之后的 $G(i,j)$ 值是由原像素点 $(u+p, v+q)$ 附近的四个整数像素点 $(u, v+1)$、$(u+1, v)$、$(u+1, v+1)$、(u, v) 共同决定的,运算方式如式(6-18) 所示:

$$G(i,j)=(1-p)(1-q)f(u,v)+(1-p)qf(u,v+1)$$
$$+p(1-q)f(u+1,v)+pqf(u+1,v+1) \tag{6-18}$$

式中，f 为整数像素点的像素值；G 为经过插值变换之后的理想像素值。

如图 6-25 所示为畸变校正后的图像经过逆投影变换的效果图。

(a) 预处理后的图像　　　　(b) 逆投影变换效果图

图 6-25　逆投影变换效果图

6.3.2　关键帧提取

在特征点不明显的场景下获得的匹配对具有高误差的风险，因此需要对视频帧作关键帧的筛选，从而提取出场景丰富的图像用作后续匹配对的提取。关键帧提取算法主要分为 2 步：特征点的提取和关键帧筛选。

（1）特征点提取　目前特征点提取算法常用的主要有 SIFT、SURF 和 ORB 等。其中 SIFT 算法是由 David G. Lowe 于 2004 年提出的一种具有里程碑意义的算法，在多尺度空间提取特征点。SURF 算法由 SIFT 算法改进而来，通过盒式滤波器和积分图像来替代 SIFT 中的尺度空间分解，大大提高了运算速度。但在对实时性要求较高的应用中，这两种算法依然无法满足要求。而由 Rublee 等人在 ICCV 2011 上提出的 ORB 算法在保证尺度、旋转不变的基础上，速度较前两种算法有了很大的提高。ORB 特征最大的优点是计算速度快，是 SIFT 特征的 100 倍，SURF 特征的 10 倍。作为一种视觉信息的检测与描述算法，它融合了 FAST 算子的角点检测与 BRIEF（二进制鲁棒独立基本特征）特征点描述两种算法，其采用的二进制局部特征描述符的实时性大大优于 SIFT、SURF 等浮点型局部特征描述符。

① FAST 特征点检测。ORB 特征具有旋转不变性和噪声抑制特性，特征点的检测部分采用的是 FAST 算子，当图像中某些点相对于周围一个区域内大多数像素点的灰度值存在明显差值时，判定此点为图像特征点。如图 6-26 所示，假设待判定点 P 周围一共有 16 个点，若在这 16 个点中有连续 12 个点的灰度值与点 P 的灰度值之间的差值大于一定的阈值，则判定 P 为特征点。

首先利用 Harris 检测算法对提取局部特征点的 Harris 兴趣值进行计算，其次在每一层图像金字塔中获得 FAST 特征点，最后为 FAST

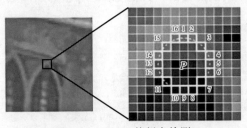

图 6-26　FAST 特征点检测

算子加入方向特性，采用 Rosin 的灰度质心法作为角点的主方向。

图像块 $I(x,y)$ 的力矩计算公式如下：

$$m_{pq}=\sum_{x,y}x^p y^q I(x,y) \tag{6-19}$$

式中，$I(x,y)$ 代表点 (x,y) 的灰度值；m_{pq} 代表 $(p+q)$ 阶矩；$p,q=0,1,2,\cdots$。

图像块 $I(x,y)$ 质心 C 的坐标为：

$$C=\left(\frac{m_{10}}{m_{00}},\frac{m_{01}}{m_{00}}\right) \tag{6-20}$$

式中，m_{00} 代表零阶矩；m_{10}、m_{01} 代表一阶矩。

从特征中心点到质心 C，即为 FAST 特征点的主方向：

$$\theta=\arctan\frac{m_{10}}{m_{00}}=\arctan\frac{\sum\limits_{x,y}yI(x,y)}{\sum\limits_{x,y}xI(x,y)} \tag{6-21}$$

② BRIEF 描述子。ORB 算法采用的是基于 BRIEF 算法的描述子，BRIEF 描述子是对图像块二值字符串的描述，图像块由二值灰度比较的结果构成。将 $m\times n$ 大小的图像邻域 p 的分段函数 τ 定义为：

$$\tau(p;x,y)=\begin{cases}1,p(x)<p(y)\\0,p(x)\geqslant p(y)\end{cases} \tag{6-22}$$

式中，$p(x)$、$p(y)$ 表示平滑后在邻域内 x、y 处的灰度函数。

选择 n 个 (x,y) 位置点对时，通过二进制测试准则生成 n 维二进制串的描述子，如式(6-23) 所示：

$$f_n(p)=\sum_{1\leqslant i\leqslant n}2^{i-1}\tau(p;x_i,y_i) \tag{6-23}$$

为了解决 BRIEF 对噪声敏感这一缺点，在特征点邻域的 31×31 像素区域内随机选取 5×5 的子窗口，比较子窗口的灰度积分来替换点对的像素值的比较。对于任意点 (x_i,y_i) 上的 n 个二值测试特征组，定义 M 矩阵：

$$M=\begin{bmatrix}x_1,x_2,\cdots,x_n\\y_1,y_1,\cdots,y_n\end{bmatrix} \tag{6-24}$$

为了改善 BRIEF 不具备旋转不变性的缺点，ORB 算法通过将角点主方向作为 BRIEF 的主方向解决了这个问题。将特征点检测得到的主方向所确定的仿射变换矩阵 R_n 进行旋转得到新的描述矩阵：

$$M_\theta=R_nM=\begin{bmatrix}\cos\theta & \sin\theta\\-\sin\theta & \cos\theta\end{bmatrix}\begin{bmatrix}x_1,x_2,\cdots,x_n\\y_1,y_2,\cdots,y_n\end{bmatrix} \tag{6-25}$$

结合式(6-23) 和式(6-25) 就可以得到校正后的 BRIEF 描述子：

$$g_n(p,\theta)=f_n(p)|(x_i,y_i)\in M_\theta \tag{6-26}$$

式中，n 的取值依赖于识别率、存储效率、计算速度的影响，一般将 128、256、512 作为 n 的候选值。在 ORB 的算法中选取的是 $n=256$，意味着每一个特征点将使用 256 对像素块进行特征描述。

(2) 关键帧筛选　车载摄像头获取的图像为路面场景，并不是每一帧都适合寻找特征匹配对。因为路面场景大部分情况特征过于单一，提取出的特征点不多，且过于相似，因此会大量增加误匹配的概率。本节提出使用挑选（筛选）关键帧的方式进行后续特征点匹配对查找，在提取图像特征点的基础上，统计单帧图像的特征点数量 F，同时设定挑选关键帧的判定阈值 σ：

$$F_1,F_2\geqslant\sigma \tag{6-27}$$

式中，F_1 和 F_2 分别表示待匹配的两帧图像特征点数。若 F_1 和 F_2 同时大于阈值 σ

时，将其判定为关键帧。图 6-27（a）为关键帧，图 6-27（b）为非关键帧。图中每个小圆圈分别表示被提取出的特征点。

在每一对关键帧中分别计算两两特征点对之间的汉明距离，按照暴力匹配法的方式，将距离最近的特征点进行匹配。在经过特征点匹配后，由于特征点匹配的过程只是依靠距离的信息作为判定标准，很多特征点之间由于距离相等，经常会出现目标图像中多个点与待匹配图像中同一个点匹配的情况。针对一对多的特征匹配对，本节采用反向匹配法：对待匹配图像中的特征点进行单向匹配后，再对目标图像中的对应匹配点进行同阈值的逆向匹配，只保留双向匹配均相同的特征点对，将剩余不符合要求的特征点删除掉。通过逆向（反向）匹配的方式，可以找到唯一对应的匹配点，如图 6-28 所示是一对多的匹配对实例。

  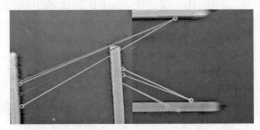

(a) 关键帧　　　　　(b) 非关键帧

图 6-27　关键帧的筛选　　　　　　图 6-28　一对多的匹配对实例

不断重复地存储从关键帧提取到的匹配对，直到数量达到一定的阈值，此时停止获取图像，开始进行映射参数的求解。

6.3.3　基于关键帧提取的映射参数求解

映射参数的求解主要依赖于特征点匹配对的准确性，由于特征点匹配的过程只是依靠距离的信息作为判定标准，难免会出现误匹配的情况，因此需要有误匹配剔除的工作才能够更好地保障求得的映射参数的准确性。本节选用改进的 RANSAC 算法进行特征点误匹配对的剔除工作，最后将筛选出的匹配对使用最小二乘拟合法来估计最终的映射参数。

（1）改进的 RANSAC 算法　RANSAC 最早是由 Fischler 和 Bolles 提出，RANSAC 是从一组包含异常点数据的几何中，迭代计算出数据的数学模型参数，并最终得到有效样本数据的算法。在图像拼接中，匹配点会被外点所干扰，产生外点的原因有很多，比如图像的噪声、遮挡、模糊以及光线的变化而引起错误的数据关联。RANSAC 算法在剔除外点的工作中是应用最为广泛、效果最稳定的算法之一，其输入是一组观测数据（往往含有较大的噪声或无效点），通过反复选择数据中的一组随机子集生成模型，进而根据内外点的数量决定最优模型，选取的子集被假设为局内点，并用下述步骤进行验证：

步骤 1，在数据中随机选择 3 对特征点设定为内群并算出仿射变化的模型；

步骤 2，用步骤 1 中得到的模型对集合中剩余的匹配点进行变换，并计算匹配点对之间的欧氏距离，根据阈值判断内点的数量，若内点的数量超过一致性集合大小阈值 T 则停止迭代；

步骤 3，重复前两步，通过不断比较，求出包含内点数最多的预估模型，当迭代的次数达到设定的上限阈值时停止迭代；

步骤 4，选择内点数量最多的点集来重新估计模型（譬如使用最小二乘法），因为它仅仅被初始的假设局内点估计过。

经过分析发现，该算法中影响算法效率的主要有 3 个参数，分别是：估计次数 C、一致性集合大小阈值 T 和判定内外点的阈值 R。其中计算估计次数 C 的公式：

$$C = \frac{\lg(1-p)}{\lg(1-w^n)} \tag{6-28}$$

式中，p 是 C 次估计中至少有 1 次估计中的所有数据都是内点的概率；n 表示估计时所需的最少点对数；w 表示每个点为真正内群的概率；w^n 表示所选择的 n 个点都是内群的概率；$1-w^n$ 表示 n 个点中至少有一个点为局外点的概率。

然而 RANSAC 也存在一些缺点：

① 采用随机抽样获得的样本点可能过于集中，或者三点位于同一条直线上，这将会导致求得的仿射变化映射参数不准确或者发生错误；

② 在判定内外点时需要根据先验知识人为设定固定不变的阈值，不能自适应随着迭代次数的增加而相应的改变。

针对上述问题，对 RANSAC 算法做出如下改进：

① 改进样本采集策略。为避免步骤 1 中 RANSAC 算法在随机抽样时所取得的样本过于集中，或者位于一条直线上而不能准确计算映射参数，本节采用一种预划分特征点图像块的方法：

a. 如图 6-29 所示，以其中一个图像为基准将其均匀地划分成 $w \times h = B$ 块，同时以左上角的图像块标号为 $(0,0)$，其他图像块的标号以此类推；

b. 去除图像块中特征点为空的区域；

c. 在划分出的图像块中随机地选择 3 块作为特征点的待提取区域，同时验证三个图像块是否位于同一条直线上，即：三个图像块中某一维的坐标轴值是否相等；

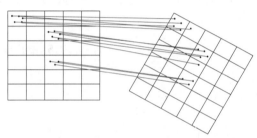

图 6-29　特征匹配对网格分布

d. 在每块中随机选取一个点。

② 自适应内外点判别阈值。传统 RANSAC 算法中内外点判定阈值始终固定，为避免步骤 2 中因为迭代次数过少而无法进一步挑选优质匹配对，提出根据迭代次数自适应调整阈值的方法。随着迭代次数的增加，判定阈值会不断减小，进而提高内点数的质量。

$$R(n) = \begin{cases} \dfrac{1}{2}R(n-1) & c < \dfrac{1}{4}C, S > T \\ \dfrac{3}{4}R(n-1) & \dfrac{1}{4}C \leqslant c \leqslant \dfrac{3}{4}C, S > T \\ R(n-1) & c > \dfrac{3}{4}C, S > T \end{cases} \tag{6-29}$$

式中，C 表示模型最大迭代次数；c 表示当前迭代次数；S 表示内点数量；$R(n-1)$ 表示前一轮的内点数判定阈值；$R(n)$ 表示本轮的内点数判定阈值。

（2）最小二乘拟合　为了确保仿射变换参数的准确性，需要使用筛选出的最优特征点匹配对重新估计模型。本节使用最小二乘拟合的方法进行仿射变换参数的精确求解。

由仿射变换的不变性，即三对非共线的特征点对可确定唯一仿射变换模型，可知对于参考图像 f_1 和待配准图像 f_2，只要找到 f_1 和 f_2 中至少三组不共线的特征点对，就可估算出从 f_1 到 f_2 的仿射变换参数。然而当方程数超过未知数的数量时，方程组是过约束的，这种情况下，没有一组解能准确满足所有方程，因此需要找到一个能近似满足所有方程的最佳解。目前最简单有效的求解仿射变换参数的方法就是最小二乘拟合法，通过寻求一个最佳解来使所有方程的均方差最小，达到用多个配准点拟合最优参数解的目的。设 f_1 和 f_2 对应的特征点对为 (x_i, y_i) 和 (x_i', y_i')，假设有 $N+1$ 对匹配点，则：

$$W = \begin{bmatrix} x_1 & x_2 & \cdots & x_N \\ y_1 & y_2 & \cdots & y_N \\ 1 & 1 & \cdots & 1 \end{bmatrix} \tag{6-30}$$

$$\begin{cases} X' = (x_1', x_2', \cdots, x_N') \\ Y' = (y_1', y_2', \cdots, y_N') \end{cases} \tag{6-31}$$

$$\begin{cases} S_1 W = X' \\ S_2 W = Y' \end{cases} \tag{6-32}$$

式中，x_1，$\cdots$，x_N 与 x_1'，$\cdots$，x_N' 为 $N+1$ 对匹配点坐标，配准需要解决的问题就是求出线性最小二乘解 S_1 和 S_2，即仿射变换参数 $S_1 = (m_{11}, m_{12}, m_{13})$，$S_2 = (m_{21}, m_{22}, m_{23})$。

由式(6-30)~式(6-32)可以证明，只要 W 的秩大于 6（已知三对不共线的对应点），则存在 S_1 和 S_2 的最小二乘解，推导出六参数仿射变换的近似解为：

$$\begin{cases} S_1 = X' W^T (WW^T)^{-1} \\ S_2 = Y' W^T (WW^T)^{-1} \end{cases} \tag{6-33}$$

$$S_1 = (x_1', x_2', \cdots, x_N') \begin{bmatrix} x_1 & x_2 & \cdots & x_N \\ y_1 & y_2 & \cdots & y_N \\ 1 & 1 & \cdots & 1 \end{bmatrix}^T \left(\begin{bmatrix} x_1 & x_2 & \cdots & x_N \\ y_1 & y_2 & \cdots & y_N \\ 1 & 1 & \cdots & 1 \end{bmatrix} \begin{bmatrix} x_1 & x_2 & \cdots & x_N \\ y_1 & y_2 & \cdots & y_N \\ 1 & 1 & \cdots & 1 \end{bmatrix}^T \right)^{-1}$$

$$S_2 = (y_1', y_2', \cdots, y_N') \begin{bmatrix} x_1 & x_2 & \cdots & x_N \\ y_1 & y_2 & \cdots & y_N \\ 1 & 1 & \cdots & 1 \end{bmatrix}^T \left(\begin{bmatrix} x_1 & x_2 & \cdots & x_N \\ y_1 & y_2 & \cdots & y_N \\ 1 & 1 & \cdots & 1 \end{bmatrix} \begin{bmatrix} x_1 & x_2 & \cdots & x_N \\ y_1 & y_2 & \cdots & y_N \\ 1 & 1 & \cdots & 1 \end{bmatrix}^T \right)^{-1}$$

$$\tag{6-34}$$

6.3.4　加权融合

为了验证本节提出的求解图像映射参数算法的准确性，需要将映射变换之后的结果图像显示出来。图像融合是图像拼接中的关键步骤，作用是将不同方位的图像经过映射变化之后，连接成一张全景图。不同方位的图像在配准之后，得到图像间的重合区域，所以图像融合重点是对待融合图像之间相同的区域进行像素级别的运算和处理。

由于摄像机在采集图像时可能出现光照不同、摄像机本身曝光不一致等情况，图像之间的亮度、对比度不相同，使得拼接两边的图像有明显的差异，从而产生拼缝。为了使得拼接图像有着平滑的颜色与亮度变化，需在图像拼接前进行颜色校正。而且由于视差、运动目标、误匹配等因素使得拼接图像有明显的人工痕迹和"鬼影"，需要在图像融合的过程进行消除。常见的图像融合算法包括：加权融合、金字塔融合、小波融合、羽化融合等方法。

经过分析，金字塔融合法得到的融合图像边缘细节清晰，图像整体亮度平滑，但是该方法处理速度很慢，在不要求速度但追求拼接质量的图像拼接系统可以使用，但对于视频拼接一般很少用；羽化融合权重的平均值类似于 p 范数，可有效地平衡图像拼接时的模糊与曝光差异，但是对于视差不能很好地解决；小波融合对存在噪声或者反白的图像并不适用；车载图像拼接中比较常用的是加权融合算法，本节重点介绍加权融合算法的基本原理。

加权融合算法是对平均值融合算法的进一步优化，该算法的原理是确定两幅投影后图像的重叠区域，分别计算两幅图像在重叠区域内各像素点的灰度值，将两幅图像中同一像素点的灰度值分别乘以一个权值，先加权后再叠加。计算公式为：

$$I(x,y)=\begin{cases} I_1(x,y) & (x,y)\in I_1 \\ W_1 I_1(x,y)+W_2 I_2(x,y) & (x,y)\in(I_1\bigcap I_2) \\ I_2(x,y) & (x,y)\in I_2 \end{cases} \tag{6-35}$$

式中，W_1 和 W_2 分别表示权值，满足 $W_1+W_2=1$，且 $0<W_1<1$，$0<W_2<1$。选择合适的加权函数，基本上可以消除拼接缝，完成重合区域的平滑过渡。

如图 6-30 所示为加权融合算法的特殊形式，即：渐入渐出融合算法。其中权值 $W_1(x)=(b-x)/d$，$W_2(x)=(x-a)/d$，其中 d 表示重叠部分的宽度，a 和 b 分别表示重叠区域的边界值，权值 W_1、W_2 随着 x 值变化而变化。

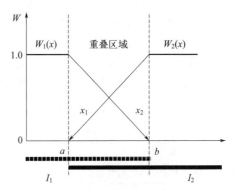

图 6-30　渐入渐出融合算法示意图

6.3.5　实验结果

（1）验证数据集　图像拼接中只有图像重合区域的特征点对计算映射参数有帮助，在特征点的匹配阶段如果存在非重合区域的特征点，反而会增加匹配阶段的运行时间，进一步增加误匹配对，对整体效果产生干扰。为了增强算法的鲁棒性，在计算映射参数的时候，输入的图像只是包含重合区域的部分。

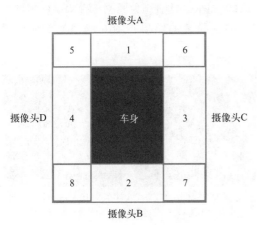

图 6-31　车载摄像头安装示意图

将车载摄像头获取的图像经过鱼眼校正、逆投影变换之后进行剪裁。如图 6-31 所示为车载摄像头的安装示意图，摄像头 A 所包含的区域为 1、5、6，摄像头 B 包含的区域为 2、7、8，摄像头 C 所包含的区域为 3、6、7，摄像头 D 所包含的区域为 4、5、8。由图像可知，区域 5、6、7、8 为摄像头之间的重合部分，将这部分的图像作为算法的输入。考虑到车载全景视觉的实际应用场景为城市道路，因此截取其中的 60s 路程作为算法的验证数据集。

（2）连续关键帧的提取　基于车载摄像头之间的位置固定不变的特点，连续关键帧获取的特征点匹配对组合起来可以类比于在一张图像所获取的匹配对。为了验证在车载视频图像拼接中，连续关键帧匹配对求取映射参数的效果远远高于仅提取单帧图像的特征点匹配对求解映射参数的效果，将单帧提取的匹配对进行可视化，如图 6-32 所示。

图 6-32　单帧图像特征点匹配对效果

图 6-32 是随机选取视频帧中 3 对图像特征点匹配对的可视化结果，由图可知每一帧获取的特征点匹配对存在大量的误匹配对，甚至有些图像帧正确的匹配对还没有达到计算映射参数所需的最少数量要求。因为连续的关键帧在提取匹配对时仅保留了每一帧匹配对中排名靠前的几对，可以将这些优质的匹配对组合起来作为最终的理想集合，所以经过连续关键帧计算得到的映射参数更加具有鲁棒性和精确性。

（3）改进 RANSAC 算法对比实验　为了验证改进过的 RANSAC 算法剔除误匹配对效果优于其他改进的 RANSAC 算法，将之前通过关键帧收集到的匹配对集合，同时投影到一帧图像中进行算法的验证，同时进行数据的统计和重合区域的拼接效果展示。

表 6-3　不同的 RANSAC 算法计算映射参数的效率对比

算法	平均时间/s	正确特征匹配对/%
RANSAC(传统)	3.220	47.436
改进 RANSAC(文献[224])	2.45	61.23
改进 RANSAC(文献[234])	2.10	72.56
改进 RANSAC(本节)	2.041	93.982

从表 6-3 的效率对比可以看出，本节改进的 RANSAC 具有极强的鲁棒性，可以提取传统 RANSAC 近双倍的正确特征匹配对，和其他改进方案相比也有明显的精度优势，几种算法的运算时间大致相同。造成这种现象的原因是本节改进的 RANSAC 在每次迭代的过程中都会进一步判断是否缩小内外点阈值，当阈值越小，提取出的内点数越精确。

图 6-33 为两帧图像分别提取重合区域之后的原图。图 6-34(a) 为原来 RANSAC 算法拼接效果图，拼接部分有重影效果，这是映射参数不准确导致的结果；图 6-34(b) 为本节算法的拼接效果图，没有出现重影的情况。

(a) 左图　　　　(b) 右图　　　　(a) 原RANSAC拼接效果　(b) 本节RANSAC拼接效果

图 6-33　待拼接原图　　　　　图 6-34　两种算法的拼接效果图

（4）基于关键帧提取的映射参数求解算法验证　图 6-35 为车载图像拼接系统的整体运行效果图，图 6-35(a) 为本节所提出的方法的整体运行效果，选择的对比实验为传统求解映射参数方法中具有代表性的文献［200］所述的方法，即手动标记的方式，运行效果如图 6-35(b) 所示。从对比实验中可以看出两种方法的运行效果都能够满足全景图像的连贯性，且差异性不大，由此可得本节提出的方法具有实用性，在保证了等效于传统方法的前提下，增强了求解映射参数的便利性。

(a) 本节求解映射参数方法的拼接效果

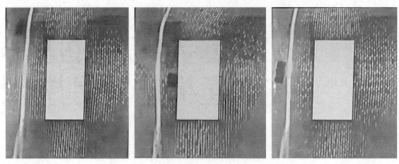

(b) 文献[200]求解映射参数方法的拼接效果

图 6-35　车载图像拼接系统运行效果

6.3.6　小结

本节针对车载全景图像拼接，提出动态求解图像间映射参数的方法，相较于传统的通过提取图像特征点求解映射参数的方法，主要对获取匹配对的方式和误匹配对的剔除方式做了改进。具体工作包括以下几方面：结合实际场景中摄像头之间固定不变、图像场景单一、特征点难以提取等特点，创新地提出结合连续关键帧共同提取的特征点对，在剔除一对多匹配点对的基础上使用改进的 RANSAC 算法以不断迭代的方式逐步剔除误匹配，从而保证了映射参数精确求解。通过在验证数据集中实验，本节所提出的改进 RANSAC 算法能够在低分辨率的特征不明显场景下精确筛选出特征明显的匹配对；所提出的求解映射参数新方法在保证精确求出车载全景图像拼接中所需的映射参数的前提下，增强了求解映射参数的便利性。

第
7
章

视觉导航中的车牌与交通标志识别技术

7.1 概述

7.1.1 背景

在智能驾驶的行驶过程中实时对前方车辆进行车牌识别（如图 7-1 所示），通过分析前方车辆以往的交通状态，有助于及时掌握车辆交通状况，进而有助于下一步的行驶决策。车辆自身的运动引起背景不断发生变化，与此同时目标车辆也在发生运动，这使得前方车辆的车牌识别变得更加复杂。现有的车牌识别系统中大多数都是针对静止背景下车辆的研究，由于静止背景下的车牌检测（识别）技术满足不了运动（动态）背景下的车牌检测需求，因此需要研究动态背景下的车牌识别技术。

图 7-1　前方车辆的车牌识别场景

目前静态状况下字符识别算法已经很成熟，然而对于运动中的车牌字符不能很好识别。运动车辆中车牌字符识别所面临的环境复杂，获取到的车牌字符存在模糊和不同程度的倾斜，因此对运动的车辆进行车牌识别需要面对很多复杂的场景。为了提高车牌字符识别的准确性需要大量的正负样本进行训练，从而提高系统的鲁棒性。

在智能驾驶的视觉导航技术中对于交通标志的检测与识别也有应用，需要开展应用研究。

7.1.2 国内外研究现状

（1）车牌识别　国外对于静止图像的车牌识别的研究起步较早，20 世纪 80 年代就开始了车牌识别技术的应用研究。国外的车牌系统颜色比较单一，构成的字符也相对比较简单，所以西方国家目前都有适用于本国的车牌识别系统。由于我国车牌的字符组成里面有汉字，很难在国际上找到适用的产品。

我国的静止图像的车牌识别系统从 20 世纪 90 年代开始研究，相比国外来说起步较晚。虽然国外的算法不适用于我国的车牌，但各种算法对我国车牌识别算法的研究还是有启发的意义。由于我国的车牌种类比较多，颜色也并不单一，再加上汉字结构复杂，因此加大了我国车牌识别的难度，需要做更深的完善。国内也有大量的学者从事车牌识别的研究，成果有彩色边缘信息和形态学结合的方法、模板匹配技术，车牌图像的纹理特征、几何特征也被作为车牌定位的准则。我国比较有代表性的车牌识别产品有汉王公司的"汉王眼"、厦门宸天科技公司（现属熵基科技公司）的 SupPlate、亚洲视觉公司的 ALPR 等。

车牌识别模块包括车牌定位、字符分割和识别三部分。在字符识别过程中，由于我国的车牌中不仅有英文字母和阿拉伯数字，还包含笔画繁杂的汉字，因此其识别难度比仅对字母、数字的识别大得多；而且实际运行车辆的车牌会受到泥、油、漆等影响，车牌字符往往会有断裂现象，同时车牌制作工艺的不规范也会使字符变浅、变模糊，使车牌字符识别的难度比普通字符识别大得多，这也影响车牌识别系统识别率的提高。

车牌字符识别的准确率直接决定系统的整体性能。在进行字符识别之前需要对输入的车牌图像块进行预处理工作，包括：车牌倾斜校正和字符分割。在完成车牌图像的倾斜校正后，需要将车牌区域分割成单个字符，然后进行识别。字符分割一般采用垂直投影法，利用垂直投影法对复杂环境下的汽车图像中的字符分割有较好的效果。传统的车牌字符识别研究方法有模板匹配、神经网络分类、支持向量机（SVM）分类等。模板匹配方法运算量小，优点是识别速度快，缺点是精度不够高，尤其对汉字识别精度不高。支持向量机和神经网络都需要进行字符的特征提取步骤，不同的是支持向量机提取特征时较依赖于人为的主观因素，如惯性经验、主观意识等。由于 SVM 是借助二次规划来求解支持向量，而求解二次规划将涉及 m 阶矩阵的计算（m 为样本的个数），当 m 很大时，该矩阵的存储和计算将耗费大量的机器内存和运算时间，因此对大规模训练样本难以实施。而神经网络根据其自身特点可以归结为一种自适应非线性系统，它的结构是模拟人脑神经元而组成，并对输入信息通过不断训练进行模型的调整。在神经网络中虽然单个神经元结构简单，但当大量的神经元组成网络后并对神经元的连接权重进行调节可以实现对具体对象的分类和识别。

对于我国车牌，国外的算法不能直接使用。现存的应用系统由于技术保密，外界无法知道其中的具体使用方法。目前国内的文献对于晚上的车牌识别研究较少，大部分文献主要针对白天，本章根据实际需要，对同时适用于白天和晚上的车牌识别算法进行了研究。

（2）交通标志检测与识别　在 20 世纪 80 年代初，交通标志识别的视觉系统和完整的自主驾驶汽车曾作为欧洲研究项目的一部分在戴姆勒-奔驰研究中心进行开发。此外，许多西方发达国家在 20 世纪 90 年代也开始关注交通标志检测系统，对这一焦点系统展开相关的研究并取得了重大的进步，提出了许多基于颜色特征和形状特征的检测和识别方法。Kehtar-navaz 等人在 1993 年首次提出了一种 ADIS（自动检测与识别系统），该系统只能检测识别停车标志，将交通标志图像进行空间模型处理，用转换后的颜色空间阈值分割图像，并使用边缘检测算法获得分割图像的轮廓，从而根据从交通标志图像中提取到的轮廓特征进行交通标志识别。1994 年，梅赛德斯-奔驰汽车公司和某所大学共同研发交通标志识别系统，这套交通标志识别系统采用 CSC（颜色空间聚类）方法进行颜色分割，并采用大量数据分析来提高系统的鲁棒性。2000 年后，交通标志检测和识别系统引起了更为广泛的关注，更多的专家学者开始对这一系统的研发开展了工作，这一现象使得交通标志检测和识别系统的成功率向前迈进了一大步。日本大阪大学在 2000 年开发出了一个实时性交通标志检测与识别的视觉系统，这一视觉系统有两个作用不同的摄像机（一个用广角镜头，一个用远焦镜头），先是使用广角摄像机采集远处含有交通标志的场景，通过对交通标志的颜色特征、对比特征和形状特征等信息对拍摄的图像进行搜索，得到可能出现交通标志的区域，然后由远焦镜头的摄像机对此区域进行放大处理，最后采用模板匹配法来完成识别工作。该系统对指示标志和速度标志进行测试，结果有较大的差异，对指示标志取得了高达 100% 的检测率，但是这一系统对速度标志的检测率并不理想，只有 46.5%。A. de la Escalera 等人在 2003 年首先使用图像的饱和度和色度对图像进行分析，并初步分割出可能存在标志的区域，再使用遗传算法找到这些区域中符合交通标志面积和周长的部分，最后利用训练好的人工神经网络对交通标志进行分类判断。2007 年，Satumino 等人提出了一种能够检测到多种形状的交通标志的检测识别系统。该识别系统先是使用颜色特点对图像进行分割，再通过线性核的 SVM 分类器进行形状判断检测，最后采用具有高斯核的支持向量机（SVM）来判断具体类别。2011 年，德国举办了交通标志识别大赛（IJCNN2011）［数据采用德国交通标志数据库（GTSRB）］，这标志着对交通标志检测和识别方法的研究得到了更广泛的关注。2011 年，Ciresan 等人在 IJCNN 大赛上对 GTSRB 数据库采用深度卷积神经网络的识别方法。2013年，J. B. Kim 认为基于颜色特征和形状特征的算法易受到周围环境影响，在此基础上 Kim 又加入了视觉显著性模型来进行交通标志的检测，检测结果具有较高的实时性。

在交通标志检测与识别的相关研究上，欧美等一部分发达国家和地区的科研成果和国内的科研成果比起来检测和识别成功率较高，国外顶尖水平的交通标志检测与识别系统研究的下一个阶段就是在实际道路环境中测试检测和识别系统。

归纳交通标志检测技术文献，采用颜色空间模型的颜色特征或形状特征进行检测的方法较为常见，将交通标志的颜色特征和形状特征相结合的相关检测方法也越来越多。

7.1.3　我国车牌的特征

世界各国都根据自己本国的标准设定了标准的车牌，我国目前的车牌标准如下。

① 车牌底色与字符颜色。车牌底色与字符颜色如表 7-1 所示。

表 7-1　车牌底色与字符颜色

车型	底色	字符颜色
大型	黄色	黑色
小型	蓝色	白色
教练车	黄色	黑色
警用汽车	白色	黑色
新能源车	绿色	黑色

② 车牌的材质与尺寸。车辆牌照通常使用的材质是铝、贴纸和塑料。车牌都是一个长方形，轮廓大小是 440mm×140mm，宽度和高度比大约是 3；字符的面积大约占整个车牌面积的 20%；第二个和第三个符号的距离是 34mm，其余相邻符号的间隔通常是 12mm，字符的大小是 45mm×90mm。

③ 字符排列特征。车牌共由 7 个字符构成，由汉字、英文字母和数字组成。一般情况下，第一个字符为汉字，是汽车所在各个省、自治区、直辖市的简称，如京、津、冀；第二个字符为英文字母，如 A、B、C；再往后为字母和数字的组合。

7.2　运动车辆的车牌识别技术

7.2.1　概述

车牌定位的作用是检测输入的图像中是否存在车牌，以及将车牌的位置精确输出。

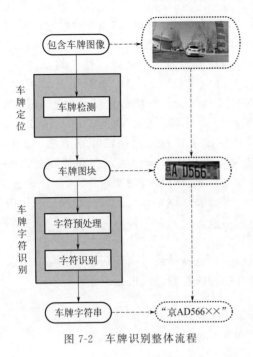

图 7-2　车牌识别整体流程

车辆在行驶的过程中随着路况的变化和与其他车辆之间的相对速度的不断改变，获取到的每一帧图像中含有的车辆车牌外观大小、形状在不断地变化，这些复杂场景给车牌定位带来很大的挑战。本节通过分析常用的车牌定位算法的优缺点，提出一种基于 Haar-like 特征提取结合 AdaBoost 分类器的方式粗略地检测车牌位置，同时结合 CNN（卷积神经网络）回归模型预测出车牌四周的四个角点位置进行车牌图像的细定位。

如图 7-2 所示为本节研究运动车牌识别的整体流程，由图 7-2 可知本节将运动车辆的车牌识别主要分解为车牌定位和车牌字符识别两大模块，使用级联分类器的检测方式进行车牌的定位操作，使用深度学习的方式进行车牌字符的识别。

7.2.2　基于级联分类器的车牌定位

（1）常用的车牌定位算法　车牌识别系统的首要任务就是车牌定位，正确可靠地提取出车牌区域是提高整个车牌识别系统正确率的关键所在。目前车牌定位的方法有很多，常见的定位技术主要有基于边缘特征的车牌定位方法、基于颜色特征的车牌定位方法、基于形态学的车牌定位方法、基于分类器的车牌定位方法，下面对几种常用的车牌定位算法（方法）进行简要的介绍：

① 基于边缘特征的车牌定位算法。边缘特征是图像中灰度发生急剧变化区域的边界，属于图像的基本特征。标准车牌在正视角度下为矩形区域，宽高保持一定的比例，车牌区域的边缘特征较为明显，内部纹理特征清晰，因此边缘检测是图像定位的重要手段。边缘检测通过构造边缘算子来提取图像中背景与目标的交界线，常用的边缘算子有：Roberts 边缘算子、Sobel 算子、Prewitt 算子以及拉普拉斯算子等。

边缘检测的基本思想是寻找图像中某点的像素在相邻区域内的变化，利用一阶和二阶方向导数获取变化的规律。如果某点位于物体的边界上，则它与相邻点的灰度值变化较大，若该点的方向导数在局部区域内是极大值，则该点就是边缘上的点，通过边缘点连接起来的轮廓就是物体的轮廓。车牌的边缘检测就是通过这种方法寻找出车牌的区域实现定位。其流程如图 7-3 所示。

基于边缘特征的车牌定位方法运行的速度较快、效率高、对噪声去除效果比较好，对于一个图像中包含多个车牌区域也有很好的定位效果。但是对复杂

图 7-3　基于边缘检测的车牌定位流程

背景的适应性不好，定位后的区域含有背景的冗余噪声等，对车牌褪色变形的情况，仍旧存在一些缺陷。

② 基于颜色特征的车牌定位算法。基于颜色特征的车牌定位方法采用区域生长法对彩

色图像进行多尺度分割；然后根据车牌的外部特征，在所有分割的区域中，初步确定车牌区域的候选图像；最后根据车牌的背景颜色和车牌字符的固有特征，确定出真正的车牌目标。区域生长图像是自底向上的区域合并过程，在小尺度分割的结果基础上进行大尺度分割，进而完成车牌区域的划分。从设备获取到的图像一般采用 RGB 空间，通过使用颜色特征，在 RGB 空间中进行车牌识别是非常困难的，需要将 RGB 空间转换到 HSV 空间。在 HSV 空间模型中，仅用色度（H）和饱和度（S）两个分量就可以找出蓝色和黄色两种颜色的车牌。

图 7-4　基于颜色特征的车牌定位流程

基于颜色特征的车牌定位流程如图 7-4 所示，可以减少车牌漏检次数，提高定位的稳定性和准确性。对于倾斜和侧面的车牌图像，也有较好的定位效果。但当车身颜色与车牌颜色相近时，会出现不能准确定位的弊端，且对于三个通道进行操作，会导致运算速度变慢。

③ 基于形态学的车牌定位算法。基于形态学的车牌定位算法是一种对车牌图像的形状和结构进行分析和处理的方法。一般步骤如图 7-5 所示：先对输入的灰度图像进行二值化，获得二值化的车牌图像；然后对二值化图像进行腐蚀、膨胀、开闭运算等数学形态学操作，得到一系列的连通区域；然后通过几何特征以及先验知识去除非车牌区域；最后对车牌候选区域进行边缘检测，提取边缘特征，从而对车牌图像进行精定位。

图 7-5　基于形态学的车牌定位算法流程

该算法必须与其他检测算法结合，才能进行精确的检测，否则无法准确检测车牌左右边界的位置；同时此算法处理速度比较慢，对于同一张图像中含有不同大小车牌的时候，往往很难得到好的检测结果。

④ 基于分类器的车牌定位算法。基于分类器的车牌定位算法通过提取车牌区域特征作为分类器的输入，对于场景中可能出现的车牌情形做大量的收集并结合具体的分类器进行训练，结合滑动窗口的方式，使分类器具有精确分辨出车牌位置的能力。比较典型的方法有基于支持向量机（SVM）的车牌定位算法、基于 AdaBoost 分类器的车牌定位算法，以及基于神经网络的车牌定位算法。

此类方法具有较高的准确率，在复杂的场景中运算结果不易受干扰，比较依赖图像特征和正负样本的选取。

（2）基于级联分类器的车牌定位检测　本节采用 Haar＋AdaBoost 级联分类器方法进行车辆定位检测，其中 Haar-like 矩形特征对后向车牌的外形特征较为敏感，级联分类器检测率高、误警率低、检测效果较好，能够满足应用需求。

根据单目摄像头拍摄行车成像的特点及规律，划定感兴趣区域（Reigon of Interest，ROI）。区域划定可获取潜在目标出现区域，减小算法遍历搜索范围，减轻后续计算负载，加快后续算法执行速度。根据前车出现区域位置的先验知识，以及过远的车辆车牌字符过于模糊不便于后期的分类，选定图像纵向 1/2 以下为 ROI，可排除高空、路边高楼等复杂背景对后续算法的干扰，使用较大的车牌区域滑动窗口进行检测，可排除搜索过于模糊车牌而增加的不必要的耗时。如图 7-6（a）所示为原始的输入图像示例，图 7-6（b）所示为车牌检测感兴趣区域的示意图。

| (a) 原始图像示例 | (b) ROI选取 |

图 7-6　图像区域划定

如图 7-7 所示为车牌定位整体流程，可知整体工作流程主要分为离线训练和在线检测两个模块：

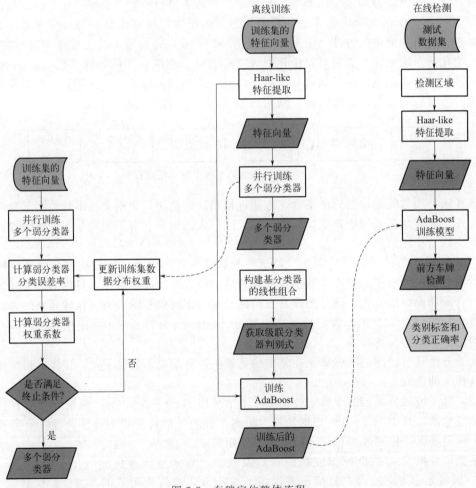

图 7-7　车牌定位整体流程

① 离线训练过程就是通过设定好的正负样本对 AdaBoost 分类器进行最佳参数的逼近，使其能够将图像中的类别正确归类；

② 在线检测的过程就是基于划定的感兴趣区域，通过使用滑动窗口依次遍历每一个区域，同时提取 Haar-like 特征进行 AdaBoost 分类，从而判定是否为车牌所在区域。

7.2.3 车牌的倾斜校正与字符分割

（1）车牌倾斜校正 车牌倾斜校正是字符分割前的必要步骤，校正效果直接影响分割结果。车牌倾斜可以分解为水平旋转倾斜和竖直错切倾斜两种模式。常见的车牌倾斜校正算法主要有 Hough 变换法、旋转投影法、方向图像法。其中使用 Hough 变换法寻找矩形边直线角度，因此使用此方法的前提是保证二值图像存在车牌边框，当待处理车牌没有车牌边框或者存在边框缺失严重时效果会很差。旋转投影法需要对图像进行多次仿射变换，计算量大而无法满足实时性。基于此，本节选择方向图像法对车牌图像进行倾斜校正。

基于方向场的车牌倾斜校正算法（方向图像法），首先采用 3×3 的 Sobel 算子计算车牌图像像素点在水平和垂直方向上的梯度；根据水平和垂直方向上的梯度计算车牌的纹理方向场，通过对纹理方向场的分析，找出车牌水平倾斜的角度；利用双线性插值法对车牌进行水平旋转校正，然后再采用投影法对车牌的竖直倾斜变形进行校正。

（2）字符分割 如图 7-8 所示，常见的车牌第一位字符为各个省、自治区及直辖市的简称，共计 31 个汉字；第二位为 24 个英文字母之一（不含有 I、O，考虑到和数值 1、0 混淆）；字符二三位置之间有一个小圆点，其他字符之间紧凑排列；后五位编号为数字 0～9 和 24 个英文字符的随机组合而成，字符在车牌中呈水平排列。

图 7-8 车牌样式图

车牌字符分割的质量效果会直接影响到字符识别的准确度，将字符分割得不全或过宽都不利于对字符进行有效地识别。现有的字符分割算法，针对不同的应用场景，其中的利弊也不尽相同，因此必须使用切实可行的分割算法将字符完整地从车牌中分割开。常见的字符分割方法有投影法、连通域法、模板匹配法，对这三种方法的特点分析如下：基于投影的分割法（投影法）在排除车牌边框、铆钉等噪声干扰之后能够达到很好的效果，此方法只是分析了像素在行和列方向上的统计和，因此算法运行速度很快，比较适合对实时性要求较高的场景，因其具有实现方法简单、速度快和字符分割结果准确等特点而被广泛接受；基于连通域的分割法（连通域法）根据车牌中字符的每个像素点都是连通的特性，通过聚类方法的辅助，能够将各个字符分割出来，然而此方法对图像的质量要求较高，比较依赖于二值化的效果，当二值化结果的字符像素中出现断裂或字符之间存在粘连，都会对字符分割效果产生影响；基于模板匹配的字符分割方法（模板匹配法），同样是基于二值化的图像，之后根据轮廓的特征匹配字符模板，此种方式可以很好地解决字符粘连或断裂和噪声污染等问题，但是对车牌磨损和拍摄角度不当这些因素造成的低质量车牌图像不能准确地分割，由于要逐一和每一个模板进行匹配，耗时比较长。基于上述分析，本节系统中使用投影法进行字符分割。

如图 7-9 所示，车牌字符之间在垂直方向的投影像素点有一定的空隙，而同一个字符区域的投影像素点比较密集。基于投影的字符分割法顾名思义就是对字符垂直方向从上到下的像素统计进行投影。由于字符和车牌底牌的灰度值有很大区别，因此可以看到统计后的图像有"波峰"和"波谷"，前者对应车牌上的字符部分，后者对应车牌字符间的距离，因此可以通过按顺序依次获取"波峰"对应的区域来确定车牌字符，从而进行有效的字符分割。

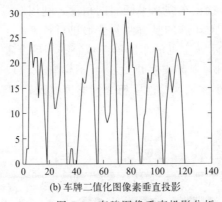

(a) 车牌区域二值化图　　　　(b) 车牌二值化图像素垂直投影　　　　(c) 垂直投影分割效果

图 7-9　车牌图像垂直投影分析

7.2.4　基于改进的 LeNet-5 深度学习模型的车牌字符识别

传统的字符识别一般流程为：特征设计、特征提取、字符分类。其中特征设计和提取是一件比较复杂的事情，需要根据每一个字符特征设计其独有的标记，如结构特征（字符的端点、交叉点、圈的个数，横线、竖线条数）、图像特征［HOG、Haar-like、LBP（局部二值模式）］，从而为后期特征分类做好准备。通过人工设计的特征（例如 HOG）来训练字符识别模型，此类单一的特征在字体变化、模糊或背景干扰时泛化能力迅速下降，而且过度依赖字符分割的结果，在字符扭曲、粘连、噪声干扰的情况下，分割的错误传播尤其突出。然而随着深度学习的出现，车牌字符识别率也得到了很大的提升，尤其是应对复杂环境下的字符识别。通过深度网络对字符特征进行自动提取和分类，人工不需要花大量的时间去设计字符特征，从而更好区分每一个字符之间的差异。

卷积神经网络是人工神经网络的一种，已成为当前计算机视觉领域研究热点。它的权值共享网络结构使之更类似于生物神经网络，降低了网络的复杂度，减少了权值的数量。它是一个多层的神经网络，每层由多个二维平面组成，而每个平面由多个独立神经元组成。卷积神经网络有 3 个核心：局部感受野、权值共享和池化。局部感受野和权值共享的引入极大地减少了网络模型的参数，使得模型的配置和使用更加简便。池化可以减小图像在网络间传输时的规模，从而减小了计算量，提高了运算效率。这是卷积神经网络优于传统人工神经网络的原因。

（1）车牌字符样本整理　训练卷积神经网络需要大量的车辆运行过程中的车牌样本，但是目前还没有合适的中国车牌字符集公开。因此需要手动采集车牌图像同时进行字符标注，如表7-2所示为收集到的3887张运动车辆的车牌进行分割之后标记的结果，从表中可以看出各个字符之间的样本量差异太过明显：数量最大的为1154，最小的为41。在网络训练的过程中如果不同类别的训练样例数目稍有差别，通常影响不大，但若差别很大，则会对网络参数的学习过程造成困扰，导致数据量越大的类别，其召回率会越高，而数据量小的分类性能会很差，进而使训练出的模型可信度不高，泛化能力很低。

表7-2　手动标记训练样本量

类型	样本量	类型	样本量	类型	样本量	类型	样本量
'0'	718	'H'	211	'川'	134	'青'	89
'1'	519	'J'	164	'鄂'	125	'琼'	41
'2'	601	'K'	266	'赣'	98	'陕'	138
'3'	588	'L'	265	'甘'	127	'苏'	219
'4'	401	'M'	243	'贵'	89	'晋'	43
'5'	974	'N'	203	'桂'	165	'皖'	215
'6'	758	'P'	178	'黑'	103	'湘'	144
'7'	826	'Q'	126	'沪'	235	'新'	85
'8'	1147	'R'	165	'冀'	103	'豫'	69
'9'	1154	'S'	164	'津'	299	'渝'	95
'A'	1013	'T'	199	'京'	256	'粤'	72
'B'	420	'U'	145	'吉'	118	'云'	95
'C'	300	'V'	245	'辽'	139	'藏'	55
'D'	213	'W'	153	'鲁'	98	'浙'	157
'E'	299	'X'	215	'蒙'	86		
'F'	238	'Y'	134	'闽'	97		
'G'	266	'Z'	198	'宁'	98		

为了消除数据类别不平衡问题，本节使用的策略是：以各个类别中样本数量最大的类别为基准，对样本量少的类别通过数据增强的方式进行过采样。针对车辆在运动的过程中相对速度不断地发生变化导致获取到的车牌会产生运动模糊的效应，以及由光照不均引起的车牌部分区域图像曝光，从而导致分割之后的二值化字符有断裂或者粘连的现象，分别使用高斯模糊算法以及形态学开运算、闭运算的方式进行类别数据量的扩展，从而使扩展的图像更加逼近真实的应用场景。

① 高斯模糊。高斯模糊是指一个图像与二维高斯分布的概率密度函数做卷积，高斯分布即正态分布。由于图像是离散的，所以高斯分布的概率密度函数需要先做采样才能与图像进行卷积。

如图7-10(a) 所示，采样的最简单的一个做法是直接取曲面上的值。例如，先把 xy 平面划分成许多 1×1 大小的方格子，直接取 $(x,y)\in\{(0,0),(0,1),(1,0),(1,1),\cdots\}$ 这些点上的 z 值便可完成采样。另一种采样方法是，令采样值 z 在 1×1 的格子上形成的立方柱的体积，等于该格子范围内的曲面下的体积，如图7-10(b) 所示。

如图7-11所示为原图进行不同程度的高斯模糊结果图。

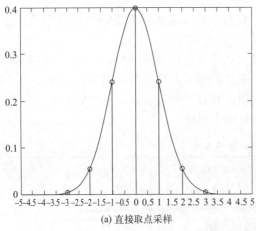 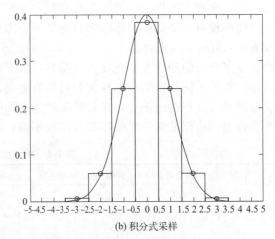

(a) 直接取点采样 　　　　　　　　　　　　(b) 积分式采样

图 7-10　概率密度采样方法

(a) 原图　　　　　　　　　　(b) 图像高斯模糊不同阈值结果

图 7-11　高斯模糊图像

② 开闭运算。形态学操作就是基于形状的一系列图像处理操作，其中膨胀与腐蚀为最基本的形态学操作，开运算其实就是先腐蚀后膨胀的过程，而闭运算就是先膨胀后腐蚀的过程。膨胀就是求局部最大值的操作，如图 7-12 所示，核 B 与图像卷积实质就是求出一块区域的最大值，同时把其赋值给参考点的像素，进而使图像中的高亮区域逐渐增加。

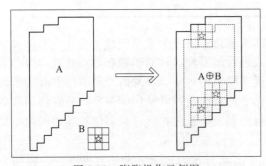

图 7-12　膨胀操作示例图

如图 7-13 所示为图像经过开运算、闭运算、腐蚀、膨胀操作之后的结果示意图。

（2）LeNet-5 模型简介　如图 7-14 所示为 LeNet-5 网络模型，最初是由 Yann LeCun 设计用于手写数字识别的卷积神经网络。LeNet-5 共有 7 层，每层都包含不同数量的训练参数，主要有 2 个卷积层（C1、C3、C5）用于特征提取，2 个抽样池化层（S2、S4）用于特征降维，2 个全连接层组成相当于传统多层感知机的隐层，除此之外还有一个高斯连接层。

如图 7-15 所示为卷积网络基本操作单元，由图可知输入层为 $7\times7\times3$（宽和高都是 7 像素，深度是 3 是因为图像应为颜色通道，所以有 3 的深度），有两个 $3\times3\times3$ 的卷积核对其

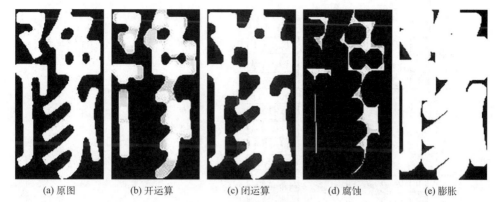

| (a) 原图 | (b) 开运算 | (c) 闭运算 | (d) 腐蚀 | (e) 膨胀 |

图 7-13　图像形态学运算

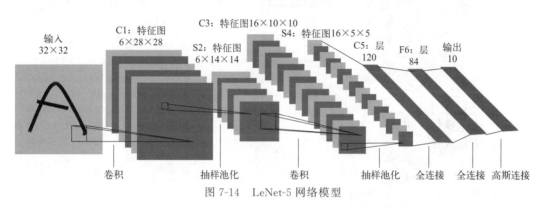

图 7-14　LeNet-5 网络模型

进行卷积运算，在前向传播的时候，让每个滤波器都在输入数据的宽度和高度上滑动（更精确地说是卷积），然后计算整个滤波器和输入数据任一处的内积。当滤波器沿着输入数据的宽度和高度滑过后，会生成一个 2 维的映射图，映射图给出了在每个空间位置处滤波器的反应。卷积网络中映射层与输入层，以及卷积核的运算公式为：

$$\begin{cases} w_2 = (w_1 - F + 2P)/S + 1 \\ H_2 = (H_1 - F + 2P)/S + 1 \\ D_2 = K \end{cases} \tag{7-1}$$

其中，w_1、H_1 表示输入层的宽、高；F 表示卷积核的空间尺寸；K 表示卷积核的数量；S 表示卷积核移动的步长；P 表示 0 填充数量；w_2、H_2、D_2 表示映射层的宽、高、深度。

池化层的主要作用为对输入的特征图进行压缩，一方面使特征图变小，简化网络计算复杂度；一方面进行特征压缩，提取主要特征。如图 7-16 所示为最大池化层操作示意图，核心思想就是将一块区域的像素集合，通过某种方式归结为一个像素点表示。经过池化层的操作，卷积层的空间尺寸缩小，深度信息不变。常用的池化层有：最大池化（Max-Pooling）层，即取其中最大的像素值作为结果；平均池化（Mean-Pooling）层，即求一块区域的平均值作为结果；随机池化（Stochastic-Pooling）层，即对像素点按照数值大小赋予概率，再根据概率进行亚采样。

深度学习中最常用的分类器为 Softmax，它将多个神经元的输出，映射到（0，1）区间内，将任意形式的预测结果转换成概率的形式。假设有一个数组 v，v_i 表示 v 中的第 i 个元素，那么这个元素的 Softmax 值就是：

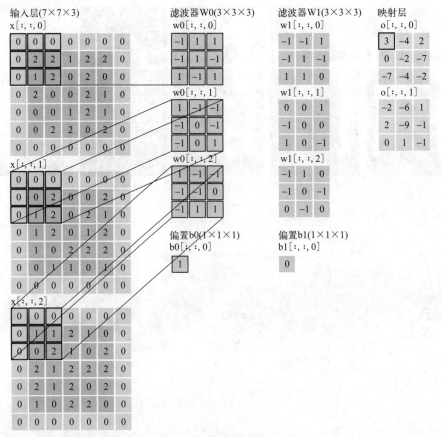

图 7-15　卷积网络基本操作单元

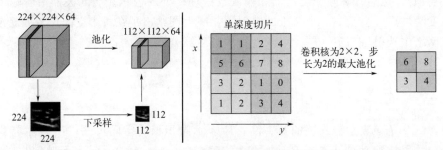

图 7-16　最大池化层操作

$$S_i = \frac{e^{v_i}}{\sum\limits_j e^{v_j}} \tag{7-2}$$

从以上公式可知，v_i 的 Softmax 值表示该元素的指数与所有元素指数和的比值。Softmax 回归进行的多分类，类与类之间是互斥的，即一个输入只能被归为一类。

在网络的计算中，经常需要计算按照神经网络的正向传播计算的分数 S_1 和按照正确标注计算的分数 S_2 之间的差距，即 Loss（损失），得到 Loss 才能应用反向传播。Loss 通常定义为交叉熵的形式：

$$L_i = -\lg \frac{e^{v_i}}{\sum\limits_j e^{v_j}} \tag{7-3}$$

取 lg 的值就是这组数据正确分类的 Softmax 值，它占的比重越大，这个样本的 Loss 也就越小，这样的形式给参数的更新带来了便捷。

LeNet-5 设计之初是为了解决手写字符识别的问题，取得了巨大的成功，因此将该网络模型用于车牌字符识别具有很好的适应性。如图 7-17 所示为传统 LeNet-5 用于车牌字符识别的流程图，首先需要准备车牌字符的数据，为了解决车辆在行驶的过程中车牌字符样本的复杂性问题，本节使用数据增强的方式扩大样本集，将处理好的训练字符样本按照不同的类别打包成文件夹，文件夹的名字即为样本数据的标签；构建 LeNet-5 网络模型，本章使用 Google 开源的深度学习框架 Tensorflow 进行搭建；初始化网络的参数，根据反向传播理论进行网络的训练，同时判断是否达到结束标准，即是否达到迭代次数、网络的损失函数是否持续下降；当网络训练结束，将模型中的权重文件进行保存，从而用于车牌字符识别的分类。

图 7-17　LeNet-5 车牌字符识别流程图

（3）LeNet-5 模型在识别车牌字符方面存在的问题分析　LeNet-5 模型用于分类手写数字，准确率普遍高达 99％以上，然而用于识别车牌字符就存在很多问题：

① 国内车牌是由汉字、数字、英文字符组合而成，分类总数一共有 67 种。相比于单纯的手写英文字符，网络需要更加复杂的模型，才能具有很好的泛化性能。然而随着网络参数的增加，计算复杂度也会随之增加。

② 车辆在行驶的过程中相对位置的不断改变，导致获取到的车牌图像大小不定。LeNet-5 模型中包含全连接层，需要对网络中输入的图像进行剪裁或者扩充达到统一规格，会导致字符变形，加大识别难度。

③ 国内没有开源的车牌字符识别的数据库，相比于 MINIST 数据库有 6 万个标准训练库和 1 万个测试库，通过手动采集到的数据进行标注，数据量远远不够，而过度使用数据增强的方式扩充样本量，导致网络很容易过拟合。

（4）LeNet-5 模型的改进　鉴于 LeNet-5 网络模型存在的不足，本节提出使用改进的 LeNet-5 神经网络结合数据增强的方法提升车牌字符的识别效果，即：通过规范化处理，解决梯度消失和学习收敛速度慢的问题；为了提高网络的泛化能力，减少参数量，使其很好地识别出模糊字符，使用等量的两层 3×3 的卷积核代替一层 5×5 的卷积核；结合 Network in Network 网络中提出的全局池化层的思想，将网络中的全连接层替换掉，很大程度上解决了由于全连接层中参数量巨大而带来的过拟合现象。

① 规范化。深层神经网络在做非线性变换前的激活输入值，在训练过程中，随着网络深入分布逐渐发生偏移或者变动。之所以训练收敛慢，一般是因为整体分布逐渐往非线性函数的取值区间的上下限两端靠近，这导致反向传播时低层神经网络的梯度消失。而 Batch Norm（批归一化）就是通过一定的规范化手段，把每层神经网络任意神经元输入值的分布强行拉回到均值为 0、方差为 1 的标准正态分布，其实就是把越来越偏的分布强制拉回比较标准的分布。这样使得激活输入值落在非线性函数对输入比较敏感的区域，这样输入的小变化就会导致损失函数较大的变化，使梯度变大，避免梯度消失问题产生，而且梯度变大意味着学习收敛速度快，能大大加快训练速度。

假设 x 为训练过程 Mini-Batch（小批量样本），$B=\{x_1,\cdots,x_m\}$，γ、β 为可训练参数，

使用 Batch Norm 的具体流程如下所示：

$$u_B \leftarrow \frac{1}{m}\sum_{i=1}^{m} x_i$$

$$\sigma_B^2 \leftarrow \frac{1}{m}\sum_{i=1}^{m}(x_i - u_B)^2 \tag{7-4}$$

$$\hat{x_i} \leftarrow \frac{x_i - u_B}{\sqrt{\sigma_B^2 + \varepsilon}}$$

$$y_i \leftarrow \gamma\hat{x_i} + \beta \equiv \mathrm{BN}_{\gamma,\beta}(x_i)$$

式中，u_B 表示 Mini-Batch 的均值；σ_B^2 表示 Mini-Batch 的方差；$\hat{x_i}$ 表示 Mini-Batch 的归一化；y_i 表示加入可训练参数 γ、β 之后的输出值；ε 为平滑项符号，是一个很小的常数，通常取值为 10^{-5} 或 10^{-8}，其作用是防止分母为零的情况发生，确保在计算 $\hat{x_i}$ 时不会出现除零错误；$\mathrm{BN}_{\gamma,\beta}$ 为一种 Batch Norm 规范化的运算规则。

② 改进卷积核大小。由文献 [251] 可知对于输入分辨率小的图片而言，3×3 的卷积核相比于 5×5 的卷积核收敛速度更快，性能提升显著。针对于 LeNet-5 中使用 5×5 的卷积核效果不佳的问题，结合 VGG-Net 模型中的思想，认为两个 3×3 的卷积堆叠获得的感受野大小，相当一个 5×5 的卷积，如图 7-18 所示；而 3 个 3×3 卷积的堆叠获取到的感受野相当于一个 7×7 的卷积。

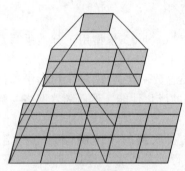

图 7-18　小卷积核替代大卷积核感受野示例

使用多个 3×3 卷积核可以模仿较大卷积核对图像进行局部感知，对高维特征进行提取。因为如果使用较大的卷积核，参数就会大量地增加，运算时间也会成倍地增长。例如在网络模型中上一层输出的特征映射图为 28×28×32，使用 3×3 的卷积核进行特征提取只有 3×3×32+1＝289 个权值参数，而使用 5×5 的卷积核权值参数就会增加到 5×5×32＋1＝801 个。因为缺乏一个模型去对大量的参数进行归一化、约减，或者说是限制大规模的参数出现，因此训练核数更大的卷积网络就变得非常困难了。

③ 全局池化层代替全连接层。随着输出类别的增加，模型错误分类的概率会随之增加，一个可行的策略是增加 C5、F6 中全连接的个数，这种做法虽然能在一定程度上降低类别的错误率，但会引起相应的问题：传统 LeNet-5 的 C5 层有 120×(16×5×5＋1)＝48120 个可训练参数，F6 层有 84×(120×1×1＋1)＝10164 个可训练参数，这两个层的参数就已经占用了整个网络参数的 80% 以上，增加 C5、F6 个数会加剧全连接参数的冗余，使网络更为庞大，增加训练时间，降低识别速度；庞大的全连接层更容易出现过拟合的现象，换句话说网络会过度拟合训练数据，错误地提取训练数据中的某些噪声作为特征，而忽略了同一组训练样本共有特征。过拟合主要的表现是，网络在训练阶段的识别率很高，而在实际测试阶段识别率会大幅度下降。鉴于此，本节结合 Network in Network（NIN）网络中的思想，提出增加全局池化层（图 7-19）的方法：即增加了一个全局池化层代替全连接层，为每一个分类生成一个特征图，而不是在特征图顶部添加全连接层，取出每个特征图的池化值，并直接馈送到逻辑回归分类层。通过强制建立特征图和类别之间的对应，使特征图更容易地理解为类置信映射，此外在全局池化层中没有可优化的参数，因此在此层可避免过度拟合，对输入空

间的变换更稳定。

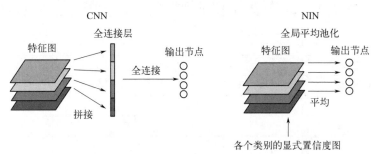

图 7-19　全局池化层示意

　　(5) 基于改进的 LeNet-5 网络模型的车牌字符识别流程　如图 7-20 所示为改进之后 LeNet-5 的模型结构图，为了提升模型的泛化能力，将原有 C1、C3 层中大小为 5×5 的卷积核替换成了连续两层 3×3 的卷积核，池化层保持不变；为了减少模型中的参数，避免过拟合现象，将全连接层去除，由一层卷积层和全局池化层替代。

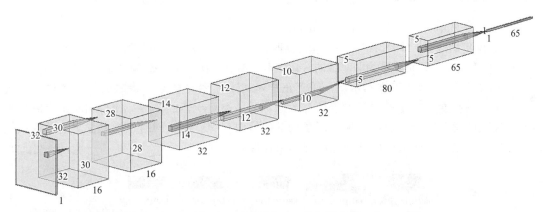

图 7-20　改进 LeNet-5 模型结构图

　　表 7-3 为改进 LeNet-5 的参数配置，其网络模型的算法流程为：

　　① 输入一张经过二值化处理的 32×32 图像，原图不进行扩展，与卷积层 C1 的 16 个 3×3 卷积核进行卷积，卷积步长为 1，得到 30×30 的特征映射图。

　　② 为了得到原 LeNet-5 中 C1 层卷积核 5×5 的感受野，紧接着继续用同样规模的 3×3 卷积核进行运算，得到 28×28 的特征映射图。

　　③ 和原有的 LeNet-5 保持不变，使用步长为 2 的最大池化层进行特征的下采样，即：将特征平面中每个神经元与 2×2 的卷积核相连接，求出 4 个神经元中最大的值进行保留，得到大小为 14×14 的特征映射图。

　　④ 类似于原有的 LeNet-5 中 C3 层 5×5 卷积核的作用，使用两层数量为 32 的 3×3 的卷积核进行连续卷积，得到大小为 10×10 的卷积映射图。

　　⑤ 操作同③，使用步长为 2 的最大池化层进行下采样，得到大小为 5×5 的特征映射图。

　　⑥ 对上步中 5×5 的映射图进行边界为 1 的扩展后，使用 80 个大小为 3×3、步长为 1 的卷积核提取特征，得到的映射图大小保持不变。

　　⑦ 使用 65 个 3×3 的卷积核与上一层的输出映射图进行运算，得到 3×3 的特征映射图。

　　⑧ 对 65 个 3×3 特征映射图使用全局最大池化的方式，得到结果为 1×1×65 的特征映射，输入 Softmax 层进行结果的分类。

表 7-3　改进 LeNet-5 网络参数

层	通道数	滤波器尺寸	滤波器步长	填充	输入尺寸
C1	16	3	1	—	32×32
C2	16	3	1	—	30×30
S3	16	2	2	—	28×28
C4	32	3	1	—	14×14
C5	32	3	1	—	12×12
S6	32	2	2	—	10×10
C7	80	3	1	1	5×5
C8	65	3	1	—	5×5
S9	65	—	—	—	3×3

7.2.5　测试结果与分析

（1）基于 Haar＋AdaBoost 的车牌定位测试

① 数据集的选择。训练 AdaBoost 分类器时样本集需要包含正样本和负样本，正样本为行驶过程中的车牌样本，负样本为非车牌的一切样本。本节选择正样本数 1035 张，负样本 1500 张。

a. 如图 7-21 所示为正样本示例。采集正样本时，需要对样本拍摄时的光照条件、天气状况、车牌倾斜度、车牌类型等因素综合考虑，采集类型丰富的样本，使得训练出来的分类器具有较强的泛化能力，能够实现不同场景下的后向车牌检测，同时正样本采集场景应该接近实际检测场景，负样本也应该满足同样的采样原则。

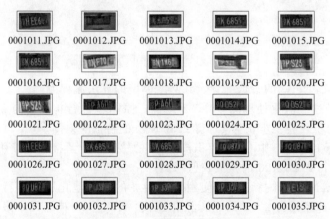

0001011.JPG　0001012.JPG　0001013.JPG　0001014.JPG　0001015.JPG

0001016.JPG　0001017.JPG　0001018.JPG　0001019.JPG　0001020.JPG

0001021.JPG　0001022.JPG　0001023.JPG　0001024.JPG　0001025.JPG

0001026.JPG　0001027.JPG　0001028.JPG　0001029.JPG　0001030.JPG

0001031.JPG　0001032.JPG　0001033.JPG　0001034.JPG　0001035.JPG

图 7-21　正样本车牌图片

b. 所谓负样本，是指不包含待识别物体的任何图片，因此可以将天空、海滩、大山等所有图像都拿来当负样本。然而选取一些和应用场景毫不相关的负样本图片并不能帮助提升分类器的性能，反而会增加训练的时间。在 AdaBoost 分类器中随着级联分类器学习过程中基分类器层数的深入，产生误检的非车辆类背景样本（负样本）将会变得更少，不利于基分类器的后续学习。综上所述，非车辆类背景样本的数目应大于车辆正样本。由于在正常拍摄的道路图像中，车牌目标在图像中所占比例远远小于其他非车牌区域的负样本，为了能够快速生成大量的负样本，本节在划定的检测区域内对样本集采用随机生成的方式对负样本进行初选，结合人工挑选的方式进行负样本的精选。选择的标准是尽可能选取对正样本干扰较大的区域，如：类似于车牌颜色的区域、车灯部分、类似于车牌形状的矩形区域等等。

② 车牌定位实验结果分析。如表 7-4 所示为车牌定位的实验结果，由表可知本节车牌定位的方法在保证高检测率、低漏检率的基础上能够达到实时检测的速度，并为之后字符的识别达到实时性留有充足的时间。

表 7-4　车牌定位实验结果

提取特征	分类器	检测率/%	误检率/%	漏检率/%	单帧测试时间/ms
Haar-like	AdaBoost	93.64	6.57	1.867	25.193

（2）基于改进的 LeNet-5 网络模型的车牌字符识别测试　如图 7-22 为 LeNet-5 车牌字符识别收敛曲线，图（a）为准确率收敛曲线，图（b）为损失值收敛曲线，图中浅色曲线表示训练集的准确率和损失值的指标，深色曲线表示测试集的准确率和损失值的指标。由准确率曲线图可知，训练集和测试集的准确率之间有很大的差别，训练集甚至能够达到百分之百的准确率。由损失值曲线图可知，训练集的损失值一直下降直到为 0，然而测试集的损失值在下降到 0.3 时开始出现上升的趋势。综合两个指标的统一分析可知，基于 LeNet-5 的模型出现了过拟合现象，因此不适用于车牌字符识别的应用，需要对其进行改进。

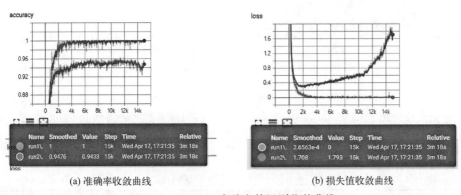

(a) 准确率收敛曲线　　　　　　　　　　　(b) 损失值收敛曲线

图 7-22　LeNet-5 车牌字符识别收敛曲线

如图 7-23 所示为 LeNet-5 应用引进技术（即加入 Batch Norm、改进卷积核大小、使用全局池化层代替全连接层）后车牌字符识别的收敛曲线，曲线中同图 7-22 一样，浅色曲线表示训练集的收敛曲线，深色曲线表示测试集的收敛曲线。从图（a）可知训练集和测试集的准确率收敛曲线几乎重合，且在 0.95 附近几乎不再上升；从图（b）可知训练集和测试集

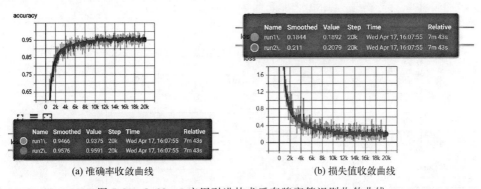

(a) 准确率收敛曲线　　　　　　　　　　　(b) 损失值收敛曲线

图 7-23　LeNet-5 应用引进技术后车牌字符识别收敛曲线

的损失值收敛曲线同样几乎重合，且在 0.2 附近不再降低。综合两个指标统一分析可知，在加入引进的技术之后 LeNet 模型很好地消除了过拟合的现象，然而最后的收敛曲线并未达到理想的峰值，可知模型处于欠拟合状态，这是由模型的参数量较低引起的，因此需要对 LeNet-5 模型进行调整，添加参数量，从而达到理想的效果。

如图 7-24 所示为在图 7-23 的网络模型基础上添加模型中每一层的卷积核数量后的收敛曲线，同图 7-22 一样，浅色曲线表示训练集的收敛曲线，深色曲线表示测试集的收敛曲线。由图（a）可知训练集和测试集的准确率收敛曲线相差不大，呈现先上升再逐渐平缓的趋势，且训练集的准确率能够达到 0.9947，测试集的准确率能够达到 0.9848；从图（b）可知训练集和测试集的损失值收敛曲线相差不大，呈现先下降再逐渐平缓的趋势。综合两个指标统一分析可知：网络模型处于训练最佳的状态。

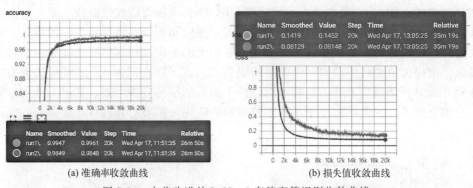

(a) 准确率收敛曲线　　　　　　　　(b) 损失值收敛曲线

图 7-24　本节改进的 LeNet-5 车牌字符识别收敛曲线

表 7-5 为 LeNet-5 和改进之后的 LeNet-5 模型参数量对比结果，由表可知改进之后的 LeNet-5 卷积核数量远远高于 LeNet-5 的卷积核数量，总的参数量是改进前的 86433/60900 ＝ 1.419 倍。由于改进后网络中应用了防止过拟合的策略，因此在同等训练数据量的情况下没有过拟合的现象。

表 7-5　网络模型参数量对比

模型	层	通道数	滤波器尺寸	参数量	总参数量
LeNet-5	C1	6	5	156	60900
	S2	6	2	12	
	C3	16	5	2416	
	S4	16	2	32	
	C5	120	5	48120	
	F6	84	—	10164	
改进后的 LeNet-5	C1	16	3	144	86433
	C2	16	3	2320	
	S3	16	2	32	
	C4	32	3	4640	
	C5	32	3	9248	
	S6	32	2	64	
	C7	80	3	23120	
	C8	65	3	46865	
	S9	65	—	0	

图 7-25 为单张字符图片分类耗时测试结果，实验平台为：CPU 型号为 Intel（R） Xeon（R）E5-2682 V4，时钟主频 2.5GHz，2GB 内存，Linux 操作系统。由测试结果可知单张字符的分类耗时为 0.706ms，由于一张车牌图像包含 7 个待分类字符，所以一张图片的字符识别共耗时 0.706×7＝4.942ms，符合实时前方车辆车牌识别对于速度的要求。

```
root@iZ2zef0sget2ec0j32ch5gZ:/home/python/project# python3 inference.py
sys:1: DtypeWarning: Columns (401) have mixed types. Specify dtype option on import or set low_memory=False.
The number of test samples: 7
WARNING:tensorflow:From /usr/local/lib/python3.5/dist-packages/tensorflow/python/ops/resource_variable_ops.py:43
5: colocate_with (from tensorflow.python.framework.ops) is deprecated and will be removed in a future version.
Instructions for updating:
Colocations handled automatically by placer.
WARNING:tensorflow:From /usr/local/lib/python3.5/dist-packages/tensorflow/python/keras/layers/core.py:143: calli
ng dropout (from tensorflow.python.ops.nn_ops) with keep_prob is deprecated and will be removed in a future vers
ion.
Instructions for updating:
Please use `rate` instead of `keep_prob`. Rate should be set to `rate = 1 - keep_prob`.
2019-04-18 14:07:19.401460: I tensorflow/core/platform/cpu_feature_guard.cc:141] Your CPU supports instructions
that this TensorFlow binary was not compiled to use: AVX2 FMA
2019-04-18 14:07:19.406003: I tensorflow/core/platform/profile_utils/cpu_utils.cc:94] CPU Frequency: 2499995000
Hz
2019-04-18 14:07:19.406212: I tensorflow/compiler/xla/service/service.cc:150] XLA service 0x42b4c90 executing co
mputations on platform Host. Devices:
2019-04-18 14:07:19.406277: I tensorflow/compiler/xla/service/service.cc:158]   StreamExecutor device (0): <unde
fined>, <undefined>
WARNING:tensorflow:From /usr/local/lib/python3.5/dist-packages/tensorflow/python/ops/math_ops.py:3066: to_int32
(from tensorflow.python.ops.math_ops) is deprecated and will be removed in a future version.
Instructions for updating:
Use tf.cast instead.
700/700 [==============================] - 0s 706us/sample - loss: 0.0105 - acc: 0.9986
```

图 7-25　单张字符图片分类耗时测试结果

（3）运动车辆的车牌识别实际测试　本节使用车辆行驶过程中前视摄像头记录的视频信息，对运动车辆的车牌识别算法进行实验。图 7-26 为检测识别的部分典型结果，可知车牌定位算法受车牌磨损程度和字符清晰度影响较小，即使在车牌字符很模糊的情况下依然能够很好地对车辆的车牌进行定位。然而车牌字符识别算法比较依赖于车牌图像的清晰度，当车牌本身污染严重或者提取的车牌根本无法看清，车牌字符的识别效果不理想。

图 7-26　运动车辆车牌识别检测结果

7.2.6　小结

本节针对运动车辆的车牌识别，将任务分解为车牌定位和字符识别分别进行分析：①在车牌定位阶段使用 Haar-like 结合 AdaBoost 的方式进行车牌的检测，为了提高车牌检测的速度，本节使用划定区域的方式进行图像滑窗遍历；②字符识别阶段针对 LeNet-5 的不足提出改进方法，通过改进卷积核大小、使用 Batch Norm 规范化、使用全局池化层代替全连接层消除模型中的过拟合效应，添加模型中每一层的卷积核数量提高模型的泛化能力，使模型能够更好地适应车牌字符识别的分类任务。最后分析运动车辆车牌识别检测结果图，提出运动车辆车牌字符的识别性能受输入图像分辨率和车牌磨损程度的影响。在车牌磨损较少、提取的车牌较为清晰的情况下，车牌识别效果较好，但如果车牌本身就污染严重或者提取的车牌根本无法看清，车牌识别的效果不理想。

7.3 基于 HOG 和 SVM 相结合的交通标志图像检测与识别技术

7.3.1 概述

交通标志中包含着重要的道路交通信息，使用文字或符号向司机传达引路、限制、警告或指示的交通信息。国家一般会设置醒目、清晰、对比度高、易于识别的交通标志来辅助实施交通管理，保障道路上的人身和财产安全，这是道路顺畅的重要措施。交通标志能够及时地把交通信息传递给司机，使司机对可能突发的情况进行了解，提前采取规避措施，从而避免或者减少交通事故的发生。

本节所介绍的交通标志图像检测与识别技术主要分为交通标志检测和识别两个部分，交通标志检测的任务是从含有禁止长时停车标志和禁止临时或长时停车标志的图像中提取出含有这两种交通标志的区域，提取出的区域通过交通标志识别模块，把这两种交通标志进行识别分类。

本节从测试图像中提取出 HOG 描述子，也就是梯度方向直方图的特征值；再把特征值输入训练好的线性 SVM 分类器中实现准确的检测；检测后的样本图经过 HSV 颜色过滤，判断是否含有一定范围的蓝色和红色，也就是是否符合被检测交通标志的颜色，如果符合颜色标准则判定为检测成功，反之被检测部分舍去；被检测成功的交通标志被输入下一阶段的视觉词袋（BOW）模型分类器中进行识别。下面介绍各个环节内容。

7.3.2 HOG 特征与计算

目前，标志检测算法大都是基于颜色和形状的，因为这是标志区别于其他物体的鲜明特征。本节中描述的方法是基于梯度方向直方图（HOG）特征的检测算法进行选择的，计算了图像的局部直方图。

在一帧图像中，局部目标的表象和形状（Appearance and Shape）能够被梯度或边缘的方向密度分布较好地描述。具体的实现方法是：将图像分成小的连通区域，把这个区域称之为细胞单元；采集细胞单元中各像素点的梯度或边缘的方向直方图；把这些直方图进行组合得到特征描述器。为了提高性能，我们还可以把这些局部直方图在图像的更大范围内（称作区块或 Block）进行对比度归一化（Contrast-Normalized），所采用的方法是：先计算各直方图在这个区块（Block）中的密度，然后根据这个密度对区间中的各个细胞单元做归一化处理。通过这个归一化处理后，能对光照变化和阴影获得更好的效果。

相较于其他特征的特征描述方法，HOG描述子明显更胜一筹，它的优势如下：首先，由于HOG描述子在局部方格上操作，所以它对物体的几何和光学形变都能较好地保持不变性；其次，满足在粗的空域抽样、精细方向抽样以及局部光学归一化的条件时，只要物体大体保持垂直状态，就允许物体存在部分倾斜；此外，HOG特征使用无方向梯度（0°～180°），这样静态的和动态的交通标志都能被同一个检测器检测到，这是其他特征（如Haar特征或者控制点特征）使用有方向梯度（0°～360°）不能达到的效果。

本节中的HOG描述子：将窗口大小调整为$64×64$，块区域大小调整为$16×16$，块滑动增量大小调整为$8×8$，细胞单元大小为$8×8$，每个单元又分为9个梯度方向，也就是说描述子共有1764维。得到HOG描述子的过程可以分为4部分：梯度计算、方向区间划分、构成描述块区域、块区域的归一化处理。

（1）梯度计算　将一幅彩色的图像灰度化并使用一维离散的梯度算子$[-1\ \ 0\ \ 1]$和$[-1\ \ 0\ \ 1]^T$在图像的水平方向和垂直方向对图像进行计算处理，得到水平方向和垂直方向的梯度。梯度算子为：水平方向：$[-1\ \ 0\ \ 1]$；垂直方向：$[-1\ \ 0\ \ 1]$。

$$G_x(x,y)=I(x+1,y)-I(x-1,y) \tag{7-5}$$

$$G_y(x,y)=I(x,y+1)-I(x,y-1) \tag{7-6}$$

$$G(x,y)=\sqrt{G_x(x,y)^2+G_y(x,y)^2} \tag{7-7}$$

若对彩色图像计算梯度，分别计算RGB三通道的梯度，并选取梯度最大值作为输出。做梯度计算处理前可以选择是否采用Gamma校正，就是对输入的图像空间进行归一化，其目的是可以调节对比度，但是因为后续处理存在区域的归一化操作，是否Gamma校正并没有太大区别，本节没有采用Gamma校正。

（2）方向区间划分　构建单元直方图，图像中的每个细胞单元构建梯度直方图，细胞单元中的每个像素都参与方向的投票，投票采用加权投票的方式，该权值是根据该像素点的梯度幅度进行计算。梯度的方向从0°到180°（忽略正负方向）或者从0°到360°（考虑正负方向）均可，并将梯度平均分散到角度范围。

（3）构成描述块区域　为了考虑到光照和对比度的变化，梯度强度必须进行局部归一化，这需要将几个细胞单元组成一个空间上连通的块区域，这样HOG描述子就由各个区间所有细胞单元的直方图成分组成一个向量。通常这些块区域是存在一定重叠的，这也就是说一个细胞单元对最终的HOG描述子的贡献可能会超过一次。块区域的构成实际上主要分为两种形状：矩形（R-HOG）和圆形（C-HOG）。本节中使用的是R-HOG，也就是矩形形状的块区域。R-HOG区间大体上是一些方形的格子，它可以有三个参数来表征：每个区间中细胞单元的数目、每个细胞单元中像素点的数目、每个细胞的直方图通道数目。通过实验表明，交通标志检测的最佳参数设置是：$3×3$细胞/区间、$6×6$像素/细胞、9个直方图通道。在对直方图做处理之前，给每个块（Block）加一个高斯空域窗口是相当必要的，因为这样可以有效地降低边缘的周围像素点的权重。

R-HOG跟SIFT描述器看起来很相似，但它们的不同之处是：R-HOG是在单一尺度下密集的网格内没有对方向排序的情况下被计算出来的；而SIFT描述器是在多尺度下稀疏的图像关键点上对方向排序的情况下被计算出来的。补充一点，R-HOG是各区间被组合起来用于对空域信息进行编码，而SIFT的各描述器是单独使用的。

（4）块区域的归一化处理　对块区域进行归一化处理有四种方法可供选择。引入v表示一个还没有被归一化的向量，它包含了给定块（Block）的所有直方图信息；$\|v\|_k$表示v的k阶范数，这里的k取1、2；用e表示一个很小的常数。这时，归一化因子可以表示如下：

$$\text{L2-Norm：} \boldsymbol{f}_1 = \frac{\boldsymbol{v}}{\sqrt{\|\boldsymbol{v}\|_2^2 + e^2}} \tag{7-8}$$

$$\text{L2-Norm：} \boldsymbol{f}_2 = \frac{\boldsymbol{v}}{\sqrt{\|\boldsymbol{v}\|_1 + e}} \tag{7-9}$$

$$\text{L2-Norm：} \boldsymbol{f}_3 = \sqrt{\frac{\boldsymbol{v}}{\sqrt{\|\boldsymbol{v}\|_1 + e}}} \tag{7-10}$$

还有一种方式为 L2-Hys，也就是本节设计使用的归一化方式，它可以通过先进行 L2-Norm，对结果进行截断，然后再重新归一化得到结果。对于没有被归一化的数据来说，这四种方法都表现出了显著的改善。

7.3.3 SVM（支持向量机）分类器

支持向量机（Support Vector Machine，SVM）是在统计学习理论的基础上发展起来的一种新的机器学习方法。SVM 是一个由分类超平面定义的判别分类器，可以解释为感知器的扩展。

（1）支持向量机的基本原理 假设参数 $\boldsymbol{W}$ 和 b 分别为超平面的法向量和截距。$\boldsymbol{x} = \{\boldsymbol{x}_1, \boldsymbol{x}_2, \cdots, \boldsymbol{x}_N\}$ 代表输入向量集合，$y = \{y_1, y_2, \cdots y_N\}$ 代表类别标签集合。空间的线性判别函数的形式定义为 $f(\boldsymbol{x}) = \boldsymbol{W}^T \boldsymbol{x} + b$，其分类的平面为 $\boldsymbol{W}^T \boldsymbol{x} + b = 0$，通过对判别式函数进行归一化处理，将使得两类的全部样本均满足 $|f(\boldsymbol{x})| \geqslant 1$ 这一条件，此时距离分类面最近的样本为 $|f(\boldsymbol{x})| = 1$，而如果要求分类面能够成功对所有样本进行正确的分类，就必须满足条件：$y_i = (\boldsymbol{W}^T \boldsymbol{x}_i + b) \geqslant 1, i = 1, 2, \cdots, n$。这里等号条件成立情况下的样本就是所谓的支持向量。此时分类器间隔等于 $2/\|\boldsymbol{W}\|$，而使得间隔最大的问题也就是让 $\|\boldsymbol{W}\|/2$ 取得最小值。

软间隔概念由 Cortes 和 Vapnik 提出，是为了用于克服样本线性不可分构造的最优超平面。解决的方法是引入非负松弛变量集合 $\boldsymbol{\xi} = (\xi_1, \xi_2, \cdots, \xi_n)$，希望在错误最小的情况下将样本分离。超平面优化问题转化为：

$$\min_{\boldsymbol{W}, b, \xi} \left(\frac{1}{2} \|\boldsymbol{W}\|^2 + C \sum_{i=1}^{n} \xi_i \right) \tag{7-11}$$

其中，C 是惩罚因子，它表征了对错误的惩罚程度。在这种情况下的最优超平面称为软间隔超平面（或广义最优超平面）。在这种情况下需要满足：

$$\max \sum_{i=1}^{n} \alpha_i - \frac{1}{2} \sum_{i,j=1}^{n} \alpha_i \alpha_j y_i y_j \phi(\boldsymbol{x}_i)^T \phi(\boldsymbol{x}_j) = \max \sum_{i=1}^{n} \alpha_i - \frac{1}{2} \sum_{i,j=1}^{n} \alpha_i \alpha_j y_i y_j K(\boldsymbol{x}_i, \boldsymbol{x}_j) \tag{7-12}$$

上式中为了转化为对偶问题求解，引入拉格朗日乘子 α_i 作为约束条件。$\phi(\boldsymbol{x}_i)$ 和 $\phi(\boldsymbol{x}_j)$ 是将 $\boldsymbol{x}_i$ 和 $\boldsymbol{x}_j$ 分别映射后的特征向量。

核函数的提出使得 SVM 分类器能够有效解决非线性的问题，将非线性问题变换到高维空间中变成线性分类问题。在变换的空间中求得最优分类面，即采用适当的核函数（线性核、高斯核、多项式核、S 形核函数等）$K(\boldsymbol{x}_i, \boldsymbol{x}_j)$，并使 $K(\boldsymbol{x}_i, \boldsymbol{x}_j) = \phi(\boldsymbol{x}_i)^T \phi(\boldsymbol{x}_j)$，把优化问题中所有需要的点积运算都用核函数运算代替，就得到一般形式的支持向量机算法。

其中：

$$y_i(\boldsymbol{W}^T \boldsymbol{x}_i + b) \geqslant 1 - \xi_i, \xi_i \geqslant 0, i = 1, 2, \cdots, n \tag{7-13}$$

判别函数为：

$$f(\boldsymbol{x}) = \text{sign}\left[\sum_{i=1}^{n}\alpha_i y_i K(\boldsymbol{x}_i,\boldsymbol{x}) + b\right], 0 \leqslant \alpha_i \leqslant C, i=1,\cdots,n, \sum_{i=1}^{n}\alpha_i y_i = 0 \quad (7\text{-}14)$$

（2）支持向量机的训练 支持向量机的训练过程如图 7-27 所示，先确定特征空间（相当于确定核函数），其次再去确定整个样本的经验风险，再通过求解凸优化问题得到最优分类平面，经过对上述问题多次迭代循环求解，最终能够得到特征空间中风险最小时的值，完成训练。

训练 HOG 检测模型的负样本为随机裁剪出的 1000 个不含有交通标志或是不含有完整交通标志的图片，正样本为 216 个采集到的禁止长时停车标志和禁止临时或长时停车标志的图片。而训练 BOW 模型的正负样本分别为禁止长时停车标志和禁止临时或长时停车标志的图片。为了方便计算，所有训练用样本图片都经过归一化处理为 64×64 大小。

训练好的 SVM 模型对测试样本进行基于 HOG 特征的检测。测试样本放入 SVM 分类器中，输出检测到的交通标志数目 k，$k \in \{0,1,2,\cdots\}$。

（3）支持向量机的多分类算法 支持向量机本身是一个二分类的有效方法，而如何通过若干个这种有效的二分类方法的叠加，来实现最优化的多分类目的，是当今仍在研究的热点。目前

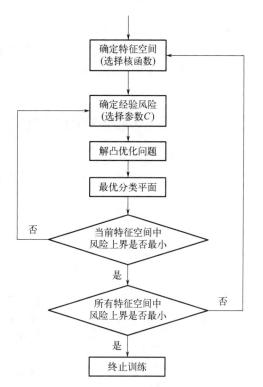

图 7-27 SVM 训练流程图

解决多分类问题主要有以下几种经典算法：一对一方法、一对多方法、决策树方法。

① 一对多方法：设 C 类问题的训练数据为 $\{\boldsymbol{x}_i,y_i\}$，其中 $\boldsymbol{x}_i \in \mathbb{R}^n$，$i=1,2,\cdots,m$，$y_i \in \{1,2,\cdots,C\}$，一对多方式将 C 类模式的分类按如下方式转化为 C 个两类模式的分类：对任意 $k \in \{1,2,\cdots,C\}$，将属于第 K 类的训练样本的类标设为 1，其他类的样本标设为 -1，用重新定义类标的训练数据构造 SVM 分类器 $f_k(\boldsymbol{x})$，这样就可训练 C 个两类问题的 SVM 分类器 $\{f_k(\boldsymbol{x})\}(k=1,2,\cdots,C)$。任给定一个模式数据 q，其类别属性由下式决定：$f(\boldsymbol{x}) = \underset{k}{\text{argmax}} f_k(\boldsymbol{x})$。

② 一对一方法：一对一方式将 C 类模式的分类问题转化为 $C(C-1)/2$ 个两类模式分类问题：将训练数据中任意两类（i 类和 j 类）的样本取出，构造由两类样本训练的 SVM 分类器 $f_{ij}(\boldsymbol{x})(1 \leqslant i < j \leqslant C)$，这样由全部训练数据就可以构造 $C(C-1)/2$ 个两类的 SVM 分类器 $\{f_{ij}(\boldsymbol{x})\}$。任给一个测试数据 $\boldsymbol{x}$，先计算每类"获胜"的频率 $w=(w_1,w_2,\cdots,w_c)$，其中第 i 类"获胜"的频率是指在包含 i 的所有分类器 $f_{ij}(\boldsymbol{x})$ 中，将 $\boldsymbol{x}$ 分为第 i 类的次数与这些分类器的总数之比，样本 $\boldsymbol{x}$ 的最终类别由 $\{w_i(\boldsymbol{x})\}$ 中的最大值确定，即 $f(\boldsymbol{x}) = \underset{i}{\text{argmax}} w_i(\boldsymbol{x})$。

③ 决策树方法：决策树方法在训练阶段和一对一方式相同，构造 $C(C-1)/2$ 个分类决策面。但决策面和一对一方式不同，在每个节点预测时同时排除了许多类别的可能（在判决函数中 $\boldsymbol{x}$ 被判定为 s 类，那么将与 s 类不相关的类都排除），因此预测时需要用到的总类平面只有 $C-1$ 个，比一对一方式少很多分类器。

以上几种将多类问题转换为多个两类问题的方法各有优势，一对多方法需要训练的两类问题的分类器较少，但其保留一类合并剩余类样本的特点会使训练数据变成类标不平衡的数据，

影响分类器的性能；一对一的方法不会产生类标不平衡的问题，但对一个 C 类问题，需要 $C(C-1)/2$ 个 SVM 分类器，与前一种方式比较，训练和分类的计算会增加；决策树方法采用了排除策略，那么最开始的判断就非常重要，如果开始就决策错误，后面的步骤就没有意义了。

交通标志识别模块的视觉词袋（BOW）模型虽然只需要区别禁止长时停车标志和禁止临时和长时停车标志两种交通标志，但是仍然采用了一对多方法进行两种交通标志的识别。在下文的 BOW 模型中还会用到 SVM 分类器，就不再过多赘述了。

7.3.4 基于 HSV 颜色空间过滤的交通标志确定

我国的交通标志具有红、黄、蓝三种颜色，基于这三种颜色可以从含有交通标志的图像中将交通标志分割提取出来。这一过程就是基于颜色模型或是颜色空间进行的，图像的颜色空间主要分为以下几种：HSV 颜色空间、RGB 颜色空间、HIS 空间和 YUV 颜色空间。一般摄像机或是照相机所得到的图像都是 RGB 颜色空间的。RGB 颜色空间的图像分割算法不需要再进行转换，可以直接设定三阈值分量对图像进行分割，但是基于 RGB 颜色模型的分割算法遇到光照条件不良的情况会出现较大的误差。在图像分割这一处理中，HIS 和 HSV 颜色模型比较稳定，对比度影响比较小，所以对光照条件的改变可以保持较高的稳定性。本节使用 HSV 颜色模型（图 7-28）对图像进行判断。

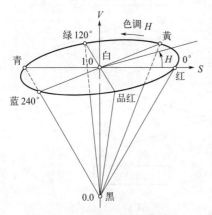

图 7-28 HSV 颜色模型

HSV 颜色空间的模型（颜色模型）对应的是圆柱坐标系中的一个圆锥形，圆锥的顶面对应 $V=1$，它包含 RGB 模型中的 $R=1$、$G=1$、$B=1$ 三个面，所代表的颜色较亮。颜色调 H 由绕 V 轴的旋转角决定，每一种颜色和它的补色之间相差 180。红色对应角度 $0°$，绿色对应角度 $120°$，蓝色对应角度 $240°$。HSV 颜色空间的特点如下。

① 亮度分量 V 和图像的信息无关。

② H 和 S（饱和度）两个分量对外界光照的变化不太敏感。

③ H、S、V 三分量能够比较好地反映人类对颜色的感受，同时能够满足大多数情况下的图像处理需要。

④ H 对不同光照条件具有不变性，当饱和度 S 变化时，色调（H）不变。但是色调在 V 值很小或者很大时，H 无意义；S 小于某一阈值时，H 不稳定或无意义。

本节介绍的方法是使用 HSV 颜色空间对初步检测出的交通标志进行再判断，也就是将样本由 RGB 颜色空间转换为 HSV 颜色空间表示，通过设定好的三分量阈值过滤，判断是否存在 10% 以上面积的红色和蓝色。

从 RGB 颜色空间转换至 HSV 颜色空间的转换公式如下所示：

$$V=\max(R,G,B) \tag{7-15}$$

$$\begin{cases} S=[V-\min(R,G,B)]/V,若 V\neq0 \\ S=0,其他 \end{cases} \tag{7-16}$$

$$\begin{cases} H=60(G-B)/[V-\min(R,G,B)],若 V=R \\ H=120+60(B-R)/[V-\min(R,G,B)],若 V=G \\ H=240+60(R-G)/[V-\min(R,G,B)],若 V=B \end{cases} \tag{7-17}$$

我国交通标志的主色包括红、黄、蓝 3 种颜色，在自然环境下由于受到外界干扰因素的影响，颜色的 H、S、V 三分量会在一定范围内产生波动。三种主色的 H、S、V 分量阈值范围经过归一化处理以后如表 7-6 所示。

表 7-6　H、S、V 分量阈值范围

颜色	色度 H	饱和度 S	色调 V
红色	$H \geq 240$ 或者 $H < 50$	$S \geq 40$	$V \geq 30$
黄色	$18 \leq H \leq 45$	$S \geq 148$	$V \geq 66$
蓝色	$120 < H \leq 175$	$S \geq 127.5$	$V \geq 20$

输入 171 张带有交通标志的图像，其中禁止临时和长时停车标志有 97 张，禁止长时停车标志 74 张，经过测试，成功检测 130 张，其中禁止临时和长时停车标志 81 张，禁止长时停车标志 49 张。本阶段被检测成功的交通标志被输入下一阶段的视觉词袋（BOW）模型分类器中。

7.3.5　交通标志图像识别技术

（1）交通标志图像识别方法简介　当成功检测到的交通标志图像输入交通标志识别模块后，交通标志识别模块通过训练好的基于视觉词袋（BOW）模型特征的分类器对输入的图像进行识别并获得识别结果，最终得到的结果分为禁止长时停车标志和禁止临时和长时停车标志两种。具体流程图如图 7-29 所示。

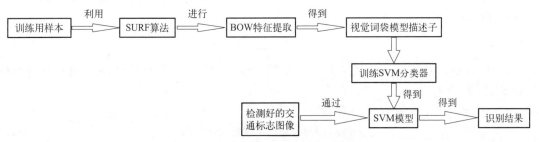

图 7-29　交通标志识别模块流程图

（2）视觉词袋模型描述子

① 视觉词袋模型简介。2004 年，Gabriella Csurka、Christopher R. Dance 等人基于词袋模型提出了一种图像的分类方法——Bag of Keypoints。在这一分类方法中，一个图像块（Image Patch）的特征向量（Feature Vector）被称为图像中的单词（Words），由此根据图像中所有图像块的特征向量得到的直方图则被称为图像的 BOW 模型，即视觉词袋模型。

词袋模型（Bag of Words Model，BOW Model）最早被应用于自然语言处理和信息检索领域，这一基于语义的文本检索算法，可以有效地对语义的特征进行提取和对相应的描述进行识别。这一算法仅仅将文本看作是若干个独立词汇的集合，而不考虑文本的结构以及语法信息。通过提取独立词汇的语义特征，并据此建立单词词汇表，即字典模型，再根据不同文本与词汇表的关系，对文本中相应单词的出现频率进行统计，从而形成一个词典维度大小的单词直方图。依据将文本问题转化为向量运算问题的思路，文本检索得以实现。通俗地说，也就是将每篇文本比作一个装有若干词汇的袋子，通过一种方法，来分别地识别袋子中都装有什么样的词汇，并将它们进行分类。这种方法就是所说的词袋模型。如果文档中文学、绘画、音乐、雕塑、电影这样的词汇多些，而信息、电子、机械、计算机、人工智能这

样的词汇少些，我们就倾向于判断它是一篇描写艺术的文本，而不是描述科技的。视觉词袋模型，顾名思义，其原理与词袋模型如出一辙，不过被看作"袋子"的不再是文本，而是图像。图像内的特征变成了"单词"，这一模型的构建实现了图像中特征的识别和分类。

借助视觉词袋模型实现交通标志识别的过程大致分为四个步骤：首先提取两个交通标志图像中的特征描述子；之后将已经获得的特征描述子通过聚类算法进行相似点聚类，从而得到类心，组成视觉词汇表；然后依据基于欧氏距离的最近邻算法，通过映射的方式将特征描述子与视觉词汇表维度相对应起来，并生成对应的向量直方图；最终就获得了一个交通标志图像的词袋模型表示，选择分类器完成训练与识别。

利用视觉词袋模型对交通标志进行识别，首先需要提取交通标志的特征。目前 BOW 基于特征点检测的主流算法是 SIFT 算法和 SURF 算法，下面将对这两种主流算法进行简单介绍并进行选择。

② SIFT 算法。SIFT 算法的实质是在不同的尺度空间上查找关键点（特征点），并计算出关键点的方向。SIFT 所查找到的关键点是一些十分突出，不会因光照、仿射变换和噪声等因素而变化的点，如角点、边缘点、暗区的亮点及亮区的暗点等。SIFT 算法的详细介绍见本书的 6.2.2 节。总而言之，SIFT 特征点就是一个图像中的关键点，该关键点包含自身的位置、计算后的尺度以及方向等特征。

③ SURF 算法。SURF 算法使用了 Hession 矩阵进行有效简化，提高自身对图像的高斯滤波转化速度。SURF 算法中要用到积分图像的概念。借助积分图像，图像与高斯二阶微分模板的滤波转化为对积分图像的加减运算。

积分图像中任意一点 (i,j) 的值 $ii(i,j)$，为原图像左上角到点 (i,j) 相应的对角线区域灰度值的总和，即

$$ii(i,j) = \sum_{r \leqslant i, c \leqslant j} p(r,c) \tag{7-18}$$

式中，$p(r,c)$ 表示图像中点 (r,c) 的灰度值。$ii(i,j)$ 可以用下面两式迭代计算得到积分 $S(i,j)$ 的表达式：

$$S(i,j) = S(i,j-1) + p(i,j) \tag{7-19}$$

$$ii(i,j) = ii(i-1,j) + S(i,j) \tag{7-20}$$

式中，$S(i,j)$ 表示一列的积分，$S(i,-1) = 0$，$ii(-1,j) = 0$。

求积分图像，只需要对交通标志样本图像的所有像素进行一遍扫描。值得注意的是 OpenCV 里的积分图像大小比样本图像要多一行一列，那是因为 OpenCV 中积分图的计算公式为：

$$ii(i,j) = \sum_{r < i, c < j} p(r,c) \tag{7-21}$$

一旦积分图像计算好了，计算图像内任何矩形区域的像素值的和只需要通过矩阵四个角的值进行三次运算。

SURF 构造的金字塔图像与 SIFT 有很大不同，就是因为这些不同才加快了其检测的速度。SIFT 采用的是 DOG 图像，而 SURF 采用的是 Hessian 矩阵行列式近似值图像。初步定为特征点的过程是将经过 Hessian 矩阵处理过的每个像素点与其 3 维邻域的 26 个点进行大小比较，如果它是这 26 个点中的最大值或者最小值，则保留下来，当作初步的特征点。

Hessian 矩阵公式：

$$\boldsymbol{H}(x,\sigma) = \begin{bmatrix} L_{xx}(x,\sigma) & L_{xy}(x,\sigma) \\ L_{xy}(x,\sigma) & L_{yy}(x,\sigma) \end{bmatrix} \tag{7-22}$$

其中，L_{xx}、L_{xy}、L_{yy} 为高斯滤波后图像 $g(\sigma)$ 在各个方向的二阶导数。

但是利用 Hessian 矩阵进行图像斑点检测时，有一个缺点：二阶高斯微分被离散化和裁剪，导致了图像在旋转奇数倍的 π/4 时，即转换到模板的对角线方向时，特征点检测的重复性降低（也就是说，原来特征点的地方可能检测不到特征点了），而在 π/2 时，特征点检测的重现率最高。但这一小小的不足不影响使用 Hessian 矩阵进行特征点的检测。

为了将模板与图像的卷积转换为盒子滤波运算，我们需要对高斯二阶微分模板进行简化，使得简化后的模板只是由几个矩形区域组成，矩形区域内填充同一值。

使用近似的 Hessian 矩阵行列式来表示图像中某一点 x 处的斑点响应值，遍历图像中所有的像元点，便形成了在某一尺度下斑点检测的响应图像。使用不同的模板尺寸，便形成了多尺度斑点响应的金字塔图像，利用这一金字塔图像，就可以进行斑点响应极值点的搜索，其过程完全与 SIFT 算法类同。

SURF 算法并不需要建立高斯金字塔，该算法使用盒子滤波与积分图像，可以增大盒子滤波模板，使用积分图像与盒子滤波模板相结合的方法得到 Hessian 矩阵的响应图像。SURF 算法使用非最大值抑制处理，在不同尺寸滤波模板得到的响应图像上搜索不同尺度的斑点。

SURF 算法和 SIFT 相比有很多相同之处，SURF 算法对尺度空间进行划分，每个被划分出的组都表示使用不同尺寸的滤波模板对某个图片进行滤波处理后得到的一组响应图像。

总体来说，如果理解了 SIFT 算法，再来看 SURF 算法会发现思路非常简单，尤其是局部最大值查找方面基本一致。理解 SURF 算法的关键是理解用积分图来简化卷积的思路，以及怎么用不同的模板来近似原来尺度空间中的高斯滤波器。

SIFT 在尺度和旋转变换的情况下效果最好；SURF 在亮度变化下匹配效果最好，在模糊方面优于 SIFT，而尺度和旋转的变化不及 SIFT，旋转不变上比 SIFT 差很多。速度上看，SURF 是 SIFT 速度的 3 倍。交通标志识别模块需要在极短时间内将交通标志识别出来，本节是针对禁止长时停车标志和禁止临时和长时停车标志进行检测的，由于这两个交通标志的图形和对称特点在旋转变换情况下不会有太大的变化，所以在这里决定采用 SURF 算法提取视觉词袋模型描述子来构建视觉词典。

（3）构建视觉字典　图像的 SURF 描述子提取完毕之后，则需要引入训练集来进行视觉词典的构建。这一过程可分为以下两步：第一步，转换，通过聚类算法，将代表图像局部特征的描述子转化为聚类中心，即所期的视觉单词，视觉单词是用以体现交通标志图像中相似的特征点的集中代表，是视觉词典的构成部分，视觉词典的大小取决于算法所得的聚类中心的个数；第二步，映射，根据转换得到的聚类的视觉词来建立每张图像的视觉词直方图，即为映射。

（4）聚类过程　BOW 算法通常采用 K-means 算法以聚类的方式对提取的 SURF 特征进行处理并生成视觉词典。K-means 算法是硬聚类算法中较为经典的一种，此算法以函数求极值的方式运算得到迭代运算调整规则，以欧氏距离作为相似性测度，并以误差平方和准则函数作为聚类准则函数来进行计算。该算法的主要步骤如下：

① 首先选取 K 个对象作为初始聚类中心，并从需要进行聚类的交通标志中选出已给定的 SURF 描述子数据集，初始聚类中心的选取完全随机。

② 计算得出交通标志 SURF 描述子数据集内每个数据与每个聚类中心的距离。遵循最小化的原则，把数据点对应归入最近邻聚类中心所在的类簇。

③ 对每个类簇的中心进行重新计算。

④ 对聚类结果进行评估，使用均方差等函数审核聚类结果。评估后若聚类结果已经趋于稳定则停止聚类，并将已经得到的聚类中心输出；如果不能满足稳定要求，则重复步骤②，直到评估结果显示聚类结果趋于稳定。

（5）映射过程　映射过程是将每幅图像中的每一个 SURF 描述子向量分配到视觉词典维度上，并对应生成各自的视觉词直方图。在分配的过程中，采用最近邻算法，一个 SURF 描述子向量与哪一个视觉词距离最近，就将该视觉词对应维度的高度加 1，直到将所有的 SURF 描述子向量分配完为止。当所有的 SURF 描述子向量都经过映射过程处理完毕后，每一幅图像便都可以使用一个 K 维的视觉词直方图表示。根据这一原理，当获得所有交通标志图像的视觉词直方图并进行归一化处理后，就可以进行下一步的训练与分类了。

（6）测试结果　本节实现了一种以视觉词袋模型为原理进行交通标志识别的方法，通过聚类转化的方式将 SURF 算法进行转换并映射为具有语义含义的全局特征。采用 K-means 聚类将 SURF 特征聚成若干类，每一个类的中心即视觉单词。所有的视觉单词构成视觉词典，视觉词典的大小即为视觉单词的数量。经过交通标志检测模块检测成功后的 130 个交通标志图像被输入此识别模块中，共成功识别了 104 个交通标志，其中禁止长时停车标志识别成功了 36 个，成功率为 73%；禁止临时和长时停车标志识别成功了 68 个，成功率为 84%。成功检测的图像示例如图 7-30、图 7-31 所示。

图 7-30　交通标志识别图像 1

图 7-31　交通标志识别图像 2

最后的测试结果如表 7-7 所示。

表 7-7　检测与识别结果

交通标志	检测结果	检测成功率	识别结果	识别成功率
禁止长时停车标志	49/74	66%	36/49	73%
禁止临时和长时停车标志	81/97	84%	68/81	84%

该交通标志检测系统针对禁止长时停车标志和禁止临时和长时停车标志的总检测成功率达到 76%，识别成功率达到了 80%。结果表明，此方法能够较为准确地检测和识别自然场景下的交通标志。

第
8
章

视觉导航中的驾驶员疲劳检测技术

8.1 概述

8.1.1 疲劳驾驶简介

疲劳驾驶指的是驾驶员由于长时间（一般超过 8 个小时）连续驾车，或者从事其他劳动体力消耗过大或睡眠不足，以致行车中困倦瞌睡、四肢无力，后仍继续驾驶机动车的行为。疲劳驾驶会导致生理机能和心理机能的失调，损害驾驶员的思维、注意力、运动能力、感知能力和判断力，以致影响对机动车的操控，这是造成事故的主要原因。

疲劳驾驶的危害主要体现在以下 4 个方面：①协调性降低；②反应时间增长；③判断力减弱；④记忆和保留信息的能力减弱。

疲劳驾驶问题已成为交通安全领域亟待解决的，严重危害社会和个人人身财产安全的一大重要问题。在驾驶一般的未经特殊安全防范的小汽车时，疲劳驾驶是一个非常隐蔽而不好判断的问题，往往只能由驾驶人自己发现，通过自身的感知来判断。疲劳驾驶的感觉很微妙，可能使驾驶人在一瞬间就闭上眼进入睡眠状态，对汽车失去控制，使驾驶人、乘车人、路人处于高度危险中。疲劳驾驶的状态其实并不难缓解，只需要驾驶人把车停靠路边或休息站进行休息，或打开车门呼吸新鲜空气，经过十几分钟的休息便可重新上路，继续安全驾驶。因此，主要问题就是如何及时、准确、有效地监测驾车人的驾驶状态，在可能进入疲劳驾驶状态时报警，提醒驾驶人注意驾驶安全，或督促驾驶人靠边停车休息。这样可以降低甚至杜绝疲劳驾驶的可能，极大地提高驾乘安全系数。

在智能驾驶的视觉导航中也有这个需求。

8.1.2 疲劳驾驶检测研究现状

对驾驶人驾驶状态检测并预警是降低疲劳驾驶风险的方法，其在保证驾乘安全中的重要性不言而喻。近年来科学家们采用了很多检测方法，最初检测方法是主观的，如主观自评和主观他评法，使用驾驶人自我记录表和睡眠习惯调查表等方式记录休息时间以避免疲劳驾驶。但由于个体差异较大，没有一个适用于所有驾驶人的睡眠、休息时间标准，主观法难以实现。随着人工智能、人脸识别领域的飞速发展，科学家目前主要使用客观法检测驾驶人的驾驶状况，大致分为基于车辆的行驶状态检测法和基于驾驶人生理信号检测法。

（1）基于车辆的行驶状态检测法　东南大学黄皓等人使用驾驶模拟器搭建模拟驾驶场景，并招募 14 名驾驶员进行模拟驾驶实验，实验中包括了两种状态下的模拟驾驶，即正常驾驶状态和疲劳驾驶状态，从中获取所需的数据，如方向盘转向角、车辆横摆角、车辆横向位置等。将其中 12 名驾驶员的数据样本作为算法训练的输入，把剩下的两名驾驶员的数据样本用来检验算法。使用 SSS（斯坦福嗜睡量表）自主评估法，确定实验过程中驾驶员是否疲劳驾驶，从而建立疲劳样本的数据库。

他们对采集到的实验结果进行分析后发现了隐含在各指标中能够区分出驾驶员的正常驾驶状态和疲劳驾驶状态的特征。为了精确地探究指标与疲劳驾驶状态的关联，他们根据以往经验，提出了 117 个可能的特征指标选项，并采用因素方差分析法对这 117 个特征指标变量的有效性进行分析，分析结果确定了 7 个由特征指标变量构成的疲劳驾驶检测的识别算法输入集。最后利用主成分分析法实现了疲劳驾驶的进一步提取，设计了疲劳驾驶状态识别的模糊聚类和神经网络算法，并比较各算法的识别效果。随后用 2 名驾驶员的实验数据对建立好的识别算法进行检验，验证了此方法的适用性。

（2）基于驾驶人生理信号检测法

① 基于 Haar 和 AdaBoost 的人脸检测方法。2001 年，Paul Viola 和 Michael Jones 两位科学家提出了突破性的人脸检测方法：基于 Haar 特征的 AdaBoost 人脸检测。此算法对目标图像进行人脸检测，框定出人脸范围，在此人脸范围中，对人脸图像进行水平投影。其中包含人脸的五官信息，如双眉、双眼、鼻子、嘴等，定位双眼的位置，根据上下眼睑的位置判断驾驶人是否处于疲劳驾驶状态，从而达到疲劳检测的目的。该方法使人脸检测速度提升了几百倍，标志着人脸检测技术可以投入实际应用中，该方法又被命名为 V-J 人脸检测方法，以此来纪念两位科学家所作出的杰出贡献。

② 基于形状索引特征的联合层叠模型。在联合层叠模型中每一级上的回归器学习不仅取决于图像信息，也取决于从前一级回归器估计到的形状，这种方式的特征学习称之为形状索引特征。这种方法的优势体现在该模型在人脸形状发生几何变化时稳定性很好，这得以获得高的标点准确率和速度。这种方法只需计算简单的像素值差值的形状索引特征，并将人脸检测和人脸校准统一在一个联合层叠的框架，便可快速地检测到人脸区域，还可确定出人脸的基准位置。

该方法首次提出人脸的校准和检测联合完成，联合学习的方式极大地增强了层叠检测的能力，还保持了实时识别的速度，利用了人脸校准的优势来进行人脸检测，可谓相得益彰。

使用人脸校准的算法可确定人脸基准点，使用相似变换将将左右眼、鼻头、左右嘴角映射到一个大致平均的人脸的相对位置，得到变换矩阵；再把整个人脸变到一个正向的位置上，使用相似变换可以保证人脸不被扭曲，而相似变换只是对图像进行放大缩小、左右旋转；得到变换结果后，用最近邻差值法进行差值运算，填充变换后的图像，这步称为消除全局变换，这样做可保证所有的基准点都在正确的位置上，以此获得全局特征。因为人脸具有一定几何结构，所以在得到变换后的面部基准点后，面部器官的相对位置保持不变。同一个人的脸在不同图像中的位置基本在同一区域，一般会排列成一个相对固定的形状，以此对局部特征进行更好的分类，增强了特征的准确性，并加快了运算速度。以每个基准点为中心提取出 SIFT 特征，将基准点周围的特征点联合起来作为整个人脸的特征。

用此种方法定位上下眼睑将会在准确性和速度上有一定提升，从而对疲劳驾驶做出合理准确的判断。

③ 基于面部表情的疲劳检测算法。驾驶员的疲劳驾驶状态会在面部表情上得以体现：肌肉会变得松弛，表情也僵硬木讷，频繁地打哈欠。Chu 等人将精神状态分为三个阶段，着重于嘴部的形态特征，使用 Fisher 分类器得到嘴部形状及其位置，然后综合嘴部区域所有的几何特征构成一个三层 BP（反向传播）神经网络的输入特征向量，以此对嘴部动作进行判断。Ji 等人在定位人眼的基础上粗略地预测人脸五官区域位置，使用多尺度、多方向的 Gabor 小波检测面部特征，对疲劳状态的判断同样是通过嘴部特征，根据上下嘴唇以及两嘴角之间的距离分别得到嘴部的高度及宽度特征，当检测到嘴部区域宽高比出现明显变化时即判定为检测到打哈欠状态。最后，统计单位时间内打哈欠的次数即可作为疲劳驾驶的判断标准。

8.2 基于 HOG 特征的驾驶员的人脸定位技术

由于本章使用基于人脸图像的疲劳检测系统，所以对摄像头拍摄到的人脸信息处理有很高的要求，如何精准地检测人脸并对人脸区域进行特征识别和定位是整个系统的关键所在。这一节内容为基于梯度方向直方图（Histogram of Oriented Gradient，HOG）特征进行人脸特征点检测与标定。

具体思路：将检测窗口中所有重叠的块进行 HOG 特征的收集，将它们整合成最终的特征向量，再把提取出的 HOG 特征输入 SVM 分类器中，寻找一个最优超平面作为决策函数。

8.2.1　HOG 特征与计算

HOG 特征是一种在计算机视觉和图像处理中用来进行目标检测的特征描述器。它的主要思想是通过计算和统计图像局部区域的梯度方向直方图来构成特征。这种方法跟尺度不变特征变换、边缘方向直方图以及形状上下文方法有很多相似之处，但不同点是：HOG 特征描述器是在一个大小统一的网格密集的细胞单元上计算，HOG 特征中为了提高描述器性能，采用了重叠的局部对比度归一化技术。

HOG 特征结合支持向量机（SVM）的分类器已经被广泛应用于图像识别和人脸识别中。2005 年，法国研究人员最早提出将 HOG＋SVM 用于行人检测，而如今即便仍有很多行人检测算法不断提出，但基本都还是基于 HOG＋SVM 的思想发展出的。

HOG 特征描述器的优点很多：首先，HOG 方法是在图像的局部细胞单元上操作，由于图像在几何和光学上的形变只会出现在更大的空间领域上，所以 HOG 特性在这两种形变情况下都能显示出很好的鲁棒性；其次，科学家通过实验发现，在精细方向抽样（Fine Orientation Sampling）、粗空域抽样（Coarse Spatial Sampling）以及较强的局部光学归一化（Strong Local Photometric Normalization）等条件下，只要实验者面部保证大致正态，头部可以有一些侧倾和侧旋，这些细微的动作可以被忽略而不影响检测效果。

综上所述，HOG 特征方法适合于做图像中的人脸检测。关于 HOG 特征的计算见本书 7.3.2 节。

8.2.2　SVM 分类器

SVM 是一个由分类超平面定义的判别分类器，可以解释为感知器的扩展。SVM 分类器详细介绍见本书 7.3.3 节。

8.2.3　HOG 特征在人脸识别上的实现

HOG 依赖于图像内对象的属性，拥有强度梯度或边缘方向的分布。在每个块的图像内计算梯度，区块看作像素网格，其中梯度由块内像素强度的变化幅度和方向构成。图 8-1、图 8-2 为梯度在人脸上的直观体现。

人的所有面部样本图像被传送到 HOG 特征描述符提取算法，图中描述符是图像的每个像素生成的梯度向量。每个像素的梯度由大小和方向组成，计算公式可见 4.3.2 节。

大小为 128×144 的窗口用于人脸图像，因为它与人脸的一般宽高比 6：7 相匹配。在具有 8×8 维度的像素块上计算得到描述符，再把 8×8 块上的每个像素的这些描述符量化成 9 个区间，其中每个区间表示该区间中的梯度和值的方向角是具有相同角度的所有像素大小的

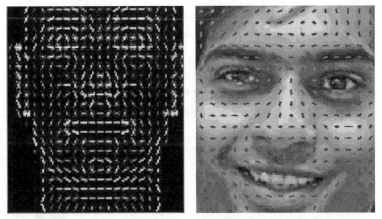

图 8-1 人脸上梯度的直观显示 1

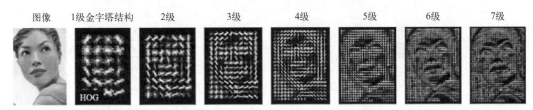

图 8-2 人脸上梯度的直观显示 2

总和。此外，将直方图在 16×16 大小的块上归一化，即将 4 个 8×8 的块一起归一化以最小化光条件对测试结果的影响。这个机制减轻了光的变化导致人脸检测精度的下降。最后使用多个 HOG 特征训练 SVM 模型。图 8-3 是 HOG 人脸识别流程图。

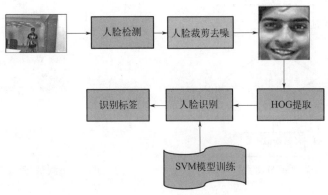

图 8-3 HOG 人脸识别流程图

8.2.4 人脸特征点定位

本节使用了 Dlib 库中的 shape_predictor_68_face_landmarks.dat 这个训练模型，此模型基于概率随机森林实现人脸的 68 个特征点定位，比如嘴角、鼻尖、眼球、上下眼睑、脸型、下巴轮廓等，对姿态、光照、表情、遮挡都有较优的鲁棒性。

（1）随机森林的定义与原理　随机森林是一种对数据具有强大泛化能力以及对样本具有强大分类能力的决策方法，将其引入人脸特征点定位这一回归问题可以充分发挥它良好的性能，结合级联回归的思想，逐步逼近回归目标的真实值，具有稳定的可靠性能。

首先，利用训练样本的分布属性计算局部概率特征；然后，将计算好的局部概率特征用来训练回归模型，以使预测结果更加逼近特征点的真实位置；随后，根据级联回归的思想重复一定的次数，使训练模型的输出结果越来越逼近真实值；最后，联合不同的收敛模型，运用均值融合方法，给出最终人脸特征点预测位置。

（2）定位系统架构设计　本节使用的系统框架分为两个部分：训练部分和测试部分。两个部分流程图如图 8-4、图 8-5 所示。

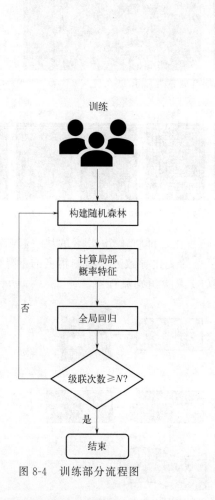

图 8-4　训练部分流程图　　　　图 8-5　测试部分流程图

（3）定位各模块算法介绍

① 训练随机森林模型的步骤。

a. 设计一个树节点分裂所需特征以及计算方法。

b. 根据所设计的规则以及分裂特征计算产生的候选集合：$\phi = \langle \theta, \tau \rangle$。$\theta$ 代表在树节点分裂时所使用的特征；τ 是一个阈值，用于和特征值进行比较，以决定样本的划分方向，每种特征 θ 对应一个阈值 τ。

c. 对每一个 ϕ，计算每一个训练样本的特征值，当其大于阈值 τ 时，就被分到右节点，反之被分到左节点。

d. 选择分裂后左右节点内的样本类内方差最小的分裂候选值。

e. 当树的深度达到设定的最大深度时，则停止节点的分裂。

f. 重复以上过程，训练多棵树组成随机森林。

② 构建分裂特征。在构建树的分裂特征时，为了降低计算复杂度，提高运算速度，本节选用的特征是由三个像素差值进行平均得到的，其计算公式如下式：

$$feature=2f(x_1,y_1)-f(x_2,y_2)-f(x_3,y_3)/2 \tag{8-1}$$

其中，$f(x,y)$ 代表坐标 (x,y) 处的像素值。(x,y) 的选区规则是以上一个阶段的预估特征点为中心，r 为半径进行选取，随着级联次数的递进，对特征点的位置估计也越来越准，所以 r 也相应变小。

③ 选取最优树节点分裂特征。树节点的分裂特征选取规则确定后，我们需根据该规则选择最优的分裂特征。

规则如下：

a. 对于每一组候选特征，随机选取阈值 τ，比如当前特征计算出的特征值有 10，20，15，30，…，随机在里面选取 15 作为该组特征的阈值。

b. 计算当前节点的所有训练样本在该组特征下的特征值，当特征值小于阈值 τ 时，样本归为左节点，反之归为右节点。

c. 分别计算左、右节点的样本特征值方差 var_L 和 var_R，计算总方差：

$$var=\frac{n_L}{n_R}\times var_L+\frac{n_R}{n}\times var_R \tag{8-2}$$

其中，n 是当前节点的所有样本；n_L 和 n_R 分别是划分到左、右子节点的样本数量。

d. 选取分裂后方差 var 最小的候选特征为确定特征，保存该特征对应的坐标信息以及阈值 τ 为分裂属性。

④ 计算局部概率特征值。为了体现随机森林中每棵树里的叶子节点对回归任务的贡献不同，本节设计了一种局部概率特征：

$$p'(i)=\frac{num(i)}{\sum_{i=1}^{I}num(i)} \tag{8-3}$$

其中，$p'(i)$ 是第 i 个叶子节点计算的初始概率值；$num(i)$ 是训练样本落入第 i 个叶子节点的个数；I 是每棵树的叶子节点个数。

采用双阈值法对初始概率值进行截断，公式如下：

$$p(i)=\begin{cases} lowTh, & p'(i)<lowTh \\ p'(i), & lowTh\leqslant p'(i)<highTh \\ highTh, & p'(i)\geqslant highTh \end{cases} \tag{8-4}$$

其中，$p(i)$ 是第 i 个叶子节点计算的最终概率值；lowTh 和 highTh 分别是低阈值与高阈值。

⑤ 全局回归。虽然在每个特征点上都构建了一个随机森林，每一个随机森林可以回归出其所对应的特征点二维坐标信息，但是由于局部信息量小，且容易受各种外界条件的影响，其回归效果有时难以胜任现实的需求。所以 Dlib 中采用全局回归，用到的拟合策略是线性最小二乘法。

如图 8-6 所示，将每一个特征点对应的局部概率特征值组成一个长的全局概率特征值 ϕ，其维度是 $1\times N$。

使用以下公式进行全局优化回归：

$$\underset{W^t}{argmin}\|\hat{S}_i^t-W^t\phi^t(I_i,S_i^{t-1})\|_2^2+\lambda\|W^t\|_2^2 \tag{8-5}$$

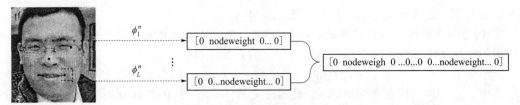

图 8-6　由局部特征值到全局特征值示意图

式中，$\hat{S}_i^t$ 表示真实状态向量；W^t 表示特征值的权重；I_i 表示输入图像；$\phi^t(\cdot)$ 代表特征提取函数；λ 表示设定的训练系数。

⑥ 多模型融合。每一个训练好的模型可以在一定程度上准确地回归出人脸特征点的真实位置，但是也不乏模型对某些特殊样本缺乏足够的拟合能力，所以为了在测试阶段使用多个性能优良的模型对拟合能力进行进一步提升，采用了均值法：

$$S = \frac{1}{M}\sum_{i=1}^{M}S_i = \frac{1}{M}\sum_{i=1}^{M}\sum_{j=1}^{L}s_i(x_j, y_j) \tag{8-6}$$

其中，M 是模型的个数；L 是每个样本所包含的特征个数；S_i 是 i 个模型；$s_i(x_j, y_j)$ 表示第 i 个模型对第 j 个特征点的回归结果。

（4）算法获取的特征点　人脸特征标定的 68 个点分为 17 个外轮廓点和 51 个内部特征点，数量分布如表 8-1 所示，位置如图 8-7 所示。

表 8-1　人脸特征标定数量分布

位置	脸外轮廓	眉毛	眼睛	鼻子	嘴
数量	17	10	12	9	20

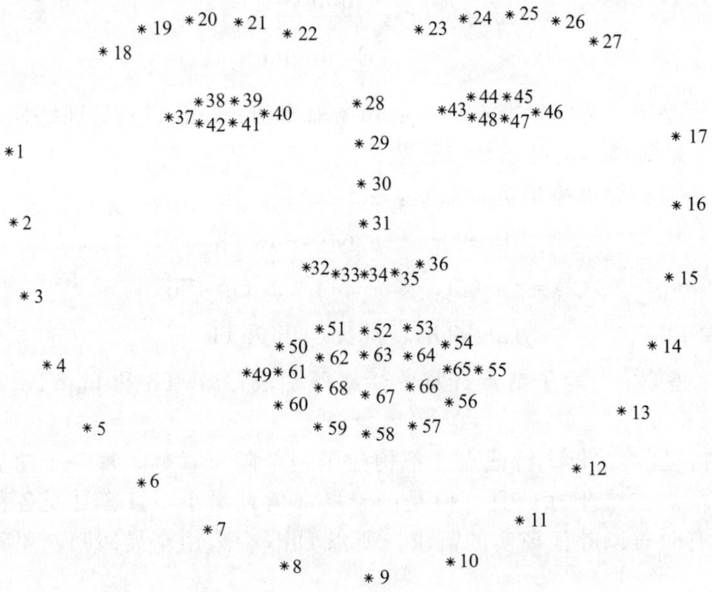

图 8-7　人脸特征点标定位置示意图

（5）算法测试结果　在将此算法应用到疲劳驾驶检测系统前，对其人脸识别及特征标定效果［在亮、暗两个光强条件下，针对人脸不同的角度、戴/不戴眼镜（即有无遮挡）］做了测试，其中正常光照下测试结果如图 8-8～图 8-17 所示。

图 8-8　正常光照下不戴眼镜的正视人脸

图 8-9　正常光照下不戴眼镜仰头

图 8-10　正常光照下不戴眼镜低头

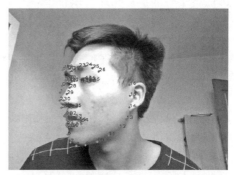

图 8-11　正常光照下不戴眼镜向左转头

图 8-12　正常光照下不戴眼镜向右转头

图 8-13　正常光照下戴眼镜正视

图 8-14　正常光照下戴眼镜仰头

图 8-15　正常光照下戴眼镜低头

图 8-16　正常光照下戴眼镜向左转头　　　　图 8-17　正常光照下戴眼镜向右转头

在自然光照（正常光照）条件下，不戴眼镜时面部正视前方标定效果很好，大角度的俯仰、左右偏移、表情对标定效果没有太大影响。这部分体现出算法在面部方向、表情上的很好的鲁棒性。

自然光照条件下，戴了眼镜（即有轻微遮挡）的情况下，面部正视前方标定效果很好，但是在仰头、低头、左右摆头的情况下，鼻子和嘴部检测正常，但是在眼睛上下眼睑检测上眼睑容易被眼镜边框干扰，识别出现一些偏差。由于做疲劳检测主要根据眼部特征判断，所以这里的遮挡只考虑戴眼镜的情况，如戴墨镜会导致视频信号中无法检测到眼睛，无法进行疲劳检测；如戴口罩，并不会对眼睛的检测有任何影响，故对此不作考虑。

光线条件为在暗室里仅用显示器最低亮度照亮人脸，可以看到其实由于背景纯黑只有人脸被照亮，人脸、五官轮廓线更为明显，人脸特征标定效果依然很好，并没有之前担忧的对识别上的影响。识别速度和准确率在仰头、低头、左右转头的情况下没有明显的降低，表现出对光照很好的鲁棒性。图 8-18～图 8-27 是暗光条件的情况。

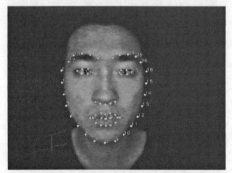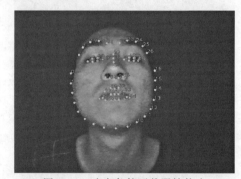

图 8-18　暗光条件不戴眼镜正视　　　　　　图 8-19　暗光条件不戴眼镜仰头

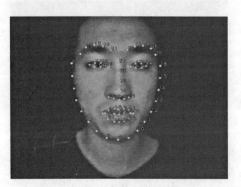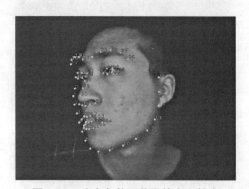

图 8-20　暗光条件不戴眼镜低头　　　　　　图 8-21　暗光条件不戴眼镜向左转头

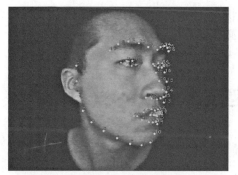

图 8-22　暗光条件不戴眼镜向右转头

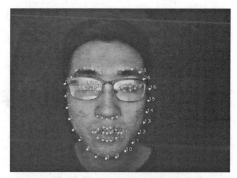

图 8-23　暗光条件戴眼镜正视

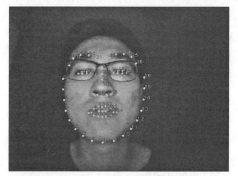

图 8-24　暗光条件戴眼镜仰头

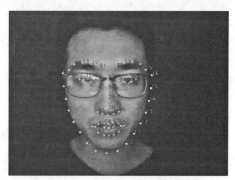

图 8-25　暗光条件戴眼镜低头

图 8-26　暗光条件戴眼镜向左转头

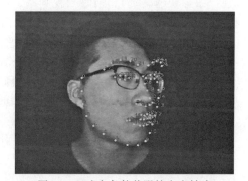

图 8-27　暗光条件戴眼镜向右转头

在暗光条件下，戴眼镜对测试的主要影响是反光，尤其在正视前方时，反光会正好遮挡住眼部细节轮廓信息，在实时画面检测中，68 点标定线在眼睛轮廓处会有明显抖动。在倾斜头部之后，反光不再挡住眼睛，标定效果恢复。左右摆头时靠外的轮廓线不够清晰，也是由眼镜边框干扰导致，但都不会严重影响实验结果。

经过这四组实验，可以发现这个方法在有充足自然光或极度暗光的条件下都能有良好的表现，在正常光亮条件下，眼镜对测试也没有太大影响，但在暗光条件下正视前方的时候反光会使标定引起偏差。

8.2.5　小结

使用基于概率随机森林方法实现人脸的 68 个特征点定位，能适应姿态、光照、表情，以及遮挡问题，定位准确率高、稳定、检测速度快。结合多模型的优点将人脸特征点的定位效果提高，可很好地为疲劳检测打下基础，提供必要参数信息。

8.3 驾驶员的疲劳驾驶判定技术

驾驶员的驾驶状态会在人的面部特征上予以体现，保持清醒、安全驾驶的驾驶员眨眼频率会较为稳定，而且眨眼时闭上的时间会很短，几乎在一瞬间，而且一般不会张嘴打哈欠，摆头观察道路上情况的动作会较为频繁。而精神、身体状况处于疲劳的驾驶员往往会目光呆滞、睡眼惺忪、眨眼频率不稳定而忽快忽慢，甚至长时间闭眼、经常张嘴打哈欠等，与正常驾驶状态较好判断区分。可以通过这些人脸特征的变化来判断驾驶员是否处于疲劳驾驶状态，本节选择在 PERCLOS［Percentage of Eyelid Closure Over The Pupil Over Time，眼睑闭合度（时间占比）］物理量的基础上，基于人眼宽高比值来判定是否疲劳驾驶。

8.3.1 基于 PERCLOS 物理量的判定方法

1994 年美国联邦公路管理局召开的会议中，为解决在车辆事故中疲劳驾驶的事故发生率越来越高的问题，卡耐基研究所经过反复实验和论证，发现疲劳与瞳孔直径、注视行为（如凝视、眼球快速转动）、眉眼扫视频率、眨眼次数等其他因素有关，提出了度量疲劳/瞌睡的物理量 PERCLOS。其定义为单位时间内（取 1min 或 30s）眼睛闭合到一定比例（70%或 80%）的时间。研究者认为应该优先考虑把测量机动车辆驾驶员状态的 PERCLOS 作为车载的实时的非接触疲劳检测方法，计算公式如式(8-7)所示：

$$PERCLOS = \frac{眼睛闭合帧数}{检测时间段总帧数} \times 100\% \tag{8-7}$$

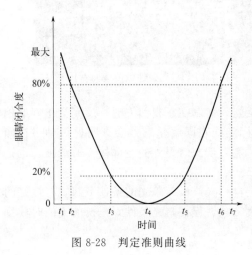

PERCLOS 物理量的评判标准都是以眼睑遮住瞳孔的面积来作为基准，用 P80 评判标准在各种情况下都拥有更高的鲁棒性。

P80 的含义是：眼睑对瞳孔的遮盖面积率（眼睛闭合度）达到 80%以上，眼睛就可以被标记为闭合，如图 8-28 所示，再计算出眼睛闭合时间与测量时间的比值：

$$f_p = \frac{t_5 - t_3}{t_6 - t_2} \times 100\% \tag{8-8}$$

图 8-28 判定准则曲线

其中，f_p 为 PERCLOS 的值；t_2 表示人眼从完全闭合到眼睑遮盖瞳孔面积达到 80%所用的时间；t_3 表示人眼从完全闭合到眼睑覆盖瞳孔面积到 20%所用的时间；t_5 是人眼从闭合状态下睁开再到眼睑覆盖瞳孔 20%所用的时间；

t_6 表示人眼从闭合状态到睁开再到眼睑覆盖瞳孔 80%的时间。当 PERCLOS 的值小于 0.15 时认为疲劳，大于 0.15 时为正常驾驶状态。

8.3.2　基于人眼宽高比的疲劳驾驶检测

在 PERCLOS 的基础上，本节提出了计算人眼宽高比例来替代 PERCLOS 计算覆盖面积的思路。当宽高比大于 0.35 时，认为人眼为张开状态，即 PERCLOS 中的 20%；当宽高比小于 0.1 时，认为人眼为闭合状态，即 PERCLOS 中的 80%。人在正常情况下，一分钟大约眨眼 15 次，每次眨眼耗时约 0.2s 到 0.4s，由此可以通过获取单位时间内驾驶员的眨眼次数与眨眼时长来判断其是否处于疲劳驾驶。

眼睛轮廓的标号和张开眼睛、闭合眼睛的截图如图 8-29～图 8-31 所示。

图 8-29　眼睛轮廓的标号

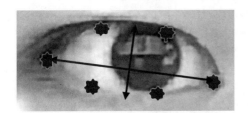

图 8-30　眼睛睁开

图 8-31　眼睛闭合

由图 8-30 和图 8-31 可以直观感受到眼睛睁开和闭合的宽高比变化，可以此作为疲劳驾驶检测的依据。计算宽高比时，对左右双眼进行平均，即可得到较准确的宽高比，公式如式(8-9)：

$$\text{EyeAspectRatio} = \frac{1}{2}\left(\frac{x_{36} - x_{39}}{\frac{1}{2}(y_{37} + y_{38} - y_{40} - y_{41})} + \frac{x_{42} - x_{45}}{\frac{1}{2}(y_{43} + y_{44} - y_{46} - y_{47})}\right) \quad (8\text{-}9)$$

其中，x 和 y 为相应标号位置的横纵坐标。

疲劳检测的流程图如图 8-32 所示。

通过对模拟驾驶的测试测算出合适的宽高比阈值以及正常眨眼时间（即 20 帧），在宽高比低于 0.1 后延时 20 帧，再判断宽高比是否回到正常范围（即睁开眼）；若持续低于 0.1 则证明没有睁开眼，属于瞌睡状态，过长时间没有观察前方状况，属于疲劳驾驶，系统报警，提醒驾驶员。

模拟正常驾驶和疲劳驾驶下人眼宽高比随时间变化的波形图如图 8-33、图 8-34 所示。

图 8-33 和图 8-34 中，粗线为设定的宽高比阈值，在粗线上的峰值为眼睛闭合。正常驾驶时，眨眼频率稳定，闭眼时间短；而在疲劳驾驶状态下，闭眼时间长，眨眼频率低，且不稳定。

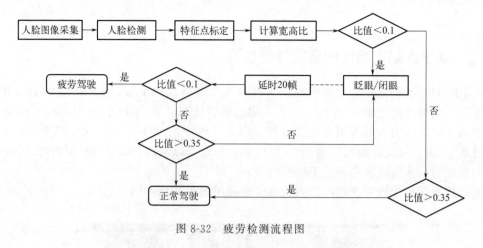

图 8-32 疲劳检测流程图

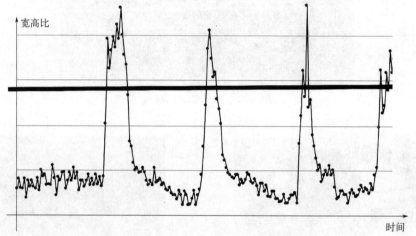

图 8-33 模拟正常驾驶状态的宽高比波形图

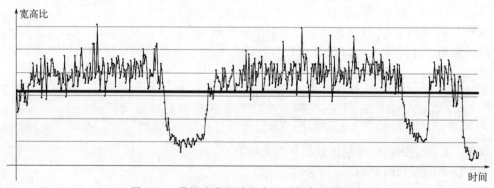

图 8-34 模拟疲劳驾驶状态下的宽高比波形图

8.3.3 小结

本节介绍了使用的疲劳驾驶检测原理，在 PERCLOS 理论的基础上，基于人眼宽高比来实现疲劳驾驶检测。宽高比的范围变化可以准确地反映出是否疲劳驾驶，正常驾驶时，超过宽高比阈值的时间短，频率稳定；疲劳驾驶时，超过宽高比阈值的时间长，频率飘忽不定。

参 考 文 献

[1] GB/T 40429—2021. 汽车驾驶自动化分级.

[2] Sun Z，Bebis G，Miller R. Monocular precrash vehicle detection：features and classifiers [J]. IEEE Transactions on Image Processing，2006，15 (7)：2019-2034.

[3] Sivaraman S，Trivedi M M. A review of recent developments in vision-based vehicle detection [C] // Intelligent Vehicles Symposium. IEEE，2013：310-315.

[4] Sun Z，Bebis G，Miller R. On-Road Vehicle Detection：A Review [J]. IEEE Transactions on Pattern Analysis & Machine Intelligence，2006，28 (5)：694.

[5] 王玉金. 智能车辆视觉感知中的目标检测方法研究 [D]. 南京：南京航空航天大学，2013.

[6] 毛世榕，胡桂明，胡进. 基于单目视觉的车辆检测算法研究 [J]. 网络安全技术与应用，2010 (12)：34-37.

[7] 高磊，李超，朱成军，等. 基于边缘对称性的视频车辆检测算法 [J]. 北京航空航天大学学报，2008，34 (9)：1113-1116.

[8] 李枭. 基于单目视觉的车辆检测与跟踪 [D]. 杭州：杭州电子科技大学，2014.

[9] 顾柏园，王荣本，郭烈，等. 基于机器视觉的道路上前方多车辆探测方法研究 [J]. 汽车工程，2006，28 (10)：902-905.

[10] 陈顺云. 基于数字图像处理的前方车距测量 [D]. 武汉：武汉理工大学，2010.

[11] Lin C C，Wolf M. Dynamic Multi-vehicle Detection and Tracking from a Moving Platform [C] // IEEE Conference on Computer Vision and Pattern Recognition Workshops. IEEE Computer Society，2013：781-787.

[12] 潘燕. 基于车载摄像头的前方运动车辆检测与跟踪方法研究 [D]. 合肥：合肥工业大学，2012.

[13] 马伟. 基于单个摄像机的车辆检测与跟踪 [D]. 南京：南京理工大学，2008.

[14] 鲁威威，肖志涛，雷美琳. 基于单目视觉的前方车辆检测与测距方法研究 [J]. 电视技术，2011，35 (1)：125-128.

[15] 闫巧云. 基于单目视觉与多特征的前方车辆检测算法研究 [D]. 长沙：中南大学，2012.

[16] 慕永云，王荣本，赵一兵，等. 基于多特征融合的前方车辆检测方法研究 [J]. 计算机应用研究，2011，28 (9)：3572-3575.

[17] 雷美琳，肖志涛，崔琴. 基于双特征的前方车辆实时检测 [J]. 天津师范大学学报（自然版），2010，30 (1)：23-26.

[18] 陆建华，王斌，胡凯，等. 基于信息融合的前方车辆检测方法 [J]. 扬州大学学报（自然科学版），2013 (4)：60-63.

[19] 张建明，张玲增，刘志强. 一种结合多特征的前方车辆检测与跟踪方法 [J]. 计算机工程与应用，2011，47 (5)：220-223.

[20] Martinez-Carballido J，Perez-Aguilar E. Detecting automobiles on real street environment for Advanced Driver Assistance Systems by its projected shadow [C] // International Conference on Electrical Communications and Computers. IEEE，2012：108-112.

[21] Jia X，Hu Z，Guan H. A new multi-sensor platform for adaptive driving assistance system (ADAS) [C] // Intelligent Control and Automation (WCICA)，2011 9th World Congress on. IEEE，2011：1224-1230.

[22] Huang J J，Yu T，Chen Y C. The Front Vehicle Distance and Time to Collision Warning System [J]. International Journal of Conceptions on Management and Social Sciences，2014：36-41.

[23] 李星，郭晓松，郭君斌. 基于多特征融合的前向车辆检测方法 [J]. 计算机工程，2014，40 (2)：203-207.

[24] 闫跃. 车辆图像拼接与识别系统的研究与实现 [D]. 北京：北京工业大学，2015.

[25] Fleet D，Barron J，Beauchemin S. Performance of Optical Flow [J]. International Journal of Computer Vision，1994，12：43-77.

[26] 张利平，赵俊梅. 基于光流的运动车辆检测和跟踪技术的研究 [J]. 车辆与动力技术，2014 (2)：61-64.

[27] 刘涛. 基于光流场的视频车辆检测与跟踪算法研究与应用 [D]. 武汉：武汉科技大学，2011.

[28] 徐蕾. 基于车载视频的光流场检测的研究 [D]. 昆明：昆明理工大学，2012.

[29] Liu L，Duan G，Ai H，et al. An evaluation of boosted features for vehicle detection [C] // Intelligent Vehicles Symposium. IEEE，2012：956-961.

[30] Gabb M，Wagner R，Gressmann M，et al. Feature selection for automotive object detection tasks-A study [C] // IEEE International Conference on Consumer Electronics-Berlin. IEEE，2012：209-213.

[31] 童宝锋. 基于视觉传感器的前方车辆跟踪定位方法研究 [D]. 长春：吉林大学，2014.

[32] 韦庭. 基于单目视觉的辅助驾驶系统中的图像处理研究 [D]. 成都：电子科技大学，2012.

[33] 陈卓. 基于车载单目机器视觉的前方车辆测速测距系统的研究与实现 [D]. 杭州：浙江工商大学，2011.

[34] 庞成. 基于测距雷达和机器视觉数据融合的前方车辆检测系统 [D]. 南京：东南大学，2015.

[35] Lu W，Wang S，Ding X. Vehicle Detection and Tracking in Relatively Crowded Conditions [C] // IEEE International Conference on Systems，Man and Cybernetics. IEEE Xplore，2009：4136-4141.

[36] 胡婷. 基于视频技术的车辆检测跟踪及分类算法研究与实现 [D]. 西安：长安大学，2015.

[37] 李晓兵. 基于图像识别的车辆检测算法研究 [D]. 长春：吉林大学，2016.

[38] 马蓓蓓. 基于 HOG 特征的车辆检测技术研究 [D]. 广州：华南理工大学，2015.

[39] Li X，Guo X. Vision-Based Method for Forward Vehicle Detection and Tracking [C] // International Conference on Mechanical and Automation Engineering. IEEE Computer Society，2013：128-131.

[40] Arrospide J，Salgado L，Marinas J. HOG-like gradient-based descriptor for visual vehicle detection [C] // IEEE Intelligent Vehicles Symposium. IEEE，2012：223-228.

[41] Lee S H，Bang M S，Jung K H，et al. An efficient selection of HOG feature for SVM classification of vehicle [C] // IEEE International Symposium on Consumer Electronics. IEEE，2015：1-2.

[42] 梁炳春. 基于机器视觉的辅助驾驶系统中车辆检测与测距研究 [D]. 上海：东华大学，2016.

[43] 杨慧. 基于 HOG 和 Haar-like 融合特征的车辆检测 [D]. 南京：南京邮电大学，2013.

[44] 陈翠霞. 基于多特征级分类器的车辆检测技术研究与实现 [D]. 长春：吉林大学，2014.

[45] Sochman J，Matas J. WaldBoost-Learning for Time Constrained Sequential Detection [C] // IEEE Computer Society Conference on Computer Vision and Pattern Recognition. IEEE Computer Society，2005：150-156.

[46] Caraffi C，Vojir T，Trefny J，et al. A system for real-time detection and tracking of vehicles from a single car-mounted camera [C] // International IEEE Conference on Intelligent Transportation Systems. IEEE，2012：975-982.

[47] Gressmann M，Palm G，Lohlein O. Surround view pedestrian detection using heterogeneous classifier cascades [C] // International IEEE Conference on Intelligent Transportation Systems. IEEE，2011：1317-1324.

[48] Chen Y T，Chen C S. Fast Human Detection Using a Novel Boosted Cascading Structure With Meta Stages [J]. IEEE Transactions on Image Processing，2008，17（8）：1452-1464.

[49] 姚尧. 基于结构化特征的车辆检测与跟踪算法研究 [D]. 成都：电子科技大学，2016.

[50] Chen Y C，Su T F，Lai S H. Efficient vehicle detection with adaptive scan based on perspective geometry [C] // IEEE International Conference on Image Processing. IEEE，2013：3321-3325.

[51] Satzoda R K，Trivedi M M. Efficient Lane and Vehicle Detection with Integrated Synergies（ELVIS）[C] // IEEE Conference on Computer Vision and Pattern Recognition Workshops. IEEE Computer Society，2014：708-713.

[52] 刘学军. 视频图像序列中运动目标跟踪算法研究 [D]. 南京：东南大学，2007.

[53] 南玮健. 基于 Meanshift 的目标跟踪系统研究 [D]. 南京：南京邮电大学，2015.

[54] 田莘. 基于 MeanShift 算法的目标跟踪问题研究 [D]. 西安：西安科技大学，2010.

[55] 沈志熙. 基于视觉导航的智能车辆在城区复杂场景中的目标检测技术研究 [D]. 重庆：重庆大学，2008.

[56] 文志强. 基于均值偏移算法的运动目标跟踪技术的研究 [D]. 长沙：中南大学，2008.

[57] 蒋良卫. 图像序列中目标跟踪技术研究 [D]. 武汉：华中科技大学，2013.

[58] 胡鹏. Kalman 滤波在视频目标跟踪中的应用研究 [D]. 重庆：重庆大学，2010.

[59] 王效良，成林. Kalman 滤波融合优化 Mean Shift 的目标跟踪探讨 [J]. 科技创新与应用，2015（26）：39.

[60] 张开. Mean-Shift 结合 Kalman 滤波的车辆目标跟踪算法 [J]. 电脑开发与应用，2014（2）：17-21.

[61] 徐骁翔. 基于 MeanShift 的运动目标检测与跟踪研究 [D]. 杭州：浙江工业大学，2015.

[62] 袁瑜键. 基于纹理特征的目标识别与跟踪技术研究 [D]. 北京：北京理工大学，2016.

[63] 江二华. 基于改进 Mean Shift 的运动目标跟踪算法研究 [D]. 济南：山东大学，2014.

[64] 侯树艳. 多传感器图像融合与目标跟踪算法研究及优化实现 [D]. 北京：北京工业大学，2013.

[65] Zhang K，Zhang L，Yang M H. Real-time compressive tracking [C] // European Conference on Computer Vision，2012：864-877.

[66] 侯杰. 基于压缩感知的视频目标跟踪 [D]. 南京：南京邮电大学，2014.

[67] 段红岩. 视频多目标跟踪方法研究 [D]. 西安：西安电子科技大学，2014.

[68] 汪龙. 压缩感知跟踪算法关键技术研究 [D]. 南昌：南昌航空大学，2016.

[69] 毛征，袁建建，吴珍荣，等. 基于在线特征选择的实时压缩跟踪 [J]. 光学精密工程，2014，22 (3)：730-736.

[70] 汪兰. 基于稀疏表示和压缩感知的目标检测与跟踪研究 [D]. 厦门：厦门大学，2014.

[71] 张润东. 基于压缩感知的目标跟踪研究 [D]. 北京：北京化工大学，2016.

[72] 钟勇，姚剑峰. 现代汽车的四种测距方法 [J]. 汽车工业研究，2001 (2)：38-40.

[73] 周欣，黄席樾，黎昱. 基于单目视觉的高速公路车道保持与距离测量 [J]. 中国图象图形学报，2003，8 (5)：590-595.

[74] 刘燕，刘浩学. 基于计算机视觉的单目摄影纵向车距测量系统研究 [J]. 公路交通科技，2004，21 (9)：103-106.

[75] 龙丹，许勇. 基于数字图像处理的汽车测距算法研究 [J]. 中国西部科技，2008 (1)：36-37.

[76] 阎莹，朱彤，曹林涛. 面向交通安全的车辆间距测试技术研究 [J]. 交通信息与安全，2007，25 (3)：106-109.

[77] 陈泽茂. 基于全景视觉的汽车安全驾驶辅助系统的平台设计与实现 [D]. 广州：华南理工大学，2014.

[78] Sivaraman S，Trivedi M M. Active learning for on-road vehicle detection：a comparative study [J]. Machine Vision and Applications，2014，25 (3)：599-611.

[79] Kalal Z，Matas J，Mikolajczyk K. P-N learning：Bootstrapping binary classifiers by structural constraints [C] // Computer Vision and Pattern Recognition. IEEE，2010：49-56.

[80] Sivaraman S，Trivedi M M. Real-time vehicle detection using parts at intersections [C] // International IEEE Conference on Intelligent Transportation Systems. IEEE，2012：1519-1524.

[81] Joshi A J，Porikli F，Papanikolopoulos N P. Scalable Active Learning for Multiclass Image Classification [J]. IEEE Transactions on Pattern Analysis & Machine Intelligence，2012，34 (11)：2259-2273.

[82] 罗华飞. MATLAB GUI 设计学习手记 [M]. 北京：北京航空航天大学出版社，2011.

[83] 赵轩. 基于单目视觉的前向车辆检测、跟踪与测距 [D]. 北京：北京工业大学，2017.

[84] 彭国福，林正浩. 图像处理中 Gamma 校正的研究和实现 [J]. 信息化研究，2006，32 (2)：30-32.

[85] Felzenszwalb P F，Girshick R B，Mcallester D. Cascade object detection with deformable part models [C] // Computer Vision and Pattern Recognition. IEEE，2010：2241-2248.

[86] Dubout C，Fleuret F. Exact Acceleration of Linear Object Detectors [C] // European Conference on Computer Vision. Springer，2012：301-311.

[87] Yan J，Lei Z，Wen L，et al. The Fastest Deformable Part Model for Object Detection [C] // IEEE Conference on Computer Vision and Pattern Recognition. IEEE Computer Society，2014：2497-2504.

[88] Dalal N，Triggs B. Histograms of Oriented Gradients for Human Detection [C] // IEEE Computer Society Conference on Computer Vision & Pattern Recognition. IEEE Computer Society，2005：886-893.

[89] Viola P，Jones M J. Robust real-time face detection [J]. International Journal of Computer Vision，2004，57 (2)：137-154.

[90] Lienhart R，Kuranov A，Pisarevsky V. Empirical Analysis of Detection Cascades of Boosted Classifiers for Rapid Object Detection [J]. Dagm，2003，2781：297-304.

[91] Cortes C，Vapnik V. Support-vector networks [J]. Machine Learning，1995，20 (3)：273-297.

[92] Freund Y，Schapire R E. A desicion-theoretic generalization of on-line learning and an application to boosting [C] // European Conference on Computational Learning Theory. Springer，1995：23-37.

[93] Chang W C，Cho C W. Online Boosting for Vehicle Detection [J]. IEEE Trans Syst Man Cybern B Cybern，2010，40 (3)：892-902.

[94] Khammari A，Nashashibi F，Abramson Y，et al. Vehicle detection combining gradient analysis and AdaBoost classification [C] // Intelligent Transportation Systems Conference. IEEE，2005：66-71.

[95] Li X，Guo X. A HOG Feature and SVM Based Method for Forward Vehicle Detection with Single Camera [C] // International Conference on Intelligent Human-Machine Systems and Cybernetics. IEEE，2013：263-266.

[96] Ouerhani Y，Alfalou A. Road mark recognition using HOG-SVM and correlation [C] //Society of Photo-Optical Instrumentation Engineers (SPIE) Conference Series，2017：24.

[97] Cao X，Wu C，Yan P，et al. Linear SVM classification using boosting HOG features for vehicle detection in low-altitude airborne videos [C] // IEEE International Conference on Image Processing. IEEE，2011：2421-2424.

[98] Wang H S，Luo Y，Zhang B. A Hybrid Method of Vehicle Detection based on Computer Vision for Intelligent Transportation System [J]. International Journal of Multimedia & Ubiquitous Engineering，2014，9 (6)：105-118.

[99] Felzenszwalb P，Mcallester D，Ramanan D. A discriminatively trained，multiscale，deformable part model [C] //

2008 IEEE Conference on Computer Vision and Pattern Recognition. IEEE, 2008: 1-8.

[100] 李天朔. 基于加权可变形部件模型的行人检测算法 [D]. 天津: 天津大学, 2014.

[101] 吴东承. 基于可变形部件模型的车辆检测方法研究 [D]. 广州: 华南理工大学, 2014.

[102] 陈芝垚. 基于 DPM 的行人检测和行人特征提取算法研究 [D]. 成都: 电子科技大学, 2016.

[103] Chen J, Chen J, Gu F. Nighttime Vehicle Detection Using Deformable Parts Model [C] // International Conference on Intelligent Human-Machine Systems and Cybernetics. IEEE, 2015: 480-483.

[104] 孙营. 夜间前方车辆的检测与跟踪算法研究 [D]. 北京: 北京工业大学, 2018.

[105] Zhang Y, Wang F. Improved Optical Flow Algorithm of Moving Object Detection [C] // 2015 Fifth International Conference on Instrumentation and Measurement, Computer, Communication and Control (IMCCC). IEEE, 2015: 196-199.

[106] 倪朋朋, 顾海全, 董锋格, 等. 基于 Haar-like 和 Adaboost 的车辆检测算法研究 [J]. 汽车零部件, 2019 (10): 5-9.

[107] 李学宾. 基于树莓派的实时目标检测 [D]. 武汉: 华中科技大学, 2019.

[108] 陈璐, 管霜霜, 谢艳芳. 基于树莓派与神经计算棒的特种车辆检测识别 [J]. 计算机系统应用, 2020, 29 (09): 142-148.

[109] 余小角, 郭景, 徐凯, 等. 一种基于类 Haar 特征和 AdaBoost 算法的前车检测方法 [J]. 微型机与应用, 2017, 36 (13): 22-25.

[110] Ruan Y S, Chang I C, Yeh H Y. Vehicle detection based on wheel part detection [C] // 2017 IEEE International Conference on Consumer Electronics-Taiwan (ICCE-TW). IEEE, 2017: 187-188.

[111] Deng Y, Liang H, Wang Z, et al. Novel approach for vehicle detection in dynamic environment based on monocular vision [C] //2014 IEEE International Conference on Mechatronics and Automation. IEEE, 2014: 1176-1181.

[112] Qin Q J, Yong L, Cai D W. Vehicle detection based on LBP features of the Haar-like Characteristics [C] // Proceeding of the 11th World Congress on Intelligent Control and Automation. IEEE, 2014: 1050-1055.

[113] 刘海洋. 盲区车辆检测与跟踪算法研究 [D]. 北京: 北京工业大学, 2017.

[114] Candes E J, Romberg J, Tao T. Robust uncertainty principles: exact signal reconstruction from highly incomplete frequency information [J]. IEEE Transactions on Information Theory, 2006, 52 (2): 489-509.

[115] Candes E J, Tao T. Near-optimal signal recovery from random projections: Universal encoding strategies? [J]. IEEE transactions on information theory, 2006, 52 (12): 5406-5425.

[116] 吴赟. 压缩感知测量矩阵的研究 [D]. 西安: 西安电子科技大学, 2012.

[117] Johnson W B, Lindenstrauss J. Extensions of Lipschitz mappings into a Hilbert space [J]. Contemporary mathematics, 1984, 26 (189-206): 1.

[118] Li S F, Wu S S, Jin L B, et al. Research on measurement matrix based on compressed sensing theory [C] // 2017 3rd IEEE International Conference on Control Science and Systems Engineering (ICCSSE), 2017: 716-719.

[119] Achlioptas D. Database-friendly random projections: Johnson-Lindenstrauss with binary coins [J]. Journal of Computer & System Sciences, 2003, 66 (4): 671-687.

[120] Guan X, Jian S, Hongda P, et al. An image enhancement method based on gamma correction [C] // 2009 Second International Symposium on Computational Intelligence and Design. IEEE, 2009, 1: 60-63.

[121] 谢凤英, 汤萌, 张蕊. 基于 Retinex 的图像增强方法综述 [J]. 数据采集与处理, 2019, 34 (01): 1-11.

[122] 陈思吉, 王晓红, 李运川. 改进 Laplace 的无人机图像边缘检测算法研究 [J]. 测绘工程, 2021, 30 (02): 36-44.

[123] 李慧, 白鹏飞, 李世晓, 等. 基于车灯特征的夜间车辆检测方法 [J]. 电子测量技术, 2020, 43 (14): 89-95.

[124] 曹勇. 基于盲区图像的车辆安全防撞预警的关键技术研究 [D]. 北京: 北京工业大学, 2021.

[125] Krizhevsky A, Sutskever I, Hinton G E. Imagenet classification with deep convolutional neural networks [C] // Advances in neural information processing systems, 2012: 1097-1105.

[126] Girshick R, Donahue J, Darrell T, et al. Rich feature hierarchies for accurate object detection and semantic segmentation [C] // Proceedings of the IEEE conference on computer vision and pattern recognition, 2014: 580-587.

[127] Girshick R. Fast R-CNN [C] //Proceedings of the IEEE international conference on computer vision, 2015: 1440-1448.

[128] Ren S, He K, Girshick R, et al. Faster R-CNN: Towards real-time object detection with region proposal networks [C] //Advances in neural information processing systems, 2015: 91-99.

[129] Redmon J，Divvala S，Girshick R，et al. You only look once：Unified，real-time object detection ［C］// Proceedings of the IEEE conference on computer vision and pattern recognition，2016：779-788.

[130] Redmon J，Farhadi A. YOLO9000：better，faster，stronger ［C］//Proceedings of the IEEE conference on computer vision and pattern recognition，2017：7263-7271.

[131] Redmon J，Farhadi A. YOLOv3：An incremental improvement ［J］. arXiv preprint arXiv，2018：1804. 02767.

[132] 方卓琳. 基于 YOLOv3 的道路交通环境行人检测技术研究 ［D］. 广州：华南理工大学，2019.

[133] 范丽，苏兵，王洪元. 基于 YOLOv3 模型的实时行人检测改进算法 ［J］. 山西大学学报（自然科学版），2019，42（4）：9.

[134] 王殿伟，何衍辉，李大湘，等. 改进的 YOLOv3 红外视频图像行人检测算法 ［J］. 西安邮电大学学报，2018，23（04）：52-56，71.

[135] Ioffe S，Szegedy C. Batch normalization：Accelerating deep network training by reducing internal covariate shift ［J］. arXiv preprint arXiv，2015：1502. 03167.

[136] Lin T-Y，Dollár P，Girshick R，et al. Feature pyramid networks for object detection ［C］// Proceedings of the IEEE conference on computer vision and pattern recognition，2017：2117-2125.

[137] 刘韦伯. 基于深度学习的水下目标图像识别方法研究 ［D］. 成都：电子科技大学，2019.

[138] Szegedy C，Liu W，Jia Y，et al. Going deeper with convolutions ［C］// Proceedings of the IEEE conference on computer vision and pattern recognition，2015：1-9.

[139] Szegedy C，Vanhoucke V，Ioffe S，et al. Rethinking the inception architecture for computer vision ［C］// Proceedings of the IEEE conference on computer vision and pattern recognition，2016：2818-2826.

[140] Yu F，Koltun V. Multi-scale context aggregation by dilated convolutions ［J］. arXiv preprint arXiv，2015：1511. 07122.

[141] Wang P，Chen P，Yuan Y，et al. Understanding convolution for semantic segmentation ［C］// 2018 IEEE winter conference on applications of computer vision（WACV），2018：1451-1460.

[142] Chen L-C，Papandreou G，Schroff F，et al. Rethinking atrous convolution for semantic image segmentation ［J］. arXiv preprint arXiv，2017：1706. 05587.

[143] 刘亚田. 基于深度学习的玉米幼苗与杂草辨识研究 ［D］. 哈尔滨：哈尔滨工业大学，2019.

[144] Shi M H，Wang B T，Cao Y. A Kernal Correlation Filter Tracker with Fast Scale Prediction ［C］// 2020 12th International Conference on Machine Learning and Computing，2020.

[145] Zhang X，Zhang X，Li K. A High-Performance Moving Object Detection Method Based on Optical Flow ［C］// 2018 International Conference on Manipulation，Automation and Robotics at Small Scales（MARSS）. IEEE，2018：1-6.

[146] Zhu M，Wang H. Fast detection of moving object based on improved frame-difference method ［C］//2017 6th International Conference on Computer Science and Network Technology（ICCSNT）. IEEE，2018：299-303.

[147] 陈震，张紫涵，曾希萌. 复杂背景下的视频前景检测方法研究 ［J］. 数学的实践与认识，2018，48（15）：228-240.

[148] Wang Y，Jodoin P M，Porikli F，et al. CDnet 2014：An Expanded Change Detection Benchmark Dataset ［C］// Computer Vision & Pattern Recognition Workshops，2014：387-394.

[149] 于晓明，李思颖，史胜楠. 混合高斯融合三帧差的运动目标检测改进算法 ［J］. 红外技术，2019，41（03）：256-261.

[150] 冯华文，龚声蓉，刘纯平. 基于改进高斯混合模型的前景检测 ［J］. 计算机工程，2011，37（19）：179-182.

[151] 宋宝玉. 基于树莓派平台的车载视频检测与跟踪算法研究 ［D］. 北京：北京工业大学，2022.

[152] Garcia-Garcia A，Orts-Escolano S，Oprea S，et al. A Review on Deep Learning Techniques Applied to Semantic Segmentation ［J］. arXiv，2017：1704. 06857.

[153] Canny J. A Computational Approach to Edge Detection ［M］. IEEE Computer Society，1986.

[154] 李锡蒙. 基于计算机视觉的先进辅助驾驶关键技术研究与实现 ［D］. 北京：北京工业大学，2018.

[155] Bolme D S，Beveridge J R，Draper B A，et al. Visual object tracking using adaptive correlation filters ［C］//Proceedings of the IEEE Conference on Computer Vision and Pattern Recognition. Piscataway：IEEE Press，2010：2544-2550.

[156] Henriques J F，Caseiro R，Martins P，et al. High-speed tracking with kernelized correlation filters ［J］. IEEE transactions on pattern analysis and machine intelligence，2014，37（3）：583-596.

[157] 罗亮，吕俊杰，李涛，等. 基于改进的 NC-HOG 特征的工程车车型自动识别算法［J］. 计算机工程与设计，2021，42（11）：3164-3173.

[158] Felzenszwalb P F, Girshick R B, Mcallester D, et al. Object detection with discriminatively trained part-based models［J］. IEEE transactions on pattern analysis and machine intelligence，2009，32（9）：1627-1645.

[159] 祁浩. 基于颜色名特征增强的行人重识别方法研究［D］. 南京：南京邮电大学，2019.

[160] 董春燕，刘怀，梁秦嘉，等. 自适应特征融合的核相关滤波目标跟踪算法研究［J］. 南京师范大学学报（工程技术版），2020，20（03）：50-56.

[161] 章泉源，王昱程，陈曦，等. 基于全卷积孪生网络的模糊目标跟踪［J］. 武汉大学学报（理学版），2021，67（05）：411-421.

[162] 石梦华. 基于图像序列的行人检测与跟踪算法研究［D］. 北京：北京工业大学，2020.

[163] 张建鹏. 基于 KCF 的视频中运动物体的跟踪算法研究［D］. 兰州：兰州交通大学，2019.

[164] Wang M, Liu Y, Huang Z. Large margin object tracking with circulant feature maps［C］// Proceedings of the IEEE Conference on Computer Vision and Pattern Recognition，2017：4021-4029.

[165] 马颂德，张正友. 计算机视觉——理论与算法基础［M］. 北京：科学出版社，1998：52.

[166] Zhang R H, Wang R B, You F. Platform and Steady Kalman State Observer Design for Intelligent Vehicle Based on Visual Guidance［J］. IEEE，2008：1-6.

[167] 陆建华. 基于 Tsai 的共面点摄像机线性标定［J］. 仪器仪表用户，2010，17（6）：70-72.

[168] MA S A, Mohamed T B. Dual Camera Calibration for 3-D Machine Vision Metrology［J］. Instrumentation & Measurement IEEE Transactions on，1990（39）：512-516.

[169] Wen J, Schweitzer G. Hybrid Calibration of CCD Cameras Using Artgificial Neural Nets［C］//IEEE International Joint Conference on Neural Networks，1991：173-180.

[170] Sun J, Gu H B, Qin X L, et al. A New Camera Calibration Based on Vanishing Point［C］//Proceedings of the 7th World Congress on Intelligent Control and Automation. IEEE，2008：2371-2376.

[171] Dong R，Li B，Chen Q M. An Automatic Calibration Method for PTZ Camera in Expressway Monitoring System［C］//2009 World Congress on Computer Science and Information Engineering. IEEE，2009：636-640.

[172] Liu X，Su Q M，Deng Z B. A Novel Composite Camera Calibration Method and its Application in Vehicle Impact Experiment［C］//2009 International Conference on Electronic Computer Technology. IEEE，2009：272-276.

[173] 郭磊，徐友春，李克强，等. 基于单目视觉的实时测距方法研究［J］. 中国图象图形学报. 2006，11（1）：74-81.

[174] 顾柏园. 基于单目视觉的安全车距预警系统研究［D］. 长春：吉林大学，2006：118-121.

[175] Zhang L，Wang J Q，Li K Q. Forward Collision Warning System Based on THASV-I Platform［C］//IEEE International Conference on Vehicular Electronics & Safety. IEEE，2006：255-258.

[176] Bouguet J Y. Camera Calibration Toolbox for Matlab［J］. High Speed Vision System & Object Tracking，2013.

[177] 韩立明. 基于单目视觉的车前障碍物预警系统中关键技术的研究［D］. 北京：北京工业大学，2011.

[178] 张伟. 智能车辆中的道路检测与识别［D］. 重庆：重庆大学，2006.

[179] 张云港. 基于视觉的车道线检测算法［D］. 昆明：云南师范大学，2005.

[180] 徐友春. 智能车辆视觉与 GPS 综合导航方法研究［D］. 长春：吉林大学，2001.

[181] Xu Y C，Li K Q，Ma Y，et al. General Design of the Lateral Control System Based on Monocular Vision on THASV-I［C］//IEEE Intelligent Vehicle Symposium，2004：692-697.

[182] 游峰. 智能车辆自动换道与自动超车控制方法的研究［D］. 长春：吉林大学，2005：44-46.

[183] 宋彩霞. 基于单目视觉的车道和车辆的检测及跟踪算法［D］. 北京：北京工业大学，2010.

[184] 张霞峰，刘强，尹自强，等. 微结构阵列在位检测系统研究［J］. 组合机床与自动化加工技术，2018（06）：93-97，103.

[185] 吴海晶. 基于逆向数盒子算法的复杂地形分形维数计算［D］. 咸阳：西北农林科技大学，2018.

[186] 方超. 基于机器视觉的双轴向织布机布匹疵点检测［D］. 长春：吉林大学，2017.

[187] 王天涛. 基于双目视觉的移动机器人室内导航方法［D］. 济南：山东大学，2014.

[188] 杨农丰，吴成茂，屈汉章. 基于变分模型的混合噪声去噪方法［J］. 西安邮电大学学报，2013，18（01）：40-45.

[189] 付强. 基于红外热像的瓷质劣化绝缘子智能检测技术研究［D］. 长沙：湖南大学，2016.

[190] 熊少旺. 基于机器视觉的 PCB 裸板显微缺陷检测系统［D］. 广州：广东工业大学，2020.

[191] 孔令超. 基于视觉的空间交会雷达地面模拟系统 [D]. 哈尔滨：哈尔滨工业大学，2013.

[192] 马超. 基于多尺度多方向的图像边缘检测算法研究及其应用 [D]. 开封：河南大学，2019.

[193] 张贺. 基于部件模型的车牌及驾驶员人脸检测 [D]. 青岛：山东科技大学，2018.

[194] 张路遥，梁毓明，张天露. 基于 OpenCV 的车道线检测改进算法 [J]. 信息技术与信息化，2019（12）：108-111.

[195] 张旻. 智能图像识别在初中几何自动阅卷中的应用研究 [D]. 北京：北京工业大学，2019.

[196] 凌诗韵. 基于 DM6437 的城市环境道路识别系统的研究 [D]. 广州：华南理工大学，2018.

[197] 翟永杰，王迪，张木柳. 基于聚类分析和 Adaboost 算法的绝缘子串识别 [J]. 传感器世界，2016，22（09）：7-11.

[198] 张帆. 基于线匹配的三维重建的研究与实现 [D]. 武汉：武汉工程大学，2017.

[199] 雷宏彬，基于嵌入式平台的车辆辅助驾驶系统关键技术研究 [D]. 北京：北京工业大学，2021.

[200] Kitt B，Geiger A，Lategahn H. Visual odometry based on stereo image sequences with RANSAC-based outlier rejection scheme [C] // Intelligent Vehicles Symposium，2010.

[201] 葛振华，王纪凯，王鹏，等. 室内环境 SLAM 过程中动态目标的检测与消除 [C] // 第 18 届中国系统仿真技术及其应用学术年会论文集（18th CCSSTA 2017），2017.

[202] 王泽民，李建胜，王安成，等. 一种基于 LK 光流的动态场景 SLAM 新方法 [J]. 测绘科学技术学报，2018，35（02）：80-83.

[203] 谭伟. 动态场景下的基于单目摄像头的鲁棒同时定位与建图 [D]. 杭州：浙江大学，2015.

[204] Yu C，Liu Z，Liu X，et al. DS-SLAM：A Semantic Visual SLAM towards Dynamic Environments [C] // IEEE/RSJ International Conference on Intelligent Robots & Systems，2018.

[205] Viola P，Jones M. Rapid object detection using a boosted cascade of simple features [C] // IEEE Computer Society Conference on Computer Vision & Pattern Recognition. IEEE Computer Society，2001：511.

[206] 丁夏清，杜卓洋，陆逸卿，等. 基于混合势场的移动机器人视觉轨迹规划 [J]. 浙江大学学报（工学版），2016，50（7）：1298-1306.

[207] Yu W. An embedded camera lens distortion correction method for mobile computing applications [J]. IEEE Transactions on Consumer Electronics，2003，49（4）：894-901.

[208] 李会平. 图像拼接技术研究与应用 [D]. 西安：西安科技大学，2010：1-4.

[209] 杨新竹. 基于彩色序列图像的全视景图像拼接方法的研究 [D]. 天津，天津大学，2006：1-3.

[210] 贺稳定. 基于视觉的车辆环境感知系统关键技术研究 [D]. 北京：北京工业大学，2019.

[211] Kato K，Suzuki M，Fujita Y，et al. Image synthesis display method and apparatus for vehicle camera [P]. United States：US7139412，2006-11-21.

[212] 赵凯. 全景可视化辅助泊车系统研究 [D]. 合肥：合肥工业大学，2011.

[213] Faugcras O，Laveau S. 3-D Reeonstruction of Urban Scenes from Sequences of images [J]. Computer Vision and Image Understanding，1998，（3）：292-309.

[214] 郑辉. 基于 SIFT 特征的全景图像拼接算法研究 [D]. 武汉：武汉科技大学，2010：9-10.

[215] Szeliski R，Shum H Y. Creating Full View panoramic Image Mosaies and EnvironmentMaps [C] // SIGGRAPH 97 Conference Proceedings，1997，3（1）：251-258.

[216] Reddy B，Chaterji B. A FFT Based Technique for Transition，Rotation，and Scale Invariant Image Registration [J]. IEEE Trans Pattern Analysis and Machine Intelllgence，1996，5（8）：1266-1271.

[217] Mikolajcz K，Tuytelaars T，Schmid C，et al. A comparison of affine region detectors [J]. International Journal of Computer Vision，2005，65（1/2）：63-72.

[218] Lowe D. Object Recognition from Local Scale-Invatiant Features [C] // International Conferenee on Computer Vision，1999：1150-1157.

[219] Lowe D. Distietive Image Features from Scale-Invariant KeyPoints [J]. Internatlonal Journal of Computer Vision，2004，60（2）：91-110.

[220] 仵建宁. 图像拼接技术研究 [D]. 西安：西安电子科技大学，2006.

[221] 郑海珍. 图像拼接技术的研究与应用 [D]. 杭州：杭州电子科技大学，2009：39-40.

[222] 宋卫艳. RANSAC 算法及其在遥感图像处理中的应用 [D]. 北京：华北电力大学，2011：3-4.

[223] MARTIN A I，ROBERT C B. Random Sample Consensus：Proceeding of A Paradigm for Model Fitting with Applications to Image Analysis and Automated Cartography [J]. Communications of the ACM，1981，24（6）：381-395.

[224] 黄梅. 基于改进 RANSAC 算法的图像拼接技术 [J]. 海南大学学报（自然科学版），2011，29（2）：172-173.

[225] 韩方旭. 鱼眼图像处理与图像拼接算法研究 [D]. 北京：北京工业大学，2013.

[226] 张宝龙，李洪蕊，李丹，等. 一种针对车载全景系统的图像拼接算法的仿真 [J]. 电子与信息学报，2015，37（5）：1149-1153.

[227] 周芳，杨鸣，王益平. 基于车载多视角的鱼眼图像拼接算法 [J]. 数据通信，2017（5）：29-34.

[228] 黄凯. 基于嵌入式的汽车全景环视系统的设计与实现 [D]. 重庆：重庆大学，2017.

[229] 王亮，黄晓涛，周智敏. 2 维复图像插值技术研究 [J]. 中国图象图形学报，2018，13（8）：1417-1423.

[230] 郭磊，李克强，马莹，等. 基于定向二维插值的逆投影变换方法 [J]. 清华大学学报（自然科学版），2006，46（5）：712-715.

[231] 李娅，令亮，杨拓，等. 全景泊车辅助技术及图像无缝拼接技术分析研究 [J]. 自动化与仪器仪表，2017（9）：47-49.

[232] 邢凯盛，凌有铸，陈孟元. ORB 特征匹配的误匹配点剔除算法研究 [J]. 电子测量与仪器学报，2016，30（8）：1255-1262.

[233] 张博. 基于 Mask R-CNN 的 ORB 去误匹配方法 [J]. 液晶与显示，2018，33（8）：690-696.

[234] 方贤勇. 图像拼接技术研究 [D]. 杭州：浙江大学，2005.

[235] 赵辉，陈辉，于泓. 一种改进的全景图自动拼接算法 [J]. 中国图象图形学报，2007，12（2）：336-342.

[236] Bay H，Ess A，Tuytelaars T，et al. Speeded-Up Robust Features（SURF）[J]. Computer Vision & Image Understanding，2008，110（3）：346-359.

[237] Rublee E，Rabaud V，Konolige K，et al. ORB：An efficient alternative to SIFT or SURF [C] // IEEE International Conference on Computer Vision. IEEE，2012：2564-2571.

[238] ROSIN P L. Measuring corner properties [J]. Computer Vision and Image Understanding，1999，73（2）：291-307.

[239] Hamming R W. Error Detecting and Error Correcting Codes [J]. Bell System Technical Journal，1950，29（2）：147-160.

[240] Burnett M. Blocking Brute Force Attacks [D]. Charlottesville：University of Virginia，2007.

[241] Bonet J S D，Chao A. Structure-driven SAR image registration [J]. Proceedings of SPIE-The International Society for Optical Engineering，2008，3370：109-119.

[242] 林枝叶. 面向全景视频拼接的图像融合算法及其 GPU 实现 [D]. 成都：电子科技大学，2016.

[243] 华顺刚，张静，欧宗瑛. 基于图像绘制的球面全景图生成及自动拼接技术研究 [J]. 大连理工大学学报，2003，43（5）：640-644.

[244] 韩国强，张见威，徐广猛. 基于小波分解的图像融合算法的改进 [J]. 计算机工程与设计，2007（05）：1089-1091，1225.

[245] 黄梅. 基于改进 RANSAC 算法的图像拼接技术 [J]. 海南大学学报（自然科学版），2011，29（2）：172-177.

[246] Shi X，Zhao W，Shen Y. Automatic license plate recognition system based on color image processing [C] // International Conference on Computational Science & Its Applications，2005.

[247] Kim K I，Jung K，Park S H，et al. Support vector machines for texture classification [J]. IEEE Trans Pattern Analysis & Machine Intelligence，2002，24（11）：1542-1550.

[248] Hegt H A，Haye R，Khan N A. A high performance license plate recognition system [C] // IEEE International Conference on Systems，1998.

[249] 赵晓霞. 基于支持向量机的车牌定位方法 [J]. 现代电子技术，2008，31（9）：184-186.

[250] 盛曦，吴炜，杨晓敏，等. 一种基于 Adaboost 的车牌定位算法 [J]. 四川大学学报（自然科学版），2007，44（3）：535-539.

[251] 陈建坤，范春年. 一种基于神经网络的车牌定位方法 [J]. 辽宁工程技术大学学报，2005，24（1）：97-100.

[252] 陈涛，杨晨晖，青波. 基于投影和固有特征结合的车牌字符分割方法 [J]. 计算机技术与发展，2009，19（5）：45-47.

[253] 甘玲，林小晶. 基于连通域提取的车牌字符分割算法 [J]. 计算机仿真，2011，28（4）：336-339.

[254] 邓红耀，管庶安，宋秀丽. 投影和模板匹配相结合分割车牌字符 [J]. 计算机工程与设计，2008，29（6）：1568-1570.

[255] 胡睿. 交通标志图像的检测软件设计 [D]. 北京：北京工业大学，2017.

[256] 曹枢洋. 先进辅助驾驶系统中基于人脸图像的身份识别和疲劳驾驶检测 [D]. 北京：北京工业大学，2019.